rowohlts monographien

HERAUSGEGEBEN

VON

KURT KUSENBERG

JOHANN SEBASTIAN BACH

IN SELBSTZEUGNISSEN UND BILDDOKUMENTEN

DARGESTELLT VON LUC-ANDRÉ MARCEL

ROWOHLT

Aus dem Französischen übertragen von Clarita Waege und Hortensia Weiher-Waege
Den Anhang bearbeitete Helmut Riege
Umschlagentwurf von Werner Rebhuhn

1.–15. Tausend	Juni 1963
16.–20. Tausend	Mai 1965
21.–25. Tausend	Juli 1966
26.–30. Tausend	September 1967
31.–35. Tausend	Januar 1969
36.–40. Tausend	Juni 1970
41.–45. Tausend	Oktober 1971
46.–50. Tausend	Januar 1973
51.–55. Tausend	März 1974
56.–63. Tausend	Januar 1975
64.–68. Tausend	April 1976

Veröffentlicht im Rowohlt Taschenbuch Verlag GmbH,
Reinbek bei Hamburg, Juni 1963

Gesetzt aus der Linotype-Aldus-Buchschrift
und der Palatino (D. Stempel AG)
Gesamtherstellung Clausen & Bosse, Leck/Schleswig
Printed in Germany
580-ISBN 3 499 50083 3

INHALT

EIN VATER

Nach so vielen gelehrten Vorgängern und bei so beschränktem Raum über Johann Sebastian Bach zu schreiben, ist kein sehr ermutigendes Unternehmen. Überdies gibt es kaum einen Komponisten, der literarisch so unergiebig ist wie Bach. Die ruhige Weite seines Genies entzieht sich der Analyse; dennoch verlangt er unter allen großen Meistern die gründlichsten Auslegungen. Ich will es aber wagen, seine Erscheinung zu beschwören; ich werde dabei in mancher Beziehung von traditionellen Ansichten abweichen. Man kann leider nicht über seinen Schatten springen, wenn man versucht, sich einem großen Geist und seinem Werk zu nähern und sich mit ihm auseinanderzusetzen. Warum auch? Es ist von jeher das einzige Ziel aller Künstler gewesen, in der Seele eines andern wiederzuerstehen und dadurch neues Leben in ihm zu wecken, sei es auch nur für die Dauer einer Sonate. Für Bach war das Schaffen im wesentlichen ein Mittleramt, und dadurch unterschied er sich von der Mehrzahl der andern Musiker. Aus der Erkenntnis heraus, daß er seine Begabung von Gott selbst erhalten habe und ihm dadurch verpflichtet sei, wollte er nichts anderes, als seinen Zeitgenossen dienen und ihnen so vollkommen wie möglich das Wie und Warum seines Dienstes klarmachen. Mehr noch: er fühlte sich zu aufrechter Haltung vor seinem Schöpfer nur soweit berechtigt, als sein Genie für die Allgemeinheit von Nutzen sein konnte. So war er nicht nur ein musikerfüllter Mensch, sondern ein Musiker der Menschheit: ohne Eitelkeit, aber voll Selbstvertrauen und beinah unbewußt — so selbstverständlich war es für ihn.

Er träumte nicht wie Beethoven davon, für eine zukünftige Menschheit zu leben und auf sie zu wirken, sie sogar nach seinem Willen zu formen. Er versuchte nicht, gegenwärtige Fehlschläge durch Zukunftshoffnungen zu kompensieren. Er machte sein persönliches Drama nicht zum Archetyp menschlichen Schicksals; nein, ihm genügte es, an seine Zeit und Umgebung gebunden zu sein. Er fühlte sich wohl darin wie so viele seiner Mitbrüder, denen die heute verlorene Möglichkeit gegeben war, ihren festen Platz innerhalb einer Gesellschaftsordnung auszufüllen. Obgleich er das Unbewußte so stark in sich spürte, daß er oft pathetisch wurde und damit die Romantiker vorausahnte, bewahrte er allezeit das rein Menschliche, in dem sich jeder wiederfinden kann, wenn er den Willen dazu hat. Etwas ist an ihm überraschend: er lebte zwar innerhalb einer noch halbwegs feudalen und streng überwachten Gesellschaft, in der die Leidenschaften meistens dem Zügel vernünftiger Gedanken zu gehorchen hatten (wenngleich das Jahrhundert sich bereits in Gärung befand und viele unbekannte, irrationale Kräfte in Bewegung setzte, die bald seine Auflösung herbeiführen sollten), aber er wußte trotzdem um die elementarsten Triebe des Menschen. In seiner Rhythmik ist et-

Johann Sebastian Bach. Anonymes Gemälde, um 1745

was vom schwarzen Afrika und von der bannenden Kraft alter Beschwörungsformeln. Als Beweis nenne ich nur seine Vorliebe für den beharrlichen Anapäst oder für das Motum Perpetuum, das er nach Herzenslust fortlaufen läßt, bis wir uns schließlich in das rhythmische Kreisen der Welten einbezogen fühlen. Unter der Perücke und den Spitzen seiner Amtskleidung horchte ein Mensch unbefangen in sich hinein und warf geistig alle Hüllen von sich, so daß er zuletzt bis zu den frühesten menschlichen Gefühlsäußerungen durchdrang. Das läßt ihn für uns so gegenwärtig sein. Diese wunderbare Vielfältigkeit macht es ihm heute möglich, zu gleicher Zeit im Jazz aufzutauchen, die Frömmigkeit der Gläubigen zu erhöhen, die Intellektuellen anzuregen und durch seine letzten Werke unabsichtlich sogar die abstrakten Experimente der Zwölftöner zu rechtfertigen. Er bringt die ganze Welt in Einklang. Er selbst wäre davon sehr überrascht gewesen und hätte darin nur einen besonders schönen Glücksfall erblickt.

Uns fasziniert die Beglückung, die er beim Schreiben empfand, die Beglückung, zu schaffen und in der Kunst zu leben. Vieles war ihm geschenkt: das reiche, ausgeglichene Genie, die große Fruchtbarkeit und die unfehlbare Beherrschung der musikalischen Sprache und ihrer Formen; ein Leben, das so geeignet war, alle seine Kräfte ans Licht zu bringen, im ganzen ziemlich ungehindert und im Einklang mit der Zeit; die Geschlossenheit eines musikalischen Systems, in dem er frei und unbesorgt seinen Eingebungen folgen konnte; endlich eine Gesellschaft, die ungeachtet ihrer Mängel solche Tätigkeit guthieß und sogar verlangte. Das waren große Chancen. Wir wünschten, daß ein Bach heute noch denkbar wäre. Er ist es nicht mehr. Man stelle nur die Struktur einer Sprache in Zweifel, deren ein Genie sich bedienen kann — dann ist es aus. Man glaubt nicht mehr an sein Instrument, noch an die Möglichkeit, selbst eins zu bauen. Das ist das Unglück der Künstler von heute. Es gibt überall noch Genies; sie sind aber nicht mehr in der Lage, ihre Ideen ungestört zu verwirklichen. Schon was sie lernen, ist widerspruchsvoll und anfechtbar. Sie glauben nicht mehr an die Gesetzmäßigkeit ihrer Aussage, reiben sich deshalb auf in fortdauernden Konflikten und können ihre Werke nur mit großen Opfern ausführen. Die nackte Tatsache, daß man um 1930 eine «Rückkehr zu Bach» versucht hat (ganz abgesehen von der Qualität der in solcher Absicht geschaffenen Werke), ist äußerst bezeichnend für das Bedürfnis nach einer Rückkehr zur Schule des Vaters, um dort Logik und Ruhe zu finden. Aber der Vater ist nicht mehr da; wir sind alle nur noch sehnsüchtige Bastarde; es gibt keine Rückkehr zum imaginären Ursprung. Bach selbst, der königliche Erbe eines Systems, durch das allein er existiert, könnte heute nur eine lebensfähige Synthese von Systemen versuchen. Was sollte dieser hervorragende Meister der Vereinheitlichung anfangen inmitten von hundert radikal entgegengesetzten Strömungen? Wie alle andern, müßte auch er sich für eine der widersprechenden Richtungen entscheiden und das Wagnis auf sich nehmen, zu erfinden, was er könnte, und wie er es könnte. Er würde ein weites Feld haben, um seine Logik anzuwenden und seiner Leidenschaft für Diskussionen über ewige Wahrheiten zu frönen. Er würde sich wieder erfinden müssen.

Das hatte er nicht nötig; Bach war geboren, um fortzusetzen. Fast ganz Europa benutzte ein einheitliches musikalisches System. Die Unterschiede ergaben sich nur aus den Stilen. Sich dem einen oder andern zu verschreiben, von Deutschen, Franzosen und Italienern die Manieren zu übernehmen, die ihm zur Bereicherung seines eigenen Wesens dienen konnten, das war sein liebstes Spiel. Um eine Synthese zu vollziehen, brauchte er sich nur diese verschieden, aber nicht gegensätzlich gearteten Manieren zu assimilieren und sich in ihnen auszudrücken, die mittlere Proportionale zu all diesen Erscheinungsformen zu finden. Er konnte das und wurde dadurch mehr als ein großer Musiker Deutschlands: ein großer europäischer Komponist. Zweifellos war das seine Absicht, bestimmter, als man denkt. Freiwillig hat er die Grenzen überschritten, die Pachelbel, Böhm, Reinken oder Buxtehude gezogen hatten. Er hat Versailles einbezogen und nicht allein seinem Geschmack an eleganten Verzierungen und andern Galanterien gehuldigt, sondern deren eigentümliche Schönheit erfaßt, diese Lebenskunst, die sich bei Couperin, Marchand oder Grigny offenbarte, die ihm fremd war und ihn eben deshalb entzückte. Ebenso ist er mit Vivaldi oder Corelli verfahren und hat sich ihre genialen Erfindungen, ihren Stil und ihre Einfälle angeeignet.

Das soll nicht heißen, daß er sie immer übertroffen hätte. Man braucht seine Größe nicht töricht zu übersteigern. Er hat niemals die sonnige Heiterkeit der großen Italiener erreicht, nie die Eleganz und den Schwung ihrer ausdrucksvollen Themen; seine Musik ist nicht so schlank und sensibel, nicht von so konzentrierter und etwas trokkener Energie wie bei diesen feurigen Meistern. Ihr fehlt das Lächeln, die südliche Atmosphäre. Obgleich er der eleganteste der lutherischen Komponisten war, konnte er auch die Vorzüge der französischen Musik doch nicht ganz erfassen. Sein Schliff entsprach nicht den Vorschriften von Versailles. Er bewunderte sie, konnte aber mit bestem Willen nicht mehr von ihnen übernehmen, als ihm seine traditionsgebundene thüringische Natur gestattete. Niemand kann aus seiner Haut heraus; seine Art war etwas zu schwerfällig für die Anmut und die Reinheit dieser musikalischen Sprache. Er kam zwar mit vielen Fürsten in Berührung, mußte ihre Lebensweise aber im stillen verachten, denn seine moralischen Grundsätze lehnten die Vergnügungen seines Jahrhunderts ab. Instinktiv flüchtete er sich in die Religion; daraus ergab sich vielleicht der einzige Zwiespalt, unter dem er litt, ohne sich dessen klar bewußt zu werden: seiner Natur nach der freieste der Menschen, bewies er sich mit größtem Eifer und allem Nachdruck, daß er unbedingt an den religiösen und sittlichen Gesetzen festhalten müsse, die er von seinen Vorfahren ererbt hatte. Dieser ganz spezifische Ernst war keineswegs sein größter Vorzug, veranlaßte aber sein Genie zu unglaublichen Kühnheiten; er war sein Verhängnis, dessen er nicht Herr werden konnte. Rasse, Milieu, Familie usw.... Er konnte nichts dafür. Wir werden nicht mehr darauf zurückkommen. Er war ein Genie, aber in seiner Art; um die falsche Vorstellung, die man sich von seinem ernsten Wesen gemacht hat, durch die wahre zu ersetzen, werden wir uns nur mit dem beschäftigen, was er an originellen und neuen Werten geschaffen hat.

Er war Vorkämpfer einer bereits vergehenden Kunst und wirkte dadurch wie ein Anachronismus. Zur Zeit seiner höchsten Reife, als er gerade die Kunst des Kontrapunkts auf den Gipfel geführt und alles bis zur Vollendung entwickelt hatte, was er den deutschen, italienischen und französischen Meistern des polyphonen Stils verdankte, wandte das Jahrhundert dieser Kunst den Rücken. Die unvermeidliche Pendelbewegung vom Einfachen zum Komplizierten und vom Komplizierten zum Einfachen ging weiter. Dieses Mal war man des strengen Stils überdrüssig geworden. Der polyphone Reichtum, der bisher entzückt hatte, stieß nun ab. Fugen, figurierte Choräle, Kantaten waren in Überfülle entstanden; nach Ansicht der Zeitgenossen hatte Bach seine Kräfte daran vergeudet. Die üppig wuchernde Meisterschaft wurde in seiner Kunst allenfalls erkannt, aber nicht der Ansatz zu einer neuen Entwicklung. Denn mehr und mehr setzte der theatralische, «galante» Stil sich durch; seine Homophonie war entschieden eine Vereinfachung. Italien gab den Ton an. Dieser galante Stil entsprach keineswegs Bachs Natur. Er verachtete, was nur modisch war und ihm keine schwierigen Probleme aufgab. Seine Neigung zur Abstraktion wurde immer stärker. Die lutherische Kirche war außerdem das letzte Bollwerk der gelehrten Musik. Der neue Stil drang nur sehr langsam ein. Bach kümmerte sich kaum darum. Dennoch war er der kühnste Komponist seiner Zeit. Man erkennt es daran, wie er die Stile und Formen verarbeitete, die ihm aus allen vier Himmelsrichtungen zuströmten. Niemals hätten die Meister, die die Voraussetzungen für seine Kunst geschaffen hatten, sich eine so großartige Entwicklung träumen lassen. In seiner Fähigkeit, ein ganzes großes Zeitalter auf einen ungeahnten Gipfel zu führen, wurde der Glanz seines Genies offenbar. In ihm allein erfüllte sich eine Epoche. Er verharrte in ihr; denn das Jahrhundert, das andere Wege einschlug, konnte mit seiner überdimensionalen Persönlichkeit nichts anfangen.

Man betrachte sein Bild aus mittleren Jahren: die etwas massive Gestalt, das volle Gesicht mit Doppelkinn, den großen, schmallippigen Mund, die gerade, dicke Nase, die Augen mit dem Blick eines Ehrenmannes, der weiß, was er will. Ein majestätischer Zug liegt darin. Anscheinend hat alles zusammengewirkt, um ihn auf den Höhepunkt der Meisterschaft zu führen. Seine Kraft zur Selbstbehauptung war wunderbar, mochte auch der soziale Wirkungskreis nur bescheiden gewesen sein, in dem sie sich bewährte. Sein Genie wuchs stetig wie ein Planet, der sich ausdehnt. Von Kleinem ausgehend, verstand er sich darauf, gebildeten Menschen zu imponieren — oder besser, sich ihnen zu offenbaren und die Schwierigkeiten seiner Kunst zu meistern. Es gehörte sich, daß ein Mann aus seiner Familie — nämlich der Familie der Bache, der er sich eng verbunden fühlte — ein ausgezeichneter Bürger wurde — und er wurde es; daß er in gesellschaftlicher und religiöser Beziehung nach strenger Moral lebte — und er lebte danach; daß er nicht aus seinem erwählten Lebenskreis heraustrat — und er tat es nicht; daß er sich nicht gegen die höheren Naturgesetze auflehnte, vor allem nicht gegen seine eigene Natur — und er lehnte sich nicht auf. Sein Genie war unermeßlich, aber nicht maßlos, hochfliegend, aber nicht unbesonnen, selbstbewußt, aber nicht eitel. Man kann sagen, daß Johann Sebastian Bach dem Leben gewachsen war. Uns erscheint es vor allem erstaunlich und beneidenswert, wie fest und sicher er saß, königlich seinen Sitz behauptend, während wir unaufhörlich wacklige Stühle ausprobieren. Seine Begierden mochten sehr stark sein, aber er verstand, Maß zu halten. Er liebte es, das Außerordentliche in Regeln zu fassen und außergewöhnliche Gesetzmäßigkeiten aufzudecken. Keiner hat so viel wie er in sich hineingestopft. Wie schon gesagt, ging die ganze oder fast die ganze Musik Europas durch seinen Kopf und seine Hände. Er saß im Mittelpunkt eines ständig kreisenden Kaleidoskops. Jeder andere wäre dabei schwindlig geworden. Ihn befruchtete es zu eigenem Schaffen. Man muß bewundern, wie rationell er bei seinem großen Assimilationsvermögen verfuhr. Verstandesarbeit war für ihn eine reine Freude. Er empfand dabei nicht eine Spur von krankhafter Angst, die seine Kraft zerstört oder seinen Reichtum gemindert hätte; er brauchte keine Schweigepause zu riskieren; er hatte es nicht nötig, ein anderer zu werden oder seinen Lebenskreis aufzugeben; er versuchte keine bewußte Wesensänderung, sondern änderte sich einfach.

Für Bach gab es kein Fliehen und kein Verzichten; er tröstete sich nicht mit Hirngespinsten. Alles mußte auf dem Notenpapier lebendige Gestalt annehmen. Kein Genie wirkte weniger verrückt als er — oder keine Verrücktheit war je von so souveräner Logik. Dank seiner wunderbaren Gesundheit konnte er unaufhörlich schaffen, wieder aufbauen und sich nach jeder Prüfung wieder aufrichten. Er liebte nichts, was dem Heil seines Schaffens und seiner Seele nicht diente. Sein Leben lang hat er sich nur um das Zweckmäßige und zugleich Dauerhafteste bemüht. Im Gegensatz zu Mozart, der zeitlebens ein Kind blieb und auch sein Genie kindlich und dadurch liebenswürdig erhielt, strebte das Kind Bach danach, erwachsen zu werden und wurde es auch, ganz nach der Regel. Die Nacht mit ihren Verwirrungen, ihrem geheimnisvollen Schweigen, die von den Romantikern so geliebt wurde, bedeutete ihm nichts. Er folgte dem Zwang der Natur ganz unbeirrt. Er hatte anscheinend keine Zeit für ausschweifende Gedanken. Etwas gab es, das seine Phantasie vor allem anregte: die Theologie; von ihr war er besessen, denn sie bot ihm dialektische Möglichkeiten. Er besaß die große Gabe, in allem, wozu er sich berufen fühlte, üppig zu wuchern. Man möchte ihn Bach den Fruchtbaren nennen. Dieser Mann hat sein ganzes Leben inmitten vieler Menschen verbracht und war immer von Kinderlärm umgeben. Anscheinend ist es ihm nicht zuviel geworden. Viele von seinen Kindern starben, aber er zeugte beharrlich neue. Er war entzückt von dem Getöse in seinem Haus, wo jeder Musik machte. Zornig wurde er nur, wenn man nicht mit dem Herzen dabei war. Er verlangte, daß immer mehr und immer besser gesungen, komponiert und gespielt wurde.

Es war natürlich ein Glück für ihn, daß er soviel seelische Widerstandskraft besaß. Wir haben sie nicht mehr. Manche seiner Handlungen sind ein Beweis dafür. Seine zweite Heirat zum Beispiel. Wohl trauerte er tief über den Tod seiner ersten Frau, Maria Barbara, aber es stand für ihn doch außer Frage, daß er nicht lange Witwer bleiben würde. Er verbiß sich nicht in seinen Schmerz. Aus Instinkt, könnte man sagen, nahm er wieder eine Frau und fing noch einmal an, denn er hatte die Verpflichtung, zu leben. Außerdem war es damals so üblich, und das war gut. Ebenso kämpfte er unaufhörlich um eine Verbesserung seines Einkommens. Sobald es sich herausstellte, daß eine neue Stellung vorteilhafter als die derzeitige war, bemühte er sich eifrig darum, mochten seine Bindungen an die alte noch so stark sein. Er berechnete alles genau, wie seine Fugen. Obgleich er heftig und jähzornig war, führte er seine Sache «wie eine peinlich gewissenhafte Hausfrau». Er besaß wirklich viel gesunden Menschenverstand und viele Tugenden. Er war ein guter Ehemann, ein guter Vater, ein guter Lehrmeister und auch ein guter Freund, von dem guten Musiker ganz zu schweigen. Es wirkt beinah lächerlich, aber bei ihm lief eben alles in geregelten Bahnen. Ihm ging es um Möglichkeiten und Gewißheiten, jedenfalls in seinem Schaffen. Musik war sein Atem geworden, und man leidet nicht unter dem Atmen, sondern lebt davon. Daher ist alles, was er komponiert hat, so natürlich oder wenigstens logisch so klar, daß seine subtilsten Gedanken noch natürlich erscheinen. Er malte das Unglück, er starb nicht daran. Glückliche Lebensklugheit! Man kann sagen, daß seine kompositorische Arbeit darin bestand, seinen Noten unbedingte Gültigkeit aufzuprägen, so daß jede einzelne den ihr allein angemessenen Platz einnahm. Das ist das Bestreben aller Komponisten, aber viele sind daran verzweifelt. Er nicht. Seine Ausdruckskraft hat immer das Richtige getroffen. Bei ihm war überhaupt nichts fehlerhaft. Er hatte keine Laster. Keine Leidenschaft beherrschte ihn außer der Musik. Dadurch behielt er einen klaren Kopf, konnte immer die reinste Linienführung herausfinden und sich gegen jeden Mißerfolg sichern. Es ist überraschend, daß dieser Mann keine Mißerfolge hatte, auch nur wenig Kämpfe, die ihn in Harnisch brachten, und selbst diese endeten meistens zu seinen Gunsten. All diese scheinbare Einfachheit und seine anhaltende, ruhige Fruchtbarkeit führten schließlich dazu, das Bild seiner Persönlichkeit zu verschleiern. Der Versuch, von seinem Leben zu berichten, wird uns vielleicht näher zu ihm hinführen.

Der Onkel: Johann Christoph der Ältere. Anonymes Gemälde

MUSIKHUNGER

Er wurde am 21. März 1685 in Eisenach geboren, als vierter Sohn von Johann Ambrosius Bach und seiner Ehefrau Elisabeth. Johann Ambrosius war «Hausmann», das heißt Stadtpfeifer. Die Honoratioren von Eisenach schätzten ihn, der Rat rühmte von ihm, daß er sich nicht nur «eines stillen und jedermann genehmen Christlichen Wandels befleißiget, sondern auch in seiner Profession ... qualificiret» habe. (Dank dieser günstigen Auskunft erhielt er die Genehmigung, sein Bier steuerfrei zu brauen!) Auch der Herzog Johann Georg I. war ihm gnädig gesinnt. Aber trotz seines Ansehens waren

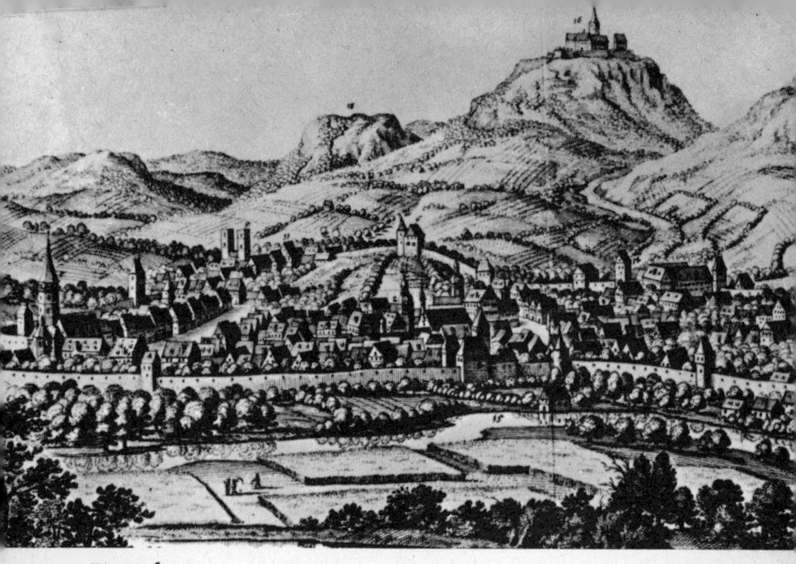

Eisenach

die Einkünfte aus seiner Tätigkeit nur gering. Johann Ambrosius lebte sehr zurückgezogen; er war offenbar ein anspruchsloser und friedfertiger Mann. Nur einmal, im Jahre 1682, nachdem er die ehrbaren Bürger von Eisenach schon zwölf Jahre durch seine Kunst erfreut hatte, äußerte er den Wunsch, nach Erfurt überzusiedeln, wo seine Frau Verwandte hatte. Durch die Pest waren dort mehrere Stellen frei geworden. Aber er erhielt keine Erlaubnis, sich zu bewerben; die Eisenacher schätzten ihn zu sehr. Schlecht und recht fand er sich mit der Weigerung ab und hoffte auf bessere Zeiten. Sie kamen auch. Ein Jahr nach der Geburt Johann Sebastians trat Herzog Johann Georg II. die Regierung an. Er erhöhte das Gehalt von Johann Ambrosius. An seinem Hof wurden zahlreiche Konzerte veranstaltet. Obendrein erlebte unser «Hausmann» die Freude, daß sein Sohn Johann Christoph als Organist in Ohrdruf angestellt wurde. Der Vater hatte dafür gesorgt, daß er bei Pachelbel und dem alten Heinrich Bach in Arnstadt eine gute musikalische Ausbildung erhielt. Ein weiterer Grund zur Freude war die unverkennbare Begabung des kleinen Johann Sebastian, der schon in früher Kindheit mit dem Geigenspiel begann und sich sehr für Orgelmusik interessierte. Er hörte sie wohl von seinem Onkel, dem berühmten Johann Christoph, der ebenso hieß wie sein Bruder.

Dieser Onkel war ein bedeutender Künstler, der größte Komponist der Familie vor Johann Sebastian, und in mancher Beziehung dessen Vorläufer. Im übrigen war er ein herrischer, streitbarer Mann und um sein Ansehen ebenso besorgt wie um seine Kunst. Unaufhörlich beschwerte er sich beim Rat über seine ungenügende Besol-

dung, die ihn zu einer sehr dürftigen Lebensweise zwänge. Als tüchtiger Musiker verlangte er die vollständige Erneuerung der Orgel in seiner Kirche. (Sein ausführliches Gesuch, an das sein Neffe sich später erinnern sollte, hat sich erhalten.) Weiter verlangte er eine große und mietfreie Wohnung, denn, unstet und immer unzufrieden, zog er häufig um. Er hatte sich um ein Mädchen aus dem höheren Bürgerstand beworben und sie zur Frau bekommen. Alles in allem war er ein Mann, der viel kämpfte und wenig erreichte; denn er verstand seine Sache nicht zu führen und wollte immer zu hoch hinaus. Johann Ambrosius wird ihn so beurteilt und ihm übertriebenen Ehrgeiz vorgeworfen haben, obwohl er sein Talent sehr bewunderte. Er wird sich unter anderem über seine Erziehungsprinzipien geärgert haben. Für Johann Ambrosius war der Weg gegeben und sehr einfach: mit vierzehn Jahren verließen die Kinder die Schule und traten bei einem tüchtigen Musiker in die Lehre. So wurde das musikalische Ansehen der Bache bewahrt. Johann Christoph, besonders stolz auf den Ruf der Familie, strebte unablässig danach, ihre soziale Position zu verbessern, und verlangte deshalb, daß seine Söhne die Universität besuchten. Diese scheinbar unwichtige Tatsache sollte später Johann Sebastian viel Kummer bereiten; er war den Weg seines Vaters gegangen und beklagte bitter, daß er den Rat des Onkels nicht hatte befolgen können.

Eigentlich hatte Johann Sebastian viel mehr Ähnlichkeit mit Johann Christoph als mit seinem Vater. Außer der überragenden kompositorischen Begabung teilte er viele Charaktereigenschaften mit ihm: Stolz, Ehrgeiz, Heftigkeit, sogar das kämpferische Temperament. Mit dem Unterschied, daß Johann Sebastian alle seine Anlagen zur Vollendung bringen konnte und, da er auch etwas von der Ausgeglichenheit seines Vaters geerbt hatte, allmählich lernte, sich zu mäßigen und überlegter zu streben und zu fordern.

Welch eine erstaunliche Familie! Seit Veit Bach (?–1619), der Müller und Weißbäcker in Wechmar war und auf einem «Cythringen» (einer Art Laute) musizierte, während die Mühle ging, hatten ihre Mitglieder immer die Musik gepflegt. Unter den 33 männlichen Vertretern der Sippe von Veit Bach bis in die Zeit Johann Sebastians waren 27 Bache Kantoren, Organisten, Stadtpfeifer oder Hofmusiker. Und dieser kräftige Stamm hielt sich bis in die ersten Jahrzehnte des 19. Jahrhunderts, mit verhältnismäßig wenig Unglücks- und Ausnahmefällen. Selten gab es einen Schwachsinnigen oder einen Trinker, hin und wieder frühzeitige Todesfälle. Im ganzen gesehen, waren das naturgegebene Verluste; sie wurden durch die außeror-

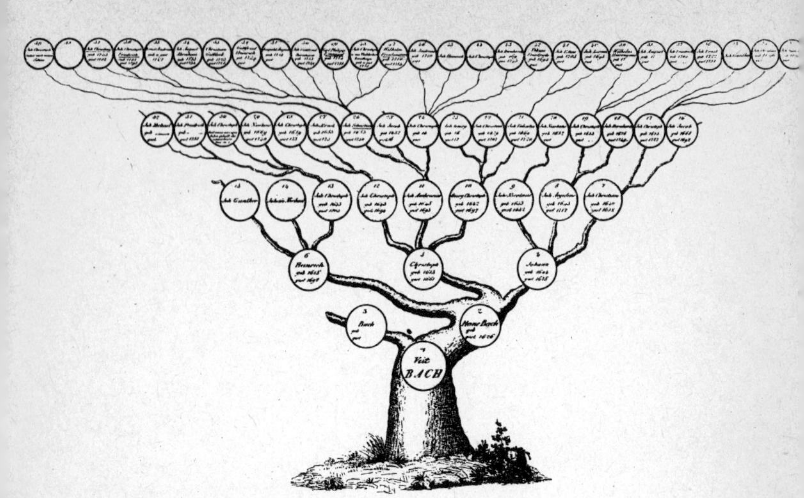

Stammbaum der Familie Bach

dentliche Triebkraft des Stammes schnell ausgeglichen. Man muß sich wundern, wie begabt alle für die Musik waren. Auch Johann Sebastian wäre, selbst ohne sein Genie, sicher kein mittelmäßiger Musiker geworden. Er hätte sein Handwerk nach den Regeln gelernt und damit höchst ehrenwert sein Brot verdient. Bei der Familie Bach erholt man sich von den psychologischen Krisen, plötzlichen, unvermuteten Ausbrüchen des Genies, gescheiterten Karrieren, Krämpfen und trügerischen Hoffnungen, an denen so viele bedeutende Köpfe im ewigen Kampf des Schaffenden mit der Materie zugrunde gegangen sind. Wie glücklich waren die Bache mit ihren Regeln! Hätten sie einen Beethoven oder Schumann im Kampf mit seinem Dämon erblickt, würden sie gesagt haben: «Warum quält ihr euch? So müßt ihr es machen! . . .» und der Knoten wäre wie durch ein Wunder gelöst worden. Von Kindheit auf hatten sie gelernt, mit der Satzkunst umzugehen, ihre Fesseln waren für sie zu Spielregeln geworden, deren Strenge sie belächelten.

Mit acht Jahren kam Johann Sebastian in die Eisenacher Lateinschule; er war dort nicht der einzige aus der Familie. Seine Brüder Johann Jacob und Johann Nicolas und seine beiden Vettern Johann Friedrich und Johann Michael besuchten sie auch. Nach Aussage seiner Lehrer versäumte er viele Schulstunden durch die zahlreichen Chorproben des «Chorus Symphoniacus», in den er wegen seiner hübschen Sopranstimme aufgenommen worden war. Trotzdem machte er im Lateinischen so große Fortschritte, daß er seinen drei Jahre älteren Bruder Johann Jacob bald überflügelte. Er blieb übrigens immer ein frühreifer Schüler; durch die strenge Schuldisziplin fühlte er sich nicht beengt und paßte sich ihr leicht an. Als er neun Jahre alt war, brach das Unglück über ihn herein: seine Mutter starb plötzlich. Schon kurz vorher, im August 1693, war sein Vater durch den Tod seines zärtlich geliebten Zwillingsbruders in Arnstadt schwer getroffen worden. Der zweite Schlag brachte den trefflichen Mann in eine äußerst schwierige Lage, er mußte den Hausstand allein versorgen. Seine einzige Tochter hatte kurz vorher nach Erfurt geheiratet und konnte ihm nicht helfen; Dienstboten konnte er sich nicht leisten. Er schloß deshalb im November 1694, sechs Monate nach Elisabeths Tod, eine zweite Ehe mit Barbara Margarethe Kaul, die bereits zweimal verwitwet war. Aber es war zu spät; seine Gesundheit war erschüttert, und er starb zwei Monate später, am 31. Januar. Die Familie wurde auseinandergerissen. Die Witwe richtete ein Gesuch an den Rat, ihr als «Witwe eines Bach» die Stellung ihres Mannes zu übertragen, «da der liebe Gott das Bachsche Geschlecht binnen wenigen Jahren vertrocknen ließ». Der grundsätzlich sehr sparsame Rat ignorierte das Gesuch und bezahlte nur genau das ihr zustehende Gehalt für eineinhalb Quartal. Betrübt kehrte die Witwe nach Arnstadt zurück. Der zweite Sohn, Johann Jacob, wurde bald Lehrling bei dem neuen «Hausmann», der jüngste kam zu dem ältesten Bruder Johann Christoph, dem Organisten, nach Ohrdruf.

Ein Porträt von Johann Ambrosius hat sich erhalten. Danach hatte er den berühmten mächtigen Kopf der Bache, einen Stiernacken und frische Farben, eine dicke Nase, einen breiten Mund mit dünn ausgezogenem Schnurrbart und große Augen mit ernstem, gütigem Ausdruck; er sah aus wie ein friedfertiger Musketier.

Das Geburtshaus in Eisenach

Der Vater: Johann Ambrosius Bach. Anonymes Gemälde

Der frühe Verlust seiner Eltern gibt eine Erklärung dafür, daß Johann Sebastian sein ganzes Leben hindurch eine fast schwärmerische Sehnsucht nach dem Tod empfunden hat. Die Religion hatte dem Kind im Unglück Trost gegeben; die Entschlafenen hatten das ewige Leben gewonnen und waren der Wahrheit des himmlischen Vaters näher als auf Erden. Die Begegnung mit dem Tod beim Hinscheiden seiner liebsten Angehörigen machte ihn aber nicht schwermütig. Instinktiv hütete er sich vor einer Flucht in das Übersinnliche wie vor der heroischen Todesverachtung des Materialismus. Seine Vorliebe für theologische Untersuchungen, die sich nach dem Tod der Eltern schnell entwickelte, mußte ihn in der Überzeugung bestärken, daß sein Glaube ihm den Zugang zu den ewigen Wahrheiten eröffnete. Gern suchte er nach Gründen und Beweisen dafür. Wenn das nur Krücken, vielleicht nur eingebildete, gewesen sein mögen, so haben sie ihm doch unleugbar sein Leben lang Halt gegeben. Aber das machte ihn nicht zum Mystiker. Man hat mit diesem Ausdruck in bezug auf Bach viel Mißbrauch getrieben. Selbstverleugnung lag ihm fern; er zweifelte nicht an der Gültigkeit seines Schaffens vor dem Ewigen, er kasteite sich nicht, um eine reinere Offenbarung des Seins zu empfangen. Er spürte nichts von der so menschlichen Angst vor der Finsternis; im Gegenteil! Er machte außerordentliche Anstrengungen, um sich selbst in seinem Lebenskreis zu behaupten, und erfüllte und rechtfertigte dadurch sein Bedürfnis, innerhalb der metaphysischen Ordnung der Dinge zu stehen. Es war vielleicht sein einziger echt kindlicher Zug, immer an das Sterben zu denken und alles darauf auszurichten, denn nach dem Tod würde er Gott von Angesicht zu Angesicht gegenüberstehen. Im Augenblick, als er, verwaist, aus der vertrauten Umgebung in den Strudel des Lebens geworfen wurde, ward dieser Idealismus in ihn gesenkt; er wurde ihm später zur Stütze gegenüber den Ansprüchen des Lebens, und zwar eines guten Lebens vor Gott und den Menschen. Er konnte immer daran festhalten, ohne von seiner Todessehnsucht belastet zu werden. Mir scheint das vielleicht Bewunderungswürdigste an ihm, wie überlegen er die Kräfte im Gleichgewicht hielt, die ihn hätten verderben können, und die ihn groß, kraftvoll und männlich machten.

Für ihn begann jetzt eine harte Zeit. Obwohl sein ältester Bruder in Ohrdruf hoch geschätzt wurde, hatte er, genau wie sein Vater, nur ein bescheidenes Einkommen. Aber in dieser Familie war es selbstverständlich, einander zu helfen, und so bemühte er sich, seine Brüder mit zu ernähren und auf einen guten Weg zu bringen — unter der Bedingung, daß jeder sein Teil zu den allgemeinen Einkünften beitrug. Der kleine Johann Sebastian lieferte seinen Anteil, so gut er es konnte. Er verdiente ihn als Chorsänger. Daneben besuchte er die Schule. Er übernahm schwere Aufgaben und lernte, was hervorgehoben werden muß, eine Vergütung für sein Singen zu fordern. Eine einfache Beziehung von Ursache und Wirkung, die uns zu denken gibt. Ohne diese Logik in bezug auf gewöhnliche Bezahlung hätte eines der schönsten Genies der Menschheit seine Bestimmung nicht erfüllen können. Es wäre verkümmert, vereinsamt und verdorben. Das Kind Bach begriff immer besser, daß er seinen Unterhalt verdienen mußte, um zu leben. Diese strenge Forderung bedingte die Entfaltung des Genies, das er in sich wachsen fühlte. Man sieht, daß er nicht zum Verzicht neigte, daß für ihn der Weg zu Gott über die Menschen führte. Und da hieß es sich durchkämpfen durch dichtes Gestrüpp. Glücklicherweise hatte er keine Scheu vor der Arbeit, die natürlichen Anlagen kamen seinem Verstand zu Hilfe. Mit vierzehn Jahren, drei Jahre früher als die meisten, kam er in die oberste Schulklasse. Sein Bruder unterrichtete ihn im Klavierspiel und lehrte ihn die Anfangsgründe der Komposition. (Wo ist hier der Autodidakt Bach?) Er war ein guter Lehrer, zweifellos lernte Johann Sebastian viel bei ihm, und zwar mit solcher Begeisterung, daß Johann Christoph sich zur Strenge gezwungen sah, um seinen Lerneifer zu dämpfen. Der Junge durchstöberte alle Notenhefte, versuchte sich auf allen Instrumenten und schrieb alle Werke ab, die er in die Hände bekam. Sein Bruder wollte ihm einmal eine Sammlung von Klavierstücken nicht geben, weil er sie noch zu schwer für ihn fand. Es sei nicht gut, zu schnell vorzugehen. Johann Sebastian verschaffte sie sich heimlich und kopierte sie nachts beim Mondschein, weil das Kerzenlicht ihn hätte verraten können. Unglücklicherweise ließ er sich dabei erwischen, als nur noch wenige Seiten fehlten, und der große Bruder zog das Manuskript unbarmherzig ein.

Es waren die ersten Anzeichen seiner ungestümen Liebe zur Musik und der Selbständigkeit in der Arbeit, an der Johann Sebastian sein ganzes Leben hindurch festhielt. Ihn faszinierten die Schwierigkeiten, die er in den Werken entdeckte. Weise Ratschläge bedeuteten ihm wenig; er selbst würde die Mittel finden, sich die neuen Bereiche zu erobern. Das Kind Bach wußte schon früh seine Selbständigkeit in allem, was seine Kunst betraf, zu wahren. Er war begierig, jede Regel kennenzulernen, ging aber darüber hinweg, wenn sie ihm unnötig schien. Von seinen Lehrmeistern übernahm er nur die Mittel, mit denen er seine Freiheit sichern konnte. Ständig gebrauchte er gleichsam die Ellbogen, um sich von nutzlosem Zwang zu befreien. Seine Auflehnung war immer logisch begründet. Ungerechtigkeit, Sinnlosigkeit, Routine — diese Hampelmänner galt es nieder-

Lüneburg. Holzschnitt aus dem 16. Jahrhundert

zuschlagen. Sobald er sich in seiner schöpferischen Aufgabe bedroht fühlte, griff er an, und wenn er nicht siegen konnte, ging er fort.

Das Leben in Ohrdruf muß für ihn hart und trübe gewesen sein. Johann Christoph war verheiratet und hatte Kinder; seine Einkünfte vergrößerten sich kaum. Es wurde schwer für ihn, seine Familie zu ernähren. Johann Sebastian fühlte, daß er zur Last fiel, und wollte fort. Elias Herda, der als neuer Kantor von Lüneburg nach Ohrdruf gekommen war, erzählte ihm, daß in der norddeutschen Stadt Lüneburg gute Choristen für den Mettenchor der St. Michaeliskirche gesucht würden. Satzungsgemäß müßten es «armer Leute Kinder» sein. Kostenlose Ausbildung, Unterhalt und sogar ein kleines Einkommen wurde ihnen zugesichert. Allerdings lagen mehr als dreihundert Kilometer zwischen den beiden Städten. Aber Johann Sebastian war voller Reiselust und bereit, sich zu Fuß, mit fast leerer Börse, auf den Weg zu machen. Er brauchte nicht allein zu wandern. Sein Mitschüler Erdmann, der mit Herda befreundet war, wollte auch mit. Er bat den Kantor, ihre Bewerbung zu unterstützen. Das geschah, und sein Bericht war ohne Zweifel sehr günstig: die beiden Kameraden wurden aufgenommen. An einem Märzabend im Jahre 1700 traten sie die Reise an. Es war ein glücklicher Termin für sie, denn unmittelbar nach ihrer Abreise wurde Ohrdruf von einer schrecklichen Epidemie heimgesucht.

Unser Bach war nun fünfzehn Jahre alt, der Bart wuchs, und die Stimme fing an zu mutieren. Er konnte nicht mehr lange als Sopran im Mettenchor mitsingen. Da er aber ein sehr geschickter Instrumentalist war und sich auf das Begleiten verstand, durfte er trotzdem bleiben. Er bezog zwölf Groschen im Monat, außerdem noch die

Jean-Baptiste Lully

Gratifikationen für Hochzeits- und Beerdigungsmusiken. Dazu kamen Wohnung, Heizung, Verpflegung und vor allem das Gefühl, sein eigener Herr zu sein, soweit ein Internatsschüler das sein konnte. Überdies wurde in der Michaelisschule ausgezeichnete Musik gemacht. Es gab dort eine ansehnliche Bibliothek, in der sich seit dem Jahre 1555 zahlreiche gestochene und handschriftliche Noten angesammelt hatten. Johann Sebastian konnte darin lesen, soviel er wollte; nicht ohne Stolz stieß er dabei auf Werke von seinem Onkel Johann Christoph und von dessen Vater, dem alten Heinrich Bach. Höchstwahrscheinlich bekam er hier den ersten, gründlichen Einblick in die Geschichte der Musik und ihre Entwicklung seit der Mitte des 16. Jahrhunderts, lernte den Unterschied der Strukturen und Stile beurteilen und gewann die Überzeugung, daß die moderne Musik besser klinge als die alte.

Die musikalische Atmosphäre war also sehr günstig in Lüneburg.

Die Programme waren vielseitig, die Ausführenden tüchtig, das Notenmaterial war sorgfältig eingerichtet. In der Schule lernte er unter der strengen Zucht des Rektors Büsche Rhetorik, Logik, Latein, Griechisch und Religion nach der orthodoxen lutherischen Lehre, die ihn schon in Ohrdruf begeistert hatte. Dazu kam noch das Französische, das von den deutschen Adligen mit Vorliebe gesprochen wurde. Bach hatte Sinn für das Aristokratische. Er legte Wert auf guten Ton und wollte die berühmte Sprache kennenlernen. Also machte er sich an die Arbeit und konnte bald so viel, daß er sogar eine Ahnung von der französischen Literatur bekam. Natürlich interessierte er sich auch für die französische Musik. Dieses Interesse konnte um so leichter befriedigt werden, als ein Franzose, Thomas de La Selle, Schüler von Lully, am Hof in Celle wirkte und daneben den Zöglingen der Ritterakademie, in der Johann Sebastian wohnte, Tanzunterricht gab. Bach fiel ihm sehr bald auf und lernte durch ihn außer Tanzmusiken viele Sonaten und Konzerte im Versailler Geschmack kennen. Schließlich nahm La Selle seinen jungen Freund auch einmal mit an den Celler Hof. Herzog Georg Wilhelm, der mit einer Französin verheiratet war, träumte wie viele andere deutsche Fürsten davon, aus seiner Residenz ein kleines Versailles zu machen. Er veranstaltete Feste, Theateraufführungen, Konzerte und lud die berühmtesten französischen Virtuosen ein. Seine Vorliebe für das Französische kostete ihn im Jahre 1690 allein für die Musik die Kleinigkeit von 14 000 Talern! Für Johann Sebastian war es ein bedeutendes Erlebnis. Er begegnete hier vielen Franzosen, besonders Hugenotten, die nach der Aufhebung des Edikts von Nantes vertrieben und vom Herzog bereitwillig aufgenommen worden waren. Vor allem konnte er viele Kompositionen studieren und kopieren, besonders die Werke von François Couperin dem Großen, die ihn faszinierten, denn sie hatten einen neuen und wirklich fremdländischen Klang. Dieses seltsame Schattentheater, diese Melancholie einer sterbenden Welt, ihr Humor, die köstliche Mischung italienischer

François Couperin der Große

Schloß Celle bei Hannover. Anonymes Gemälde (Ausschnitt)

und rein französischer Elemente, dieser undefinierbare und so verführerische Geschmack, dieser Höhepunkt der Reife — um mit La Bruyère zu reden —, diese elegante, knappe, dabei lockere Schreibweise: wie verlockend mußte das alles auf den jungen Deutschen wirken und ihn seiner gewohnten Musik entfremden!

Ganz erfüllt von den neuen Eindrücken kehrte Johann Sebastian nach Lüneburg zurück und fand, daß sein Zimmer im alten Kloster von der Akademie beschlagnahmt worden war. Der Alltag und die Schule hatten ihn wieder. Er trieb fleißig Orgelstudien und interessierte sich für den Orgelbau, denn er wollte immer gern wissen, wie die Dinge zustande kamen. Es war ein Glückstag, als er den berühmten Orgelbauer Johann Balthasar Held kennenlernte, der gekommen war, um die Orgeln in der St. Michaeliskirche zu reparieren. Johann Sebastian beobachtete so genau wie möglich die Wiederherstellungsarbeiten und erkundigte sich nach tausend Einzelheiten. Bekanntlich wurde er als Sachverständiger für den Orgelbau sehr bald geschätzt und gefürchtet.

In Lüneburg lernte er auch Georg Böhm, den Organisten der St. Johanniskirche, kennen. Böhm war ein bedeutender Musiker.

Jan Adams Reinken

Auch er war Thüringer, stammte aus einem Dorf in der Nähe von Ohrdruf und hatte natürlich auch Beziehungen zu der Familie Bach. Er war Schüler des Hamburger Orgelmeisters Reinken gewesen, dessen brillante Improvisationskunst der junge Bach bald selbst bewundern konnte. Als Komponist noch bedeutender als sein Lehrer, bewirkte Böhm durch seine neuartige Gestaltung des Orgelchorals einen radikalen Stilwandel in Bachs Orgelschaffen, das bis dahin an der strengen und ein wenig steifen Manier Pachelbels festgehalten hatte.

Der Kolorist Böhm, aus der norddeutschen Schule hervorgegangen, besaß einen glänzenden, lebhaften Geist. Er liebte es, einem Choralthema prächtige ornamentale Linien abzugewinnen; die traditionelle Schlichtheit der Melodieführung, an der Pachelbel festhielt, interessierte ihn wenig. Er wäre wie sein Meister ein leerer Virtuose geblieben ohne die Phantasie, mit der er alle übernommenen Formen neu belebte und der deutschen Orgelmusik seiner Zeit einen neuartigen Zauber verlieh. Der junge Bach mit seinem angeborenen Sinn für Ornamentik wurde stark beeindruckt durch seine Behandlung des Orgelchorals, der sich in brillante Einzelheiten, kolorierte, kontrastierende Teile und freie Parapharas auflöste. Er erkannte darin unendliche Möglichkeiten, die er selbst später ausnützte. Selbstverständlich erzählte Böhm dem jungen Bach von seinem Lehrmeister, den er grenzenlos bewunderte. Mit dem Erfolg, daß Johann Sebastian im Jahre 1701 nach Hamburg wanderte, um ihn selbst zu hören. Er hörte nicht nur Reinken (übrigens in einer glänzenden Phantasie über den Choral «An Wasserflüssen Babylon», den Bach viele Jahre später seinerseits vor Reinken variierte), sondern auch Vincent Lübeck, einen andern bedeutenden Orgelmeister. Er ging sogar in die Oper, die von Reinhard Keiser geleitet wurde. Man weiß nicht viel darüber, wie er diese Zeit in Hamburg möglich gemacht hat. Vielleicht hat er seinen Vetter Johann Ernst dort aufgesucht, der in Ohrdruf sein Mitschüler gewesen war.

So waren die drei Lüneburger Jahre für ihn von entscheidender Bedeutung. Wenn er auch nicht alle neuen Eindrücke in sich verarbeiten konnte, so speicherte er sie doch auf als Keime für sein künftiges Schaffen. Die beglückenden und erregenden Begegnungen mit der französischen Musik und den norddeutschen Orgelmeistern vergaß er nicht. In seinen eigenen Werken suchte er ihren Zauber auf seine Art weiterzuführen. Auf musikalischem Gebiet konnte er seinem Drang in die Ferne genügen, was ihm in der Wirklichkeit kaum möglich war. Sein Expansions- und Eroberungsbedürfnis wandte sich unter dem Zwang der Verhältnisse mehr und mehr nach innen und fand zuletzt nur noch in der Musik seine Erfüllung.

Vincent Lübeck

Mit siebzehn Jahren verließ Johann Sebastian die St. Michaelisschule. Nach den Erziehungsprinzipien seines Onkels Johann Christoph hätte er nun die Universität beziehen müssen. Aber er brannte zu sehr darauf, den Musikerberuf zu ergreifen. Woher hätte er auch das Geld zum Studium nehmen sollen? Er fühlte sich durchaus imstande, sich selbständig zu machen, und wünschte sich eine Stellung, die ihm Zeit genug lassen würde, um sich immer weiter zu vervollkommnen. Er bekam Sehnsucht nach seiner Heimat Thüringen, wo seine Familie besonders bekannt war und ihm helfen konnte. In Thüringen waren damals drei Organistenstellen zu besetzen, in Sangerhausen, in seiner Geburtsstadt Eisenach, wo sein berühmter Onkel gerade gestorben war, und in Arnstadt. Die Entscheidung fiel für Arnstadt.

Die Orgel der Neuen Kirche in Arnstadt, an der er wirken sollte, war noch im Bau. (1935 hat das Gotteshaus den Namen Bach-Kirche erhalten.) Um sich über Wasser zu halten, bis das Instrument fertiggestellt war, und er sich um das Amt bewerben konnte, wurde er nach dem Beispiel seines Großvaters Christoph und Vaters «Lakai und Geiger» bei dem Prinzen Johann Ernst, dem Bruder des Herzogs von Weimar. Er ließ sich dem Organisten der herzoglichen Kapelle, Johann Effler, vorstellen, der von seinem virtuosen Können entzückt war und ihn als seinen Vertreter beschäftigte. Sicher hat er alle frappiert, die ihn hörten; der Bürgermeister der Stadt, der allerdings ein Verwandter der Bache war, ging sogar so weit, ihn in einer Akte als Organisten am fürstlich sächsischen Hof in Weimar zu bezeichnen — ein zum mindesten verfrühter Titel.

Inzwischen war die Orgel der Neuen Kirche fertig geworden. Bach wurde aufgefordert, sich darauf vor den Honoratioren hören zu lassen. Der achtzehnjährige Organist spielte gleich seine höchsten Trümpfe aus; nach seiner erstaunlichen Darbietung war von der Bewerbung irgendwelcher Konkurrenten gar nicht mehr die Rede. Ein Vertrag wurde unterzeichnet, der ihm 50 fl Gehalt, außerdem 34 fl für Wohnung und Kost zusicherte, eine Summe, die sein ältester Bruder in Ohrdruf und der alte Heinrich Bach selbst in ihrer besten Zeit niemals bekommen haben.

Bach wirkte zu dieser Zeit wie ein vornehmer junger Mann. Er behielt das würdige Auftreten und die aristokratischen Manieren bei, die er in Lüneburg angenommen hatte. Er trug einen Degen. (Vermutlich hat er in der Akademie auch etwas gefochten.) Doch hat er offenbar keine von den vielerlei Krisen durchgemacht, die in diesem Lebensalter häufig auftreten. Er benahm sich weder frivol noch auffallend; die einfache Tatsache, daß er sehr jung wie ein Erwachsener arbeiten mußte, bewahrte ihn davor. Für seine Entwicklung war das eine große Hilfe. Er ließ alle seine Kräfte einem Höhepunkt entgegenreifen, von dem aus der ganze Reichtum seines Genies ausstrahlen konnte. Ohne dieses feste Ziel im rechten Augenblick hätte auch er zweifellos Unruhe und Verwirrung empfunden und als Ausgleich Abenteuer gesucht. Aber sein Nervensystem muß im Gegensatz zu dem anderer Genies erstaunlich gesund gewesen sein. Allezeit vermochte er selbst die schmerzlichsten Schicksalsschläge zu meistern, ohne sein inneres Gleichgewicht zu verlieren. Die Religion, die sein Leid vielleicht hätte vergrößern können, half ihm vielmehr, es zu überwinden. Vor allem half ihm seine erstaunlich robuste körperliche und seelische Konstitution. Sein Körper hat nie versagt, und er hat ihn auch nie verleugnet. Der Strom genialer Eingebungen überfiel ihn nicht sprunghaft und gewaltsam wie andere und brachte ihn nicht aus der Fassung. Schönheit kostete ihn weder Qualen noch Kämpfe, er begegnete ihr mit klarem Blick und geduldiger, starker Hand, selbst in diesem Entwicklungsstadium, in

Johann Sebastian Bach. Gemälde von Johannes Ernst Rentsch d. Ä.

dem er die Formen noch nicht völlig beherrschte und eher einem kampfesfrohen jungen Eroberer glich als einem weisen Regenten. Dennoch nahm er gerade die schwierigsten Kompositionsgattungen in Angriff und arbeitete als unermüdlicher Handwerker. Ganze Nächte verbrachte er schreibend, geigend oder am Klavier. Und das Wunderbare war, daß ihm seine Kunst durch dieses unablässige Arbeiten nicht verleidet wurde. Bach hat mit seiner Musik niemals Raubbau getrieben, er hat umgekehrt auch niemals eine Zeit des Schweigens nötig gehabt. Schweigen war für ihn eine zweckmäßige Entspannung, ein Satzzeichen vor neuer Arbeit. Er arbeitete also und konnte es auch. Seine beruflichen Verpflichtungen erlaubten es. Zu spielen hatte er nur Sonntag vormittags von 8 bis 10 Uhr, montags bei einer gemeinsamen Betstunde und Donnerstag morgens von 7 bis 9. Außerdem leitete er den Chor der Lateinschule, obgleich er vertraglich nicht dazu verpflichtet war.

Er lebte wieder unter lieben Verwandten: es waren Christoph Herthum, der Schwiegersohn und Nachfolger von Heinrich Bach, die Witwe des Onkels Johann Christoph und die drei Kinder des Zwillingsbruders von Johann Ambrosius, unter ihnen Johann Ernst, bei dem er vielleicht in Hamburg gewohnt hatte. Am meisten freute er sich über das Wiedersehen mit seiner Base Maria Barbara, der jüngsten Tochter von Johann Michael Bach, einem Vetter seines Vaters, der in Gehren Organist gewesen war. Die junge Waise wohnte bei ihrem Onkel Martin Feldhaus und ihrer Tante Regine Wedemann, im Haus «Zur Goldenen Krone». Bach wohnte auch da. Ein reines, idyllisches Liebesverhältnis entwickelte sich zwischen den beiden fast gleichaltrigen jungen Leuten. Beide waren Waisen und hatten keine andern zarten Bindungen. Beide liebten die Musik leidenschaftlich. Der entfernte Verwandtschaftsgrad war für sie kein Ehehindernis. Aber Johann Sebastian beging keine Unbesonnenheiten; die Sitte und seine angeborene Klugheit bewahrten ihn davor. Er wußte nichts von den Qualen stürmischer Leidenschaft und zog es vor, der vollkommenste Ehemann der Musikgeschichte zu werden! Er überlegte, daß er noch mehr arbeiten müsse, um seine finanzielle Lage zu verbessern; dann erst könne er um eine Frau werben und sie heimführen; dann hätte er sie verdient! Mein Gott, waren die Dinge so einfach? Es scheint wirklich so. In bezug auf Bachs Eheleben steht für mich fest, daß seine beiden Frauen, Maria Barbara und ihre Nachfolgerin Anna Magdalena, ihn glücklich gemacht haben. Sie haben ihm wohl keine überschwengliche Seligkeit geschenkt, aber zum mindesten die gleichmäßigere und viel tiefere Beglückung, die aus der vollen Entfaltung einer Persönlichkeit entspringt. Und da für einen Erfolg in diesem Bereich die Gegenseitigkeit eine conditio sine qua non ist, wird auch Bach seine beiden Frauen glücklich gemacht haben. Die Geschichte läßt übrigens nicht daran zweifeln; sie hat sich nur nicht damit aufgehalten zu kommentieren, was sich von selbst verstand. Aber die Biographen haben seltsamerweise die Bedeutung Maria Barbaras und Anna Magdalenas unterschätzt. Tatsächlich haben beide auf Bachs Genie ausgleichend und zugleich vertiefend gewirkt. Ihnen verdankt er zum Teil die Reife und den Ernst, den wir an ihm bewundern. Sie und ihre Kinder haben ihn im Erdenleben verankert. In seinem Genie war er kein Junggesellentyp wie so viele andere, die sich mit unbefriedigten Wünschen, mangelnder Anpassungsfähigkeit, narzißischem Ersatz, seelischer Unterentwicklung und Krisen der Einsamkeit herumschlagen mußten. Er hat nicht unter der Unrast Don Juans gelitten. Er war auch kein unechter Ehemann, der seine Gattin allenfalls brauchte, um Widerstände und Verstimmungen abzureagieren, ihr aber keinen Anteil an seinem tiefsten Innern zugestand. Bach hat sich der Liebe und der Vaterschaft mit ganzer Seele hingegeben. Er hat sich als Gatte und Familienoberhaupt glücklich gefühlt und die damit verknüpfte Verantwortung bereitwillig auf sich genommen. Wenn seine Frauen versagt hätten, würde er sicher viel Zeit verloren haben, um solche Risse auszubessern. Er hatte es nicht nötig. Das war wieder ein Glücksfall und auch ein Verdienst. Bach hat sich innerhalb der Schranken der Ehe ausgezeichnet. Das gereicht auch denen zur Ehre, die dabei seine Partnerinnen waren und, selbst aufblühend, ihm ermöglichten, sich ganz zu erfüllen.

ZUR HÖHEREN EHRE GOTTES...

Johann Sebastians musikalisches Wirken in Arnstadt blieb nicht frei von Zwischenfällen. Die Neue Kirche war die unbedeutendste von den Stadtkirchen und hatte nur mittelmäßige Chorsänger. Meistens waren es Schüler der Lateinschule. Ihre Stimmen taugten wenig, und mit ihrem undisziplinierten Benehmen wurde der achtzehnjährige Chorleiter nicht fertig. Übrigens hat Bach, der in allem, was seine Kunst betraf, eine wahrhaft königliche Autorität besaß, auf Untergebene nie Einfluß gehabt. Wenn er nicht mehr unter Gebildeten war, oder ein Schüler keine Lust zu arbeiten hatte, fing er an zu schelten, wurde zornig, verlor schnell alle Haltung und machte sich lächerlich durch seine komische Wut. So behandelte er seine Schüler auch in Arnstadt. Zwei Jahre hindurch gab es dauernd Zusammenstöße, Zornausbrüche, Beleidigungen und heftige Proteste, die eines Abends mit einer Schlägerei endeten. Anlaß war eine Probe, bei der ein Schüler namens Geyersbach, drei Jahre älter als Bach, Albernheiten mit seinem Fagott trieb. Der junge Meister stampfte gleich mit den Füßen und schalt ihn einen «Zippelfagottisten», was eine allgemeine Heiterkeit bewirkte. Voller Wut beschloß Geyersbach, den Organisten zu verprügeln; in einer dunklen Nacht überfiel er ihn, schlug mit dem Stock auf ihn ein und schimpfte ihn einen «Hund». Unser Virtuose, der seinen Degen bei sich hatte, zog vom Leder, besann sich schnell auf das Wenige, was er vom Fechten wußte und fing an, das Hemd des Angreifers kreuz und quer zu zerfetzen. Schlag fiel auf

Schlag, und es hätte weiß Gott einen Mord geben können, ohne das Eingreifen der Nachbarn, die durch den Lärm aufgeschreckt worden waren. Bach war wütend und schwor, daß er sich nicht mehr mit diesem Chor von Dummköpfen abgeben werde. Er werde ihn nicht mehr leiten, denn er sei vertraglich gar nicht dazu verpflichtet. Das Konsistorium mischte sich ein und drängte ihn, die Arbeit trotz der schlechten Bedingungen wieder zu übernehmen. Bach weigerte sich. Er hatte sich in seinen Zorn über die Ungerechtigkeit und Dummheit verbissen. Dies war ein Zug, den er von seinem Onkel geerbt hatte und nie überwand. In seinen Augen stand seine Lebensaufgabe auf dem Spiel; wie sollte er da nachgeben? Maria Barbara wird sich über die Rauheit seines Charakters Gedanken gemacht haben.

Der Streitereien überdrüssig, erbat und erhielt Johann Sebastian einen Urlaub von vier Wochen. Er wollte nach Lübeck reisen und den berühmten Orgelmeister Buxtehude hören. Sein Vetter Johann Ernst sollte ihn solange vertreten.

In Lüneburg hatte Böhm zweifellos von dem Lübecker Meister gesprochen, der ihn selbst stark beeinflußt hatte. Bach konnte sich also durch diese Reise einen lange gehegten Wunsch erfüllen. Endlich konnte er die berühmten «Abendmusiken» hören, die Buxtehude an den fünf Sonntagen vor Weihnachten leitete. Irgendwie – man weiß nichts Näheres – legte er die rund vierhundert Kilometer zwischen Arnstadt und Lübeck zurück, hörte die Konzerte und war überwältigt. Vierzig hervorragende Instrumentalisten begleiteten die Chöre, und die Aufführungen waren vollendet! Noch nie hatte er eine so prächtige Musik gehört. Er verschlang sie geradezu. Die vier Wochen verstrichen, aber Johann Sebastian kehrte nicht nach Arnstadt zurück. Er schrieb nicht an seine Vorgesetzten und wahrscheinlich auch nicht an Maria Barbara. Er schien alles vergessen zu haben.

Der Grund war, daß er sich eingehend mit Buxtehudes Stil vertraut machte. Nach der motivischen Choralbehandlung Pachelbels, der die einzelnen Abschnitte der traditionellen Melodie meistens fugiert verarbeitete, und nach der koloristischen Behandlung Reinkens und Böhms, bei denen die Choralmelodie mehr oder minder frei paraphrasiert wurde, entdeckte Bach bei Buxtehude eine neue Form, die freieste von allen und zugleich die verlockendste, nämlich die Choralphantasie. Hier erschien die Melodie, wechselnd unterteilt, in einer oder der andern Stimme, während Nebenthemen entwickelt wurden, die nur sehr entfernte Beziehungen zum Hauptthema hatten. Man sieht, welch ein weiter Spielraum dem Komponisten gewährt wurde, und man begreift, wie sehr sich Bach für die Choralphantasie interessieren mußte.

Er trat in persönliche Verbindung mit Buxtehude, der Bach so schätzenlernte, daß er ihm vorschlug, sein Nachfolger zu werden unter der damals gebräuchlichen Bedingung, seine Tochter Anna Margaretha zu heiraten, die zehn Jahre älter als Bach und leider gänzlich reizlos war. (Mattheson und Händel hatten die Partie schon ausgeschlagen.) Die Stellung hätte einen Opportunisten wohl verlocken können; es war ein bedeutender Posten. Aber Johann Sebastian hielt Maria Barbara die Treue. Zweifellos bewog ihn die Sehnsucht nach ihr und nicht der Wunsch, sein Amt wieder zu übernehmen, schließlich zur Rückkehr nach Arnstadt. Immerhin waren vier Monate verflossen. Man kann sich die Unzufriedenheit des Konsistoriums vorstellen. Die Situation verschlimmerte sich noch, weil Bachs Musizierstil sich inzwischen völlig verändert hatte. Gestützt auf seine Lübecker Erfahrungen, improvisierte er frei zwischen den Choralstrophen, ließ in den Begleitungen überraschende Gegenstimmen auftreten und modulierte mit solcher Kühnheit, daß die Gemeinde ganz verwirrt wurde. Der Superintendent Olearius ließ ihn vorladen. Es wurde ihm vorgeworfen, daß er zu lange seine Verpflichtungen vernachlässigt und zu viele und bizarre Modulationen bei seinem Orgelspiel eingeführt habe. Man befahl ihm, «er habe ins Künftige wann er ja einen tonum peregrinum mit einbringen wolle, selbigen auch außzuhalten, und nicht zu geschwinde auf etwas anderes zu fallen, oder wie er bißher im Brauch gehabt, gar einen tonum contrarium zu spiehlen». Von nun an langweilte sich Bach. Ein böses Zeichen! Er rächte sich dadurch, daß er sich mit übertriebener Genauigkeit an die Vorschriften hielt, den Gläubigen eine seichte Hirtenmusik vorsetzte und zu kurz statt zu lange spielte. Neue Proteste des Konsistoriums, das ihm ein Ultimatum stellte. Er antwortete nicht darauf. Man klatschte darüber, daß Maria Barbara auf der Orgelempore überrascht worden war, wo sie zu Bachs Begleitung gesungen hatte. Das war ungehörig, eine Herausforderung! Bach reagierte auf alle Vorwürfe recht hochmütig und anmaßend. Kurz und gut, in Arnstadt kam es nicht mehr zur Heirat. Im Dezember 1706 starb in Mühlhausen Georg Ahle, der Organist an der St. Blasiuskirche. Johann Sebastian nahm die Gelegenheit sofort wahr. Der Ratsherr Hermann Bellstedt, der durch seine Mutter mit Maria Barbara verwandt war, förderte die Verhandlungen. Zu Ostern 1707 wurde Bach zum Probespiel eingeladen; es wurde ein Triumph für ihn. Infolgedessen bewilligte man ihm ein Gehalt, das höher als das von Ahle war: 85 Gulden jährlich, dazu Korn, Brennholz und Fische. Man stellte ihm auch ein Fuhrwerk, um seine Möbel zu befördern. Das Konsistorium in Arnstadt atmete auf, Bach auch. Man beglückwünschte sich würdevoll, und der Schlaukopf Bach vergaß nicht, den Herren wie üblich seinen Dank auszusprechen, damit sie ihm nicht die Ausreiseerlaubnis verweigerten.

Jetzt war für Johann Sebastian der Augenblick zum Heiraten gekommen. Eine kleine Erbschaft von seinem Onkel Tobias Lämmerhirt reichte hin, die Kosten der Einrichtung zu bestreiten. Er war allein nach Mühlhausen gefahren, um die nötigen Schritte zu tun und mit seiner Arbeit zu beginnen, kehrte aber bald nach Arnstadt zurück, um seine Braut zu holen. Sie ließen sich in Dornheim bei Arnstadt von dem dortigen Pfarrer Lorenz Stauber trauen, der mit der Familie Bach befreundet war und bald danach Maria Barbaras Tante Regine Wedemann heiratete. Nach der Hochzeit verbrachten sie eini-

Orgelbau. Aus: L'art du facteur d'orgues

ge Tage in Erfurt und begaben sich dann nach Mühlhausen. Hier begann nun wirklich Bachs schöpferische Tätigkeit. Er war glücklich verheiratet und strömte über von Musik. Vertragsgemäß sollte er sich nur um die Orgeln zu St. Blasius kümmern; aber das genügte ihm nicht. Er übernahm die ganze Kirchenmusik, erneuerte das Repertoire und wollte die damals üblichen Choräle mit Instrumentalritornellen durch Kantaten im Stil Buxtehudes ersetzen. Er erkundigte sich danach, wie in den Kirchen der Umgegend musiziert wurde, und fand das oft besser als in Mühlhausen. Er stellte den Kirchenmusikern auf dem Lande einige seiner Kompositionen zur Verfügung. Auch beschäftigte er sich mit dem Orgelbau. Er wollte die beiden Orgeln in seiner Kirche wieder instand setzen lassen und legte seine Ansichten in einem noch erhaltenen Plan dar, dessen Sachkenntnis seine Vorgesetzten überzeugte. Damals – seine Wünsche änderten sich mit den Jahren – legte er Wert auf Registergruppen von verwandter Klangfarbe und Struktur. Um stärkere Klangkontraste zu erreichen, wollte er zu den zwei Manualen noch ein drittes hinzufügen, außerdem die Zahl der Blasebälge vergrößern. Er machte sogar den Vorschlag, ein Glockenspiel eigener Konstruktion als Pedalregister einzubauen. Der Entwurf ist dem seines Onkels Johann Christoph für die Erneuerung der Orgel in der Eisenacher St. Georgskirche so ähnlich, daß man mit Sicherheit annehmen kann, Bach habe ihn gekannt.

Der Aufenthalt in Mühlhausen, der unter so glücklichen Vorzeichen begonnen hatte, blieb aber nicht lange ungetrübt. Die Ursache waren dieses Mal erbitterte Streitigkeiten zwischen Pietisten und orthodoxen Lutheranern. Der Superintendent Frohne, Pastor der St. Blasiuskirche, war Pietist, Pastor Eilmar von St. Marien orthodox. So kam es fortwährend zu Konflikten, die der Rat nur mit großer Mühe schlichten konnte. Bach, den diese Fragen leidenschaftlich erregten, griff in den Kampf ein und nahm Partei für den orthodoxen Eilmar. Daß er die Beschränktheit und den verkalkten Formalismus Eilmars übersah und nicht erkannte, wie sehr der Pietismus die erstarrende orthodoxe Tradition neu beleben konnte, erklärt sich einfach aus der feindseligen Einstellung der Pietisten gegen die Musik. Nach ihrer Auffassung verwirrte und verweichlichte sie die Seelen und verführte sie zu verderblichen Träumereien, während die Orthodoxen dagegen die Musik ausgiebig für den Gottesdienst heranzogen. Überdies war Eilmar selbst Musikliebhaber, Frohne nicht. Das genügte, Bachs Position zu bestimmen. Eine Entscheidung für den Pietismus wäre einer Verleugnung seines Selbst und einer Diskriminierung seines Genies gleichgekommen. Er konnte der Verachtung des Pietismus für Ritual und Zeremonien nicht zustimmen, die angeblich den Glauben mechanisierten. Der dürfe nur in tiefster Seele wirken; man müsse sich vom toten Buchstaben freimachen, denn nur der Geist könne die Seele beleben, Gott offenbare sich nur im Verborgenen. Ich nehme an, daß Bach sich über so einschneidende Ansichten sehr aufregte. Es kam doch nur auf die Gläubigen selbst an, daß der Ritus kein leeres Schauspiel würde, sondern ein mächtiges Hilfsmittel zur Stärkung des Glaubens. Ebensowenig konnte Bach ertragen, daß der Pietismus in der Musik ein Abirren von der wahren Frömmigkeit sah, denn in seinen Augen besaß sie die wunderbare Kraft, die Seele zu führen und zu begeistern. Man konnte in ihr ein tönendes Gleichnis der Weltordnung erblicken, einen Gegenstand der Betrachtung, der die Gegenwart des Göttlichen deutlicher spüren ließ.

Konnte Bach, der geboren war, Schönes zu schaffen, der so fromm war und sich stets bemühte, den im Buchstaben verborgenen Geist zu verkörpern, sich zu einer Lehre bekennen, nach der die Schönheit ihrer edelsten Tugenden beraubt und als Werkzeug des Bösen verworfen wurde? Denn das tat der Pietismus. Bach verschloß sich gegen seine sonstigen Vorzüge und kämpfte für Pastor Eilmar, die Orthodoxie und seine eigene Bestimmung. Der Streit wurde immer erbitterter und brachte Bach auch persönliche Verdrießlichkeiten. Ermüdet von diesen Streitereien und in der Erkenntnis, daß Mühlhausen keine besonderen Zukunftsaussichten bot, sah er sich nach einer andern Position um. Im Juni 1708 stellte er sich am Weimarer Hof vor, der einen Organisten suchte, gewann seine Zuhörer und wurde sofort angenommen. Sein Aufenthalt in Mühlhausen hatte nicht einmal ein Jahr gedauert! Er richtete ein Abschiedsgesuch an den Bürgermeister und die Räte von Mühlhausen, in dem unter anderem stand:
Wenn auch ich stets den Endzweck, nemlich eine regulirte kirchen music zu Gottes Ehren und Ihren Willen nach gerne aufführen mögen, und sonst nach meinem geringen vermögen der fast auf allen Dorfschafften anwachsenden kirchen music, und oft beßer, als allhier fasonierten harmonie möglichst aufgeholffen hätte, und darüm weit und breit, nicht sonder kosten einen guthen apparat der auserleßensten kirchen Stücken mir angeschaffet, wie nichts weniger das project zu denen abzuhelffenden nöthigen Fehlern der Orgel ich pflichtmäßig überreichet Habe, und sonst aller Ohrt meiner Bestallung mit lust nachkommen währe: so hat sichs doch ohne wiedrigkeit nicht fügen wollen, gestalt auch zur zeit die Wenigste apparence ist, daß es sich anders, obwohl zu dieser kirchen selbst eigenen Seelen vergnügen künfftig fügen mögte, über dießes demüthig anheim gebende, wie so schlecht auch meine Lebensarth ist, bei dem Abgange des Haußzinses und anderer äußerst nöthigen consumtion, ich nothdürftig leben könne.

Alß hat es Gott gefüget, daß eine Enderung mir unvermuthet zu handen kommen, darinne ich mich in einer hinlänglicheren subsistence und Erhaltung meines endzweckes wegen der Wohlzufaßenden kirchen-music ohne verdießlichkeit anderer ersehe, Wenn bey Ihro Hochfürstl. Durchlaucht zu Sachsen-Weymar zu dero Hofcapell und Cammer music das entree gnädigst erhalten habe. Wannenhero solches Vorhaben meinen Hochgeneigtesten Patronen ich hiermit in gehorsahmen respect habe hinterbringen und zugleich bitten sollen, mit meinen geringen kirchen Diensten vor dießesmahls vor willen zu nehmen, und mich mit einer gütigen dimission förderlichst zu versehen ...

Die Mühlhauser Behörden bewilligten die Entlassung, wenn auch mit Bedauern, denn sie bewunderten den Künstler. Die Wiederherstellung der Orgeln war im Gange; Bach wurde gebeten, sie weiter zu überwachen, und er versprach es. Im übrigen blieben seine Beziehungen zum Rat, wenn auch nicht zu den Pietisten, durchaus herzlich. 1709 wurde er um die Komposition einer zweiten «Glückwunschmotette» gebeten. Sie gehörte zu den wenigen Bach-Kantaten, die im Druck erschienen. Es sei noch erwähnt, daß auf Bachs Empfehlung sein Vetter Johann Friedrich, ein Sohn seines Onkels Johann Christoph, sein Nachfolger in Mühlhausen wurde. Bachs freundschaftliche Beziehungen zu Pastor Eilmar hielten auch nach seiner Abreise an. Der Geistliche dichtete für Bach Kantatentexte und wurde Pate seines ersten Kindes, das in Weimar geboren wurde.

Hier endet Bachs erste Schaffensperiode. Die Werke dieser Zeit sind noch uneinheitlich; sie zeigen die gegensätzlichen Einflüsse der Meister, die er kennengelernt hatte, und verwerten die Eindrücke nacheinander, ohne schon zu einer Synthese zu gelangen. Aber ihr überströmender Reichtum, ihre Frische und bereits spürbare Autorität lassen keinen Zweifel an seiner außergewöhnlichen Begabung, wenngleich ihre Mittel noch wenig entwickelt sind. Sie leiden natürlich vor allem an der Unregelmäßigkeit der Form. Junge Musiker machen sich darüber wenig Sorgen. Sie erfinden ganz zwanglos, oder aber gießen ihren Rohstoff in die Formen anderer. Die Meisterschaft, die darin besteht, einer Struktur die ihrem Wesen gemäße Form zu geben, kann erst viel später erreicht werden. Durch formale Qualitäten zeichneten sich übrigens Böhm und Buxtehude nicht besonders aus. Der Wert ihrer Kompositionen lag mehr in dem ornamentalen Reichtum, dem Gefühl für Kontraste und Farben und in der kontrapunktischen Geschicklichkeit, als in der Gesetzmäßigkeit und Logik der Anlage und der Proportionen. Worauf sie selbst keinen Wert legten, konnten sie Bach auch nicht übermitteln. Ungeachtet der formalen Mängel wirken diese frühen Arbeiten doch sehr reizvoll, eben durch die Kraft der Erfindung und der Empfindung, die sie hervorrufen. Das Übermaß an Ungestüm und Leidenschaft, an Phantasie und Ungeduld läßt die Logik schon ein wenig zu kurz kommen. Aber sie reißen unwiderstehlich mit. Das beweist der wunderbare Erfolg der berühmten *Toccata und Fuge in d-moll* aus der Arnstädter Zeit.

Sie scheint vom Anfang bis zum Ende wie vom Sturmwind getragen; was schadet es, daß die Fuge einigen Scholastikern ziemlich zerfahren und die Toccata zu rhapsodisch erscheint? In Wirklichkeit offenbart sich schon in dieser erstaunlichen Improvisation seine besondere Kunst, die Elemente so vollkommen und überzeugend zu ordnen, daß man fast den Eindruck von etwas Schicksalhaftem gewinnt. Bach ist derjenige unter den großen Musikern, bei dem keine Note an einem andern Platz stehen könnte, der aber die seltsamsten Abweichungen daraus entwickelt und damit das Bedürfnis verrät, durch Verblüffung zu herrschen. Der junge Bach demonstriert gern und liebt das Pathos und die Überraschung. Aber er überrascht durch unvorhergesehene Reize der Idee. Sehr verlockend scheint mir sogar die Form, die er a priori verkürzt und die fortwährend umgeworfen wird durch den Zustrom an Ideen oder, wenn man will, die innere Erregung. Gerade durch diese «Mängel» bezeugt Bach gleichermaßen seine Unabhängigkeit, seinen Reichtum und seine Vorliebe für das Ungewöhnliche. Die *Orgelfantasie in G-dur* bietet ein Beispiel für solche Überraschungen. Sie besteht aus einem Hauptteil, «Grave», der von zwei Kadenzen gegensätzlichen Charakters umschlossen wird. Die erste, «Très vitement», ist sehr licht, eine lange, einstimmige Arabeske ohne thematische Bindung, die zweite, «Lentement», ganz düster, bringt einen starren, rätselhaften Ablauf von Sextolen; die stützenden, schwerfälligen Pulsschläge im Baß sind ein außergewöhnliches Moment, das ganz unvorbereitet auftritt und nur durch seine ungeahnte Eignung an dieser Stelle gerechtfertigt erscheint. Welche Ökonomie zeigt aber schon dieses eine Werk in all seinem Luxus! Der ernste Mittelsatz wird zum Beispiel nur aus einer einzigen Keimzelle von vier absteigenden Noten entwickelt. Sie ergibt einen polyphonen Satz von fünf Stimmen, der nach vielfachen Modulationen zu einem strahlenden Höhepunkt auf der Dominante führt. Dieses bedeutende Beispiel einer «einzelligen» Anlage ist stilistisch vielleicht auf Beobachtungen an französischen Komponisten zurückzuführen, aber dieser Stil ist schon so weitgehend assimiliert und verwandelt, daß man nicht mehr von Einflüssen reden kann.

Gewiß erreichen nicht alle seine Jugendwerke solche Höhe. Beim Durchblättern der ersten Choralvorspiele sieht man Bach allmählich von der Art Pachelbels zu der Böhms oder Buxtehudes übergehen. Manchmal vermischen sich nord- und mitteldeutsche Stilelemente. Aber schon unterscheidet sich Bach von seinen Lehrmeistern durch die aufkommende Neigung, sich vom Choraltext ebenso wie von der Melodie inspirieren zu lassen. Irgendwie entnimmt er dem Gedicht musikalische Zeichen. Je vollkommener Gedicht und Musik übereinstimmen, je besser werden die Gläubigen den tiefen Sinn des Chorals verstehen, den sie danach singen werden. Diese Absicht führte ihn sehr bald dazu, Motive zu erfinden, die sich mit einem bestimmten Gefühl, einem bestimmten Geschehen oder einer bestimmten Person identifizieren ließen. Diese Motive sind die Schlüssel zu den Werken. Man denkt dabei an die Buchmaler des Mittelalters, die durch die Verzierung der Initiale die Hauptperson oder das wichtigste Ereignis eines Kapitels heraushoben. Natürlich bestand dabei die Gefahr, die Funktion der Musik auf platte Schilderungen zu reduzieren. Aber so realistisch genau die Motive auch sein mögen, so behält der poetische Sinn doch seine übergeordnete Bedeutung. Die Musik ist demnach bestrebt, ein Äquivalent des Textes, nicht seine Imitation zu sein. Diese Umformung ist das Wesentliche; sie sichert die Reinheit von Bachs Werk und stellt eine sehr schöne Lösung für das doppeldeutige Verhältnis zwischen Musik und Dichtung dar, in dem sich die Romantiker zuweilen verlieren. Die Musik muß mit ihren eigenen Mitteln dasselbe erreichen wie das Gedicht mit den seinen. Keins von beiden darf die Autonomie des andern antasten.

Bach unterließ es niemals, diese musikalische Symbolik anzuwenden, wenn er einen dafür geeigneten Text komponierte. Man hat sogar eine Art Katalog seiner Motive zusammenstellen können. Sie sind leicht zu erkennen, wenn nicht immer beim Hören, weil die kontrapunktische Behandlung sie vielleicht verschleiern könnte, doch mindestens bei der Analyse: Sie symbolisieren die Engel, die Schlange, die Wogen, den Schmerz, den Tod, die Auferstehung ... Diese Art von symbolischem Expressionismus hat es in der Musik von Anfang an gegeben. Man findet sie zum Beispiel auch bei Wagner; seine Leitmotive sind im Prinzip, wenn auch nicht in der Substanz und im Charakter, denen Bachs sehr ähnlich. Nur mit dem Unterschied, daß bei dem letzteren das völlig ausgeglichene Verhältnis zwischen Text und Musik jedes störende Übergewicht ausschließt. In vollkommener Osmose verschmelzen alle Elemente zu einem einzigen Objekt der Betrachtung.

Allerdings hat Bach dieses Prinzip nicht erfunden; Musik wollte sich zu allen Zeiten der Dichtkunst vermählen. Von da bedurfte es nur noch eines Schrittes, um mit Tönen darzustellen, was das Gedicht ausdrückte. Dieser Schritt war längst getan. Man braucht nur bis zur «Battaglia di Marignano» oder zum «Gesang der Vögel» von Janequin zurückzugehen ... Noch im 17. und 18. Jahrhundert gab es eine Überfülle deskriptiver Musik, vor allem bei den französischen Clavecinisten und den Italienern. Vivaldis Konzerte «Die Nacht» oder «Die Jahreszeiten» sind nichts anderes als Programmusik, die in ein dreiteiliges Formschema gegossen wurde. Die Oratorien und Opern von Keiser, Mattheson und Telemann strotzen von musikalischen Illustrationen! Muß man noch Kuhnaus «Biblische Sonaten» erwähnen, die versuchen, die Geschichte von David und Saul oder die Errettung Israels durch Gideon oder die Krankheit des Königs Hesekias zu erzählen? Dergleichen war damals Mode. Das Neue, das Bachs Genie hineinbrachte, war einmal die häufige Übertragung des illustrativen Prinzips von der weltlichen auf die geistliche Musik, dann die Vergeistigung des Verfahrens und seine Anwendung auf eine echte musikalische Materie. Denn dadurch veredelte und rechtfertigte er den deskriptiven Realismus, der die Herrschaft der Musik nun nicht mehr schmälerte. Mit Hilfe von Kuhnaus Werken scheint Bach schon sehr früh die Reize und Gefahren der illustrativen Musik erkannt zu haben. Der beste Beweis dafür ist das berühmte *Capriccio sopra la lontananza del suo fratello dilettissimo (Capriccio über die Abreise seines vielgeliebten Bruders)* aus dem Jahre 1704.

Es bezieht sich auf Johann Sebastians älteren Bruder Johann Jacob, der sich im Alter von zweiundzwanzig Jahren als Oboist bei der Garde Karls XII. von Schweden verpflichtet hatte, der in Polen und Rußland kämpfte, sogar bis nach Konstantinopel gelangte und schließlich mit Genehmigung des Königs nach Stockholm zurückkehrte. Nachdem er sich in den Feldzügen bewährt hatte, wurde er als Hofmusiker angestellt. Er starb 1722 in der schwedischen Hauptstadt.

Das *Capriccio* ist eine Schilderung in sechs Teilen. Der erste *ist eine Schmeichelung der Freunde, um denselben von seiner Reise abzuhalten,* der zweite *eine Vorstellung unterschiedlicher Casuum, die ihm in der Fremde könnten vorfallen,* der dritte ein *allgemeines La-*

mento der Freunde. Im vierten *kommen die Freunde, weil sie doch sehen, daß es anders nicht sein kann, und nehmen Abschied,* der fünfte ist eine *Aria di Postiglione* und schildert das Nahen des Postwagens. Das Stück schließt köstlich mit einer Fuge, deren Thema das Posthorn nachahmt. Man sieht an dieser Suite, wie sehr Bach bemüht ist, die wechselnden Gefühle wiederzugeben und doch gleichzeitig ein reines Musikstück zu schreiben. Wie nachdrücklich unterscheidet er beispielsweise – man muß das noch stärker als Albert Schweitzer betonen – die drei Stadien des Schmerzes, die im Lamento beschrieben werden: den resignierten Schmerz, der seufzend und klagend die Tonleiter absteigt, in je zwei und zwei gebundenen Achteln, von gelegentlichen Pausen unterbrochen:

den bedrückenden, atembeklemmenden Schmerz, der das Herz zerreißt; auch hier die absteigende Tonleiter, aber mit erregtem, durch Synkopeneffekte gesteigertem Ausdruck:

endlich den größten Schmerz, der sich mit Stöhnen und Schreien kundgibt, und dieses Mal die Tonleiter chromatisch absteigt:

Das beweist, wie sehr die Chromatik in Bachs Augen geeignet erschien, Unruhe, Unsicherheit, Leiden und extreme Gemütszustände auszudrücken.

Wenn man diese Motive des Schmerzes betrachtet – die Bach später noch sehr häufig verwendete –, wird man zunächst von der Wahrheit des Ausdrucks gepackt, die genau den physiologischen und psychologischen Tatsachen entspricht. Sie zeigt Bachs Feinfühligkeit, seine gute Beobachtungsgabe und seine Fähigkeit, das Wirkliche zu erfassen und musikalisch zu gestalten. Weiter fällt auf, wie die drei Ausdrucksmöglichkeiten aus einem einheitlichen Kern, hier der absteigenden Tonleiter, erwachsen. Bach verfährt dabei durchaus logisch: der einheitliche Kern entspricht der einheitlichen Ursache für den Schmerz, nämlich der Abreise des Bruders; die Auswirkungen steigern sich stufenweise vom schwächsten zum stärksten. Genauso ist der natürliche Verlauf. Das ist noch nicht alles: wir haben hier drei Formeln, deren innere Spannung über die einfache Schilderung hinausgeht. Es bleibt noch festzustellen, daß Bach hier ein reines Musikstück geschaffen und die illustrativen Forderungen mit denen nach einer einheitlichen Tonsprache in Einklang gebracht hat. Denn die beiden letzten Schmerzmotive sind, dem oben erwähnten einheitlichen Prinzip gemäß, thematische Variationen des ersten. Mit einem Schlag wird der Sparsamkeit, der Logik und der Erfindungskraft genügt. An solchen Zügen erkennt man ein logisches Genie.

So oft Bach nun ein musikalisches Symbol suchte, legte er Wert darauf, daß es mit der Realität übereinstimmte und auch als musikalische Gestalt deutlich erkennbar wurde. So wußte er gleichzeitig Instinkt, Empfindung, Phantasie und Vernunft zu befriedigen. Seine Motive sind durch ihre Sachlichkeit für jeden erkennbar. Sie sind einfach und entsprechen ihrem Gegenstand vollkommen.

DER «KONZERTMEISTER»

Als Johann Sebastian wieder nach Weimar kam, hatte er sich schon in vielen Kompositionsgattungen versucht. Er hatte Sonaten, Präludien und Fugen, Toccaten, Choralvorspiele, Partiten und Kantaten geschrieben. Für seine sofortige Anstellung als Organist hatte neben der Bewunderung für sein virtuoses Spiel zweifellos auch die Ahnung seiner außergewöhnlichen schöpferischen Kräfte mitgesprochen. Der Mangel an Erfahrung wurde durch Feuer und Zartheit, angeborenen Sinn für Dramatik und Kühnheit der Phantasie reichlich aufgewogen, vor allem durch seinen glühenden Wunsch, den Gottesdienst mit seiner Musik zu verherrlichen. Das war ein sehr wichtiger Punkt. Denn der Hof in Weimar, das einmal das deutsche Athen werden sollte, war damals nach dem Wunsch und Willen des Herzogs Wilhelm Ernst der frömmste Hof Deutschlands. Der Herzog hatte die Phantasie ganz verbannt; es gab wenig Feste, wenig weltliche Vergnügungen. Am Anfang seiner Regierung hatte er einige Theatervorstellungen geduldet; später, als seine Frömmigkeit sich verhärtete, lehnte er sie ab. Die Lichter im Schloß mußten winters um acht Uhr, sommers um neun Uhr gelöscht werden. Der ganze Hof mußte jeden Morgen am Gottesdienst teilnehmen. In seiner Sorge um das Seelenheil seiner Dienstboten ging der Herzog so weit, sie zwischen Tür und Angel über den Inhalt der Predigt zu examinieren! Natürlich gestattete er keine Rivalität der Sekten: das Paradies hatte nur eine Pforte! Wie ein byzantinischer Despot vertrat er die lutherische Orthodoxie. Das konnte Bach nur lieb sein, um so mehr, als der Herzog zwar die weltliche Musik verachtete, bei der geistlichen aber Wert auf höchsten Glanz legte. Er liebte seinen Organisten von Anfang an, weil er spürte, daß die Frömmigkeit, die seine Kunst beseelte, nicht erzwungen, sondern Herzensbedürfnis war. Sehr bald ließ er ihm völlig freie Hand. Die Orgel der Schloßkirche war gerade restauriert worden; Bach verlangte trotzdem Umbauten. Sie wurden zwischen 1712 und 1714 ausgeführt. Endlich bekam er auch sein geliebtes Pedal-Glockenspiel, auf dessen Erfindung er stolz war; es ist ein Zeugnis seiner instrumentalen Phantasie oder, wenn man will, seines barocken Geschmacks.

Im Juli 1708 war er nach Weimar gezogen. Es war einer der größten Fortschritte in seiner Karriere. Sein Gehalt stieg allmählich auf 225 fl an; 240 fl wurden es, als er zum Konzertmeister der kleinen Hofkapelle ernannt wurde. Er fühlte sich um so wohler, als er nach Belieben andere Städte und Höfe besuchen konnte. Er brauchte sich nur von seinem Schüler Schubart vertreten zu lassen. Sein Ruf als Orgelvirtuose verbreitete sich sehr schnell; die intensive Arbeit der vorhergegangenen Jahre trug ihre Früchte.

In der Technik des Klavierspiels hatte er als umwälzende Neuerung den Gebrauch des Daumens eingeführt. Vorher waren meistens

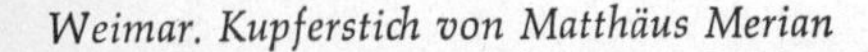

Weimar. Kupferstich von Matthäus Merian

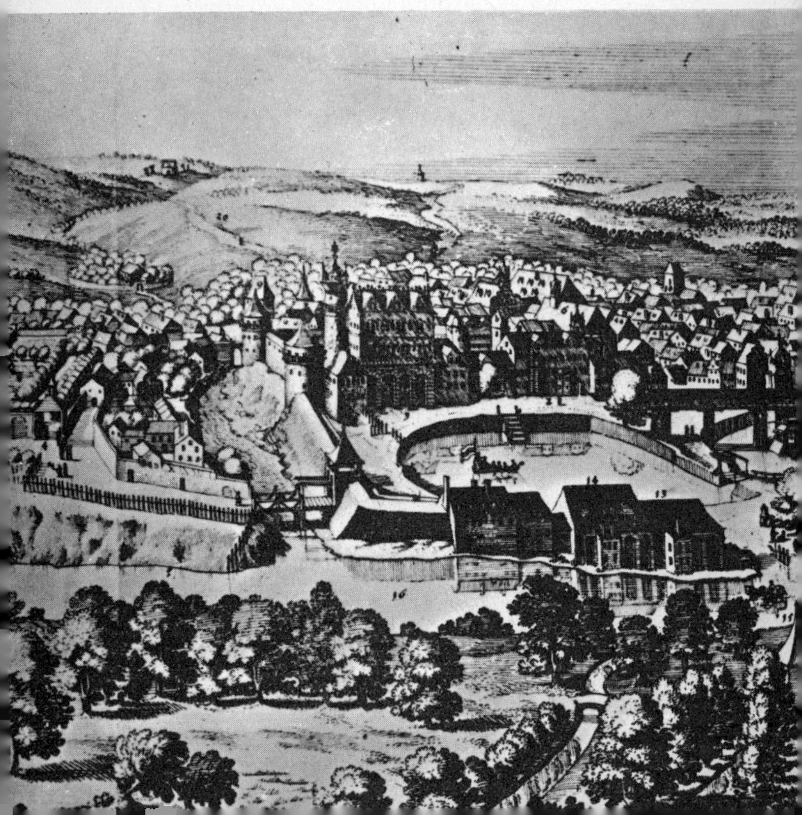

nur die andern vier Finger benutzt worden, wobei die Kunst in der Geschicklichkeit des Übersetzens bestand. Das hatte eine viel einfachere Schreibweise bedingt, zumal für die Akkorde, die sich meist für jede Hand auf drei Töne in möglichst enger Lage beschränkten, um für die Spannweite der vier Finger erreichbar zu bleiben. Nur zufällig und gelegentlich hatte man den Daumen zu Hilfe genommen. Bach, der die Gebräuche und Vorschriften des modischen «schönen Stils» verachtete, erkannte bald, welche wunderbare Bereicherung der regelmäßige Gebrauch des Daumens bedeutete. Die Spieltechnik wie die Musik gewannen dabei. Vor allem konnte das polyphone Gewebe viel dichter und umfangreicher werden, die Linienführung viel feiner, und welche Fülle entwickelten die Akkorde! Er schuf damit die Voraussetzungen für die moderne Klaviertechnik, ohne im übrigen ganz auf das traditionelle Übersetzen der Finger zu verzichten. (Man braucht nur eine dieser Fugen zu spielen, um es instinktmäßig zu tun.) So erklärt sich das Erstaunen der zeitgenössischen Musiker über seine unerhörte Virtuosität und die auffallende Kompliziertheit seiner Werke. Man mußte ganz umlernen. Übri-

gens lag diese Neuerung in der Luft und tauchte bald überall in Europa auf. Es ist sogar möglich, daß Bach mit Couperin dem Großen darüber korrespondiert hat; denn viele Klavierstücke Couperins rechnen ebenfalls mit dem regelmäßigen Gebrauch des Daumens. Wie dem auch sei, Bach war der erste, der ihn vorschrieb. Wir besitzen einige Klavierkompositionen, in denen Bach selbst seine eigenen Fingersätze für seine Schüler aufgeschrieben hat. Ich entnehme dem bedeutenden Buch von Geiringer «Die Musikerfamilie Bach» ein typisches Beispiel, aus dem man die sehr merkwürdige Mischung der alten und neuen Technik ersehen kann.

Ferner hatte er die Pedaltechnik an der Orgel (die er anfangs nur sehr vorsichtig angewandt hatte) so bedeutend entwickelt, daß er seine Zuhörer allein schon durch eine verblüffende Pedal-Improvisation überwältigen konnte. Wir besitzen darüber einen Bericht von Constantin Bellermann, Rektor in Minden, der eine Vorführung solcher Art am Hof in Kassel miterlebt hat: «Seine Füße flogen über die Pedale, als ob sie Schwingen hätten; donnergleich brausten die mächtigen Klänge durch die Kirche.» ... Weiter heißt es, daß der Prinz Friedrich so sehr von Staunen und Bewunderung ergriffen war, daß er einen Ring mit einem kostbaren Stein vom Finger zog und ihn Bach verehrte. «Nun bedenkt, wenn seine Füße ihm schon solch ein fürstliches Geschenk eintrugen, welche Gabe hätte der Prinz ihm anbieten müssen, um seine Hände würdig zu beloben?»

Hier zeigt sich Bachs überströmender Reichtum und seine Freude am Überwinden von Schwierigkeiten. Aber im Gegensatz zu einem Meister wie beispielsweise Reinken verfiel er nicht leerer Virtuosität. Bei ihm war nichts überflüssig. Seine oft sehr dramatische Beredsamkeit entsprang immer einem inneren Bedürfnis, dem wiederum eine erstaunlich elastische und beseelte Gestik in der Musik entsprach. «Dies kann nur der Teufel oder Bach in Person sein», soll der Legende nach ein alter Organist ausgerufen haben, der einen unbekannten jungen Mann dabei überraschte, wie er einem mäßigen Instrument Wunder entlockte. Höchstes Erstaunen, Ergriffenheit, Bewunderung ... das waren die Gefühle, die er erregte. Von dem Ernst, der Strenge und Gesetzmäßigkeit, diesen Tugenden der späteren Jahre, war noch nicht viel zu bemerken. Man hat mit diesen Begriffen bei Bach viel Mißbrauch getrieben und seine sprühende Lebhaftigkeit und seinen Witz darüber vergessen. Wenn ein Spieler bei den Orgelwerken der Weimarer Zeit die Hörer nicht durch das Feuer der Darstellung und die vielfarbige Registrierung fesselt und mitreißt, hat er ihren Stil nicht getroffen. Ich denke dabei an die Organisten, die sich zu einer «archaischen» Darstellung und Registrierung gezwungen glauben, nur aus Respekt vor einer völlig falschen Lehre und Tradition romantischer Provenienz, für die Bachs ganzes Schaffen unter dem Aspekt des großen, strengen Kantors steht. Dadurch berauben sie Bach seines wunderbaren Reichtums und seiner unvergleichlichen Poesie. Sie vergessen dabei, daß unbändige Phantasie und der Drang nach beinah aggressiver Demonstration speziell für die Jugend charakteristisch sind. Bachs Kräfte schäumten über in diesen Jahren; er fühlte sich reich und beredt genug, um sich durchzusetzen. Erstaunlich ist, daß er gerade die Formen, die uns als die strengsten in der Musik erscheinen, bewußt wieder belebte und sich nur um die geheimnisvoll tönende Logik bemühte, die sich jeder Analyse entzieht. Je enger die Vorschriften, desto reicher strömte seine Erfindung. Glückliches Paradoxon, dem wir die Weisheit und zugleich die Kühnheit seines Stils verdanken!

Man weiß übrigens, wie er verfuhr, wenn er eine Orgel zum erstenmal spielte. «Er zog zunächst alle Register und stürzte sich in eine glänzende Intrada. Er müsse vor allem wissen, ob das Werk eine gute Lunge habe, sagte er. Nach geendigter Probe, besonders wenn das Werk danach beschaffen war und seinen Beifall hatte, wählte er sich irgendein Thema und führte es in allen Formen von Orgelstücken so aus, daß es stets sein Stoff blieb, wenn er auch zwey oder mehrere Stunden ununterbrochen gespielt hätte. Zuerst gebrauchte er dieses Thema zu einem Vorspiel und einer Fuge mit vollem Werk. Sodann erschien seine Kunst des Registrierens für ein Trio, ein Quatuor etc. immer über dasselbe Thema. Ferner folgte ein Choral, um dessen Melodie wiederum das erste Thema in 3 oder 4 Stimmen auf die mannigfaltigste Art herumspielte. Endlich wurde der Beschluß mit dem vollen Werk durch eine Fuge gemacht, worin entweder nur eine andere Bearbeitung des ersten Themas herrschte, oder noch eines oder auch, nach Beschaffenheit desselben, zwey andere beygemischt wurden.» (Forkel nach Carl Philipp Emanuel Bachs Mitteilungen.)

Warum diese unermüdliche Vorliebe für die Fuge? Zweifellos weil ihre Form zwar ein subtiles theoretisches Wissen verlangt, aber durchaus logisch und klar erkennbar ist. Außerdem sah er — im Prinzip wenigstens — in dieser dreigeteilten, aus einem einzigen Thema abgeleiteten Welt offenbar ein Abbild der Dreieinigkeit, die die Welt beherrscht. An solchen Beziehungen hatte er die größte Freude, und es ist sicher nicht übertrieben zu behaupten, daß er beispielsweise in seiner Vorliebe für den Monothematismus bestärkt wurde durch die Gewißheit, daß die Vielfalt sich aus einem einzigen Wesen herleitet. Das erschien ihm selbstverständlich und darum entscheidend.

Im Jahre 1712, nach vier Jahren in Weimar, erwog Bach zeitweilig eine Übersiedlung nach Halle. Dort war Friedrich Wilhelm Zachow, der Lehrer Händels, gestorben und sein Organistenposten frei geworden... Was ihn schließlich doch in Weimar festhielt, war nicht Anhänglichkeit an den Herzog Wilhelm, sondern in erster Linie die Tatsache, daß ihm in Halle nur 192 fl Besoldung geboten wurden. Der Hallenser Behörde gegenüber bestand er auf seiner Forderung nach höherem Gehalt, aber sie wollte nichts davon wissen. Lag der Grund für seine intensive Bewerbung vielleicht darin, daß er des Weimarer Hofs schon etwas überdrüssig war? Er scheint immer eine Andeutung von Wanderkomplex gehabt zu haben – wenn man es so nennen darf. Gern wechselte er den Horizont; in Wirklichkeit beunruhigte ihn wohl die Gefahr, sich zu wiederholen und dadurch seine natürliche Entfaltung zu hemmen. (Dabei mußte er schon eine außergewöhnliche Ausdauer und gleichzeitig eine verschwenderische Erfindungskraft besitzen, um sich nach der 258. Kantate noch frisch genug für weitere zu fühlen!) Die Bewerbungsangelegenheit gereichte ihm übrigens zum Nutzen, denn Herzog Wilhelm Ernst, der seinen genialen Organisten nicht verlieren wollte, bot ihm einen noch günstigeren Vertrag an. Die Behörde in Halle erfuhr davon und glaubte nun, daß Bach das ganze Manöver bei ihr nur unternommen hätte, um dieses Ergebnis in Weimar zu erreichen. Dieses recht zweideutige Verfahren wurde manchmal von Musikern angewandt, denen mehr an besserem Essen als an einem guten Gewissen lag. Aber Bach ärgerte sich über solche Unterstellung; er protestierte mit gewohnter Heftigkeit und erreichte auch, daß man ihm glaubte. Die Herren in Halle trugen ihm jedenfalls nichts nach, denn zwei Jahre später beauftragten sie ihn, zusammen mit Christoph Friedrich Rolle und Kuhnau, mit der Prüfung einer großen Orgel, die sie gerade angeschafft hatten. Sie legten bei dieser Orgelabnahme sogar eine ungewöhnliche, luxuriös anmutende Zuvorkommenheit an den Tag. Sie stellten Bediente und Fuhrwerk und gaben ein üppiges Festmahl.

Nach der Hallenser Angelegenheit bestimmte der Herzog von Weimar in einem neuen Vertrag, daß Johann Sebastian Bach neben seiner Tätigkeit als Hoforganist noch die Funktionen des Konzertmeisters übernehmen sollte mit der Verpflichtung, monatlich eine Kantate zu komponieren und aufführen zu lassen. Vorher hatte Bach – in Heiduckenuniform – in dem kleinen Kammerorchester mitgegeigt, das der alte Samuel Drese leitete. Der Herzog hatte zunächst dessen jüngsten Sohn Johann Wilhelm zum Stellvertreter ernannt. Aber er begriff, daß nur Bach der Platz des Konzertmeisters als Vertreter des alten Drese zukam. Er machte ihn also zum Konzertmeister, und dem jungen Drese blieb nur die Leitung neuer weltlicher Musiken. Dieser Verpflichtung Bachs verdanken wir eine erste Gruppe sehr bedeutender Kantaten. Mehrere Texte schrieb der Konsistorialsekretär Salomon Franck. Bach fühlte sich von der neuen Arbeit befriedigt, um so mehr, als ihm ein ausgezeichnetes Kammerorchester und sehr erfahrene Sänger zur Verfügung standen. So konnte er seiner Phantasie die Zügel schießen lassen, ohne Furcht vor zu großen Schwierigkeiten für die Ausführenden.

Bach knüpfte neue Beziehungen an. Er besuchte Verwandte, vor allem Johann Nikolaus Bach in Jena und Johann Bernhard Bach in Eisenach. Dort machte er auch die Bekanntschaft des berühmten Telemann, dessen Ansehen ebenso groß war wie seine Leichtigkeit im Komponieren. Telemann war der Typus des Amtsmusikers, übrigens hochbegabt und sehr kultiviert. Er begeisterte sich für alles, besonders für die neuen Erfindungen der «Avantgarde». (Zum Beispiel für das Farbenklavier des Pater Castel, bei dem Farbenskala und Tonleiter einander entsprachen. Im 18. Jahrhundert wimmelte es ja von solchen Spezialitäten, die zwar geschichtlich keine Bedeutung erlangt haben, aber die verborgene Gärung in jener Epoche bezeugen.) Bach befreundete sich so sehr mit Telemann, daß er ihn zum Taufpaten seines zweiten Sohnes wählte. Lebhaften Verkehr unterhielt er ferner mit J. M. Gesner, Konrektor am Gymnasium in Weimar, einem geistvollen Gelehrten, der Bach sehr schätzte. In Leipzig sollte er ihm wieder begegnen. Aber keine dieser Verbindungen war so wertvoll für ihn wie die zu seinem Vetter Johann Gottfried Walther, dem Stadtorganisten in Weimar. Dieser war nämlich ein leidenschaftlicher Liebhaber der italienischen Musik, während Bach bis dahin nur ihren Niederschlag in Werken deutscher oder französischer Meister kannte. Bei Walther konnte er sie ausgiebig studieren. Die Vettern liehen einander eine Menge alter und neuer Kompositionen, unter andern von Frescobaldi, Legrenzi, Corelli, Albinoni und besonders von Vivaldi, dessen Werke Bach faszinierten. Beide wetteiferten im Kopieren und Bearbeiten der Stücke, und bald führte das zu tiefgehenden Wandlungen in Bachs Stil. Was hat er denn so Neues von den Italienern empfangen? Die Rationalisierung der Form, besonders des dreisätzigen Konzerts, die Logik und Sparsamkeit in der Auswertung eines Themas und seiner modulatorischen Möglichkeiten, die weiche Melodieführung, vornehmlich in den Arias und Adagios, die Klarheit des Aufbaus und der harmonischen Entwicklung … Nun darf man nicht übertreiben. Bach hatte sich schon um das alles bemüht. Es handelte sich hier weniger um die Entdeckung

Georg Philipp Telemann. Schabkunstblatt von V. D. Preisler nach L. M. Schneider, 1750

Antonio Vivaldi

formaler Schemata und rhetorischer Gesetze, als um neue Richtungen und Charaktere. In jener Epoche war die italienische Musik, genau wie die deutsche und französische, ständig im Fluß, hundert Strömungen vermischten sich darin, die Formen waren noch nicht festgelegt. Welch ein Unterschied liegt zwischen dem Stil Frescobaldis und Corellis! Nun, Bach nahm so gegensätzliche Anregungen gleichermaßen auf, nicht in historischer Perspektive, sondern als verschiedenartige Beispiele von instruktiven Lösungen. Deshalb gab er auch die alten Formen keineswegs preis. Er blieb unabhängig und machte nach Belieben Gebrauch von allen. Aber es stimmt schon, daß das Studium der italienischen Musik ihn in formaler Hinsicht beeinflußte. Seine Fugen gewannen an Regelmäßigkeit und Klarheit, was sie vielleicht an Überraschungsmomenten einbüßten. Sein Interesse konzentrierte sich jetzt vor allem auf das Gleichgewicht; die Eckigkeit und Maßlosigkeit früherer Werke verlor sich. Wieder faszinierten ihn im Grunde nicht die Formgesetze der italienischen Musik, sondern ihr Zauber, die edle Grazie und schlichte Eleganz, die sie damals besaß. Eine bloße Übernahme ihrer kompositorischen Mittel hätte das Gegenteil ergeben. Bach behandelte übrigens seine Vorlagen sehr frei. Er bearbeitete sie, aber bereicherte sie dabei auf seine Art und überprüfte sie kritisch. Seine Zusätze gewannen dadurch den Charakter des Notwendigen. Sie würden Vivaldi frappiert haben. Hier und da ein neuer harmonischer Effekt, einige rhythmische oder kontrapunktische Tupfer, das Hervorheben eines Details, die Verschönerung einer Linie — und schon hören wir weniger Vivaldi als Bach. Es machte ihm Freude, auf sehr geschickte Art die Technik des Klavierspiels durch Elemente der Streicher zu erweitern und umgekehrt. Er beherrschte beide. Er übertrug drei Konzerte für Streichinstrumente von Vivaldi für die Orgel, um gleichzeitig die Orgelliteratur und die Spieltechnik zu bereichern. Er schrieb Fugen über Themen von italienischen Meistern. Die *Fuge in c-moll* (Peters-Ausgabe Bd. IV, S. 40) ist auf einem Thema von Legrenzi aufgebaut, die in h-moll (P. IV, S. 50) auf einem von Corelli. In der *Canzona in d-moll* (P. IV, S. 58) und dem *Allabreve* (P. VIII, S. 72) — um uns auf die Orgelwerke zu beschränken — sehen wir ein wenig den Stil des alten Frescobaldi durchschimmern, ein Zeichen dafür, daß Bach sich nicht nur für das Aktuelle interessierte. Es war ihm einerlei, daß Frescobaldi schon ein Meister der Vergangenheit und Vivaldi ein Moderner war. Ihn regte nur auf, was jeder ihm zu geben hatte. Instinktiv bejahte er die Zeitlosigkeit der Musik und ließ der zeitgenössischen wie der vergangenen ihren Wert, wenigstens bezüglich der Anregungen, die sein Schaffen von ihnen empfing.

Arcangelo Corelli

Toccata, Adagio und Fuge in C-dur (P. III, S. 72) zeigen das italienische Element in der wunderbaren Gesangslinie des Mittelsatzes. Ihr homophoner Stil erinnert an gewisse Adagio-Sätze aus Violinkonzerten, bei denen die Orchesterbegleitung auf einfache, regelmäßige Akkordschläge beschränkt ist. Hier wird sie von pendelnden Oktaven im Baß gestützt.

Das zehntaktige Grave dagegen, das den Übergang vom Adagio zur Fuge bildet, erhebt sich weit über die psychologische Norm der Epoche. Es ist einer jener unerhörten, fast unerklärlichen Einfälle, die unbedingt überzeugen, obgleich anscheinend nichts ihr Auftreten motiviert. Es ist ein Genieblitz, ein glücklicher Wurf im rechten Augenblick. Man kann lange darüber nachsinnen. In diesen zehn Takten türmt sich Block auf Block, so daß ein höchst seltsames Labyrinth aus weitgespannten, fortwährend modulierten Akkorden entsteht, denen die gewichtigen Vorhalte eine fast unheimliche Intensität verleihen. Dann folgt die vierstimmige Fuge, in der zwei gegensätzliche Figuren ihr Spiel treiben: das Thema, das fröhlich über die Stufen der C-dur-Tonleiter hüpft und sich zuletzt überraschend verschnörkelt, und das Kontrasubjekt, das sich als Arabeske um einen festen Mittelpunkt dreht. Man sieht daran, wie das Genie Bachs in kein analytisches Schema zu pressen ist. Hier spricht Italien, hier Deutschland, in dieser oder jener Figur — sicherlich! Das kann der neugierigen Forschung unendlich viel Nahrung geben, berührt aber immer nur einzelne Augenblicke oder Zustände des Werks. Bewundern wir lieber Bachs einmalige Fähigkeit, die geheimsten irrationalen Kräfte in die Logik eines Systems einzugliedern. Legitime Abschweifungen; faszinierende Notwendigkeit unvorhergesehener und bisher unbekannter Wendungen; diese ans Wunderbare grenzende Macht, die Ahnungen des Unterbewußten in unglaublich differenzierter, vollkommener Gestalt zu projizieren.

Wer Bach als «gemessen» bewundert, verkennt sehr naiv den außerordentlichen, bestimmenden Einfluß seiner Phantasie. Vielleicht hat kein anderer Musiker den Grundsatz, daß die Gerade die kürzeste Verbindung zwischen zwei Punkten ist, instinktiv mehr gehaßt als Bach. Wenn die «Gerade» sich verwirklichen ließe, würde sie das Universum vernichten. Bach hatte eine ganz ungewöhnliche Vorliebe für gewundene Linien; was ihn am meisten interessierte, waren — man kann es nicht oft genug sagen — die Abweichungen der Kurven. Man braucht nur zu sehen, wie Bach die «Rosalie» behandelte — ein damals viel zu oft angewandtes Verfahren, das genau das «geradeste» Mittel war, einen harmonischen oder melodischen Ablauf in Gang zu halten, da es nur in einer Wiederholung der gleichen Figur auf verschiedenen Stufen bestand. Wenn Bach dieses rhetorische Mittel benutzte, war er bestrebt, es durch die Originalität des Gewebes zu beleben und stets am geeigneten Ort auftreten zu lassen. Ebenso bezeichnend für ihn ist seine Art, ein fremdes Thema zu verzieren. Er gibt ihm Kurven, Ringeln, erweitert es ... kurz, belebt es auf seine Weise. So verleiht er ihm eine plastische, seinem eigenen Temperament entsprechende Fülle. Das Ornament wird zum Ausdruck seines Wesens und befriedigt seine inneren Ansprüche. Man muß bewundern, wie organisch diese feinen Zusätze in jedem Fall wirken und durch ihre entzückende Schönheit überzeugen. Bach überläßt sich keinen Augenblick der Willkür oder der Maßlosigkeit, die das Logische ins Pathologische verwandelt und schon manchen Komponisten zum Verderben geworden ist. Im Grunde haben sich nur diejenigen behauptet, deren Werke, früher oder später, ein Beispiel des Guten oder Notwendigen darstellen oder Zeugnis ablegen für die Tiefen der menschlichen Seele. Bach besaß die große Gabe, durch rationelle Behandlung das Übersinnliche selbst natürlich erscheinen zu lassen. Diese Ambivalenz ist das Salz seiner Werke; ich meine, daß in seiner Kunst die elementarsten, meinetwegen niedrigsten menschlichen Kräfte mit den feinsten und scharfsinnigsten Gedanken des Gelehrten zusammentreffen und sich gegenseitig beleben. Was will er im Grunde anderes als im Bereich der Töne die Annäherung an das Absolute realisieren, das für ihn das Ewig-Menschliche ist? Das ist ein vielleicht illusorisches, aber fruchtbares Bemühen. Die völlig ungewöhnliche und originelle Führung der Linien läßt uns diesen Gott begreifen, der ohne die Anwendung solcher Zeichen eine faszinierende Unmöglichkeit bleiben würde. Ein derartiges Wagnis kann bei dem Künstler, der es unternimmt, vielleicht eine umwälzende Krise herbeiführen und im Ergebnis nur als Tragödie schön wirken durch die Absicht, Begabung und Intensität. (Man denke an die großen Romantiker, vor allem an Schumann.) Bei Bachs wunderbarer Fähigkeit, seine Komplexe «singen» zu lassen und ins Gleichgewicht zu bringen, ist es eine beruhigende Handlung. Das Zufällige sublimiert sich in einer vollkommenen Darstellung seines Selbst. So ist es schließlich seine Natur, die in seinem Werk die Umwandlung vollzieht. Von der Zucht, die er sich auferlegte, hat er nie gesprochen. *Ich habe fleissig seyn müssen; wer ebenso fleissig ist, der wird es ebenso weit bringen.* Das war nichts Wunderbares in seinen Augen. Der Sinn für das «Wahre», Geschmackvolle, Logische und alles übrige war für ihn etwas, was durch Ausdauer und Sorgfalt erlangt werden konnte. Was der Verwirklichung seines Vorhabens nicht dienen konnte, interessierte ihn wenig.

Verwirrend sind beim Studium seiner Musik die zahlreichen Ausnahmen von der Regel. Bachs «Korrektheit» ist eigentlich ein absurder Mythos; sein Schaffen ist so vielgestaltig und komplex, daß dieser Begriff sich nur auf den Charakter des unbedingt Notwendigen beziehen läßt, der selbst seinen kühnsten Phantasien eigen ist. Alles stimmt bei ihm; aber er hält sich nicht etwa a priori an bestimmte Formen. Gewiß, er will vor allem Ordnung, aber keine «prinzipielle» sklavische Übernahme festgelegter Muster. Vivaldi gießt Hunderte von Gedanken, die glücklicherweise oft sehr schön sind, in die gleiche Form; Bach zieht es vor, der Materie selbst die Form abzugewinnen. Die Idee entwickelt sich als Funktion seiner Natur. Wenn er ein Schema anwendet, muß es der Materie vollkommen angepaßt sein. Aber ich wage zu behaupten, daß die Logik dabei manchmal eine sekundäre Rolle spielt. Wenn er nach kinetischem Prinzip gestaltet, das heißt, Teile frei verknüpft, die untereinander nur gelegentlich Beziehungen aufweisen, wird diese Form allein durch den Reiz der Ungebundenheit gerechtfertigt. Er profitiert von den Überraschungen, die sich nach seiner geheimen Logik von selbst ergeben, wenigstens im funktionellen Ablauf, der allein dadurch bestimmt wird. Solche Fälle sind allerdings selten bei ihm. Immerhin hat er in einigen Orgelwerken der Weimarer Zeit Gefallen daran gefunden.

Zum Beispiel im *Präludium und Fuge in D-dur* (P. IV, S. 16). Das Präludium besteht aus drei Episoden und müßte eigentlich entfernt an die Form der französischen Ouvertüre erinnern. Tatsächlich ist aber kein Bindeglied zwischen den dreien erkennbar. Im Anfang gefällt Bach sich darin, die Tonart D-dur durch Tonleitern und Akkordfolgen festzulegen, die absichtlich primitiv herausgeschmettert werden und dadurch um so komischer wirken. Plötzlich schweift er ab; der Stil wird viel ernster, geht rhythmisch zu punktierten Jamben über, spekuliert mit gebrochenen Akkordfiguren, wertet die Beziehungen zwischen der Tonika h und der Dominante fis aus und bringt mit einem überraschenden Sprung, einem glänzenden, schnellen Lauf in D-dur die Überleitung zur zweiten Episode, «alla breve». Wieder entwickelt sich eine ruhige Polyphonie, aber von ganz anderer Struktur, die sich in Imitationen fortspinnt. Der gleichmäßige Ablauf würde schließlich ermüdend wirken, wenn nicht plötzlich, nach einer Fermate, die Kadenzierung unterbrochen würde und die dritte Episode begänne, die mit den vorhergehenden nichts gemein hat: ein majestätisches Adagio, das aus einem freien, dramatischen Rezitativ mit kräftig unterstreichenden Akkorden besteht. Wo ist «Logik» in alledem? Nur die eines Temperaments, das sich in Stimmungskontrasten gefällt. Hier offenbart sich Bachs Reichtum an Möglichkeiten und sein ungeniertes Schalten mit Widersprechendem. Manchmal erinnert er irgendwie an Shakespeare, durch seine Kontrastwirkungen und die ganz impulsive Kunst übertriebener Ausbrüche. (Später wurde er allerdings gemäßigter.) Und dazu die Freude am Spiel... Sie zeigt sich deutlich in der D-dur-Fuge. Die beiden Themenabschnitte, der eine, der sich mit drei Tönen dauernd um sich selbst dreht, der andere, der mechanisch eine «Rosalie» abspult, stellen recht impertinent Beispiele auf, wie man es nicht machen sollte; die Karikatur des Mechanischen wird von Bach noch durch einen pedantischen kleinen Triller am Ende des Themas unterstrichen. Mit diesen drei Elementen spielt er, wiederholt sie bis zum Überdruß und hat daran einen ganz außergewöhnlichen Spaß. Man stelle sich sein Lächeln bei den letzten, technisch kühnen Pedalstellen und den beharrlich glänzenden Läufen und Arpeggien am Schluß vor! Er hat sein Vergnügen an der spieltechnischen Gymnastik und an seiner Macht, mit boshaften Ungereimtheiten Wunder zu wirken.

Hier muß auch noch das *Präludium und Fuge in e-moll* (P. III, S. 88) angeführt werden, die in so starkem Gegensatz zueinander stehen. Das massive Präludium hat eine imposante Einleitung, einen Mittelteil, der zeigt, wie einfache harmonische Fortschreitungen bei Bach einen fast tragischen und wahrhaft bezaubernden Ausdruck annehmen, endlich einen wuchtigen, ausdrucksvoll deklamierten Schluß im Stil der Einleitungstakte. Die statische Fuge ist seltsam karg und unbeweglich. Das Thema ist symmetrisch auf zwei winzigen, jeweils wiederholten Zellen aufgebaut und wird äußerst nüchtern behandelt. Die polyphone Bewegung wird mit einer simplen, vom Thema abgeleiteten Sequenz mit Sechzehnteln durchgeführt. Das Werk greift in die Vergangenheit zurück und weist auch in die Zukunft; es erinnert an die alten mitteldeutschen Orgelmeister und ahnt zugleich gewisse impressionistische Momente der romantischen Schule voraus. Es sind zwei bezaubernde Formen und zwei Arten nächtlicher Stimmungsmusik, die bei aller Gegensätzlichkeit verwandte Züge tragen. Übrigens liegt hier eine der geheimen Ursachen für Bachs einheitliche Tonsprache: nämlich die Erkenntnis, daß eine fließende und eine schwere oder eine farbige und eine neutrale Materie im Grunde gar nicht gegensätzlich wirken, wenn sie artverwandt sind. Es ist die Kunst, mit Proportionen oder mit verschiedenen Intensitätsgraden des gleichen Zustands zu spielen.

Bach hatte wohl Grund, sich in Weimar glücklich zu fühlen. Maria Barbara schenkte ihm viele Kinder. Drei von ihnen waren sehr begabt, Wilhelm Friedemann, Carl Philipp Emanuel und Johann Gottfried Bernhard. Im Haus gab es immer musikalisches Leben, denn er hatte auch zahlreiche Schüler. Zunächst junge Mitglieder der Familie Bach, die zu unterrichten Johann Sebastian als traditionelle Verpflichtung empfand: Johann Lorenz, den Enkel von Georg Christoph Bach, und Johann Bernhard, den Sohn des ältesten Bruders in Ohrdruf. Auch andere junge Musiker wurden von Bachs wachsendem Ruhm angezogen, unter ihnen ragten Johann Tobias Krebs, Johann Martin Schubart und Johann Kaspar Vogler hervor, deren

Fleiß und Sorgfalt den Lehrmeister entzückten. Sehr interessierten ihn auch zwei andere Schüler von hohem Rang, es waren die Söhne des Prinzen Johann Ernst, in dessen Dienst er als junger Mann während seines ersten Aufenthalts in Weimar gestanden hatte. Der jüngere – und begabtere – starb leider schon mit neunzehn Jahren. Aber der ältere, Ernst August, sollte bald eine entscheidende Rolle in Bachs Leben spielen. Dieser Ernst August war zwar ein ausgezeichneter Klavierschüler, hatte aber höchst intolerante Ansichten über Regierungsangelegenheiten und erregte damit häufig den Zorn seines Onkels, des regierenden Herzogs. Als er später zur Herrschaft gelangte, war die erste Maßnahme unseres «edlen» Klavierspielers ein Edikt, das jeden, der sich unterstehe, über die Regierung zu «räsonnieren», mit Gefängnis bedrohte; so sehr haßte er selbst den Schatten einer persönlichen Meinung bei seinen Untertanen. Aber er liebte Bach, und Bach liebte ihn. Viele Stunden verbrachten die beiden im Schloß des Prinzen, musizierend oder im Gespräch. Verärgert über den Neffen, verbot schließlich der Herzog seinen Hofmusikern unter Androhung von Geldstrafen, im Schloß des Prinzen zu spielen. Ob nun Bach Grund hatte, mit dem Herzog unzufrieden zu sein, ob er nicht gewillt war, seine Beziehungen zu einem Schüler abzubrechen, der ihm Bewunderung und Freundschaft entgegenbrachte, oder ob er Verbote dieser Art einfach nicht anerkannte – vielleicht aus allen drei Gründen setzte er sich darüber hinweg. Am Geburtstag seines Schülers führte er mit Musikern eines benachbarten Hofes eine Kantate zu Ehren des Prinzen auf und überreichte ihm ein Gratulationsgedicht, das ihm ein schönes Geschenk eintrug. Das war sehr gewagt. Der Herzog entrüstete sich darüber, und bald fingen die Unannehmlichkeiten für Bach wieder an. Beim Tod des alten Drese bemühte sich der Herzog, Telemann als dessen Nachfolger zu verpflichten. Das mißlang, aber um seinen Organisten trotzdem zu bestrafen, ernannte er den jüng-

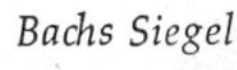
Bachs Siegel

sten Sohn Dreses, Johann Wilhelm, zum Kapellmeister. Bach war empört und rächte sich dadurch, daß er keine einzige Kantate mehr für den Herzog komponierte. Selbst bei der Zweihundertjahrfeier der Reformation blieb der treue Lutheraner stumm. Wir müssen dazu sagen, daß Bach, mit seinem ausgezeichneten Gedächtnis für alle Dinge, sich an jede Kränkung erinnerte, die ihm zugefügt worden war — die er manchmal wohl selbst herausgefordert hatte. Die Jahre vergingen, aber er vergaß nichts. Jetzt bekundete er offen seine Bindung an den jungen Fürsten. Statt sich diplomatisch zu verhalten, machte er die Schwierigkeiten immer größer, so daß der regierende Herzog in Zorn geriet. Bach wollte gehen. Ernst August hatte sich 1716 mit einer Schwester des Fürsten Leopold von Anhalt-Köthen vermählt. Bach stand sich sehr gut mit der jungen Prinzessin und vertraute sich ihr an. Die Fürstin wandte sich an ihren Bruder, der nur zu glücklich war, einen so bedeutenden Künstler an seinen kleinen Hof ziehen zu können. Er beschloß, seine Kapelle neu zu organisieren und ersuchte Bach, den Posten des Kapellmeisters zu übernehmen, der ab August 1717 frei sein würde.

DER KAPELLMEISTER

Der Hof in Köthen war calvinistisch und in bezug auf den Gottesdienst genau das Gegenteil von Weimar. Die geistliche Musik beschränkte sich hier auf ganz einfache Choräle. Aber Fürst Leopold war ein leidenschaftlicher Liebhaber der Instrumentalmusik, und Johann Sebastian sah hier eine Gelegenheit, neue Gebiete der Musik zu bebauen. Die Tatsache, daß Leopold kein Lutheraner war, hinderte Bach nicht daran, sein Angebot mit Freuden anzunehmen, um so mehr als die materiellen Bedingungen sehr günstig waren. Ab August 1717 wurde er in den Rechnungslisten des Fürsten geführt, obgleich er seine Entlassung vom Weimarer Hof noch nicht erhalten hatte. Er brachte zunächst seine Familie in Köthen unter und machte dann eine kurze Reise nach Dresden. Der berühmte französische Orgelspieler und Komponist Louis Marchand trat dort gerade mit großem Erfolg auf. Johann Sebastian erfuhr davon und wünschte den Künstler zu hören, dessen Werke er kannte und bewunderte. (Beider Stil zeigt manchmal eine sonderbare Ähnlichkeit.) Das Gerücht von Johann Sebastian Bachs Ankunft verbreitete sich schnell in der Stadt. Ein Minister wollte den unvorhergesehenen Glücksfall ausnützen und einen Wettstreit zwischen dem Franzosen und dem Deutschen veranstalten. Solche Wettkämpfe waren damals sehr beliebt. Zur festgesetzten Stunde stellte Bach sich dem Publikum vor, das wegen der hohen Qualitäten beider Konkurrenten in fieberhafter Spannung war. Aber Marchand erschien nicht. Er war an demselben Morgen heimlich von Dresden abgereist und hatte seinem Rivalen den Sieg kampflos überlassen. Wie hatte er Witterung von der Kraft seines

Gegners bekommen? Darüber ist nichts bekannt. Hatte er vielleicht einige seiner Manuskripte gesehen oder ihn irgendwo spielen gehört? Johann Sebastian entschädigte sein Publikum durch das Konzert, das er allein gab. Es entfachte stürmische Begeisterung und wurde einer der größten Triumphe in seiner Laufbahn. In der Stadt sprach man noch lange davon.

Es galt nun noch, die Formalitäten für seine Übersiedlung nach Köthen zu erledigen. Er rechnete nicht mit Widerständen in dieser Angelegenheit und kehrte nach Weimar zurück. Als Nachfolger hatte er seinen Lieblingsschüler Schubart vorgeschlagen, der am Hof schon bekannt war, weil er Bach während seiner Reisen an der Orgel vertreten hatte. Johann Sebastian hatte als Grund für seine Kündigung vor allem das höhere Gehalt geltend gemacht, das Fürst Leopold ihm geboten hatte. Aber Herzog Wilhelm lehnte das Gesuch ab. Er wollte keinen Personalwechsel haben, außerdem legte er großen Wert auf seinen Organisten, wenngleich er ihm zürnte. Er ärgerte sich auch darüber, daß Johann Sebastian an den Hof eines Freundes von seinem verhaßten Neffen abwandern wollte. Er hoffte, daß sein Organist schließlich nachgeben

Fürst Leopold von Anhalt-Köthen

werde, aber da kannte er ihn schlecht. Bach bestand auf seinem Gesuch und beschwerte sich so deutlich und heftig, daß der gereizte Herzog ihn einsperren ließ. So saß unser Meister nun im Gefängnis! Nicht lange, nur knapp einen Monat, vom 6. November bis zum 2. Dezember. Ruhig und hartnäckiger denn je überarbeitete er dort die Choräle des *Orgelbüchleins*. Der Herzog begriff, daß Bach nicht kapitulieren würde. Da er es mit dem Hof in Köthen nicht verderben wollte, ließ er ihn schließlich frei, zeigte ihm aber offen seine Ungnade. Weimar verzieh Bach diese Affäre niemals. Die meisten seiner Freunde wandten ihm den Rücken, selbst sein intimster Freund Walther, der später, als er ein Musiklexikon herausgab, Bach seltsam flüchtig behandelte und es nicht einmal der Mühe wert hielt, die Partituren anzuführen, die er von ihm erhalten hatte.

Das *Orgelbüchlein*, das Bach im Gefängnis verbesserte, und an dem er in Köthen weiter arbeitete, gehört zu den wenigen großen Unternehmungen, die Bach nicht zu Ende geführt hat. Dem ursprünglichen Plan nach sollte die Sammlung nicht weniger als 164 Choräle enthalten, für alle Sonntage des Kirchenjahrs und alle Feste, denen jeweils eine größere oder kleinere Anzahl zugedacht war. Um seinen Plan möglichst deutlich zu machen und sich selbst anzuspornen, hatte Bach oben auf die leeren Blätter sogar schon die Titel der Choräle eingetragen, in der Reihenfolge, in der sie ausgeführt werden sollten. Ermüdete er bei der Ausführung, hatte er keine Zeit, dabei zu bleiben, oder genügten ihm die Choraltexte aus der 1715 erschienenen Sammlung des Gothaer Kapellmeisters Witt nicht mehr, um seine Schaffenskraft anzuregen? Wir wissen es nicht.

Wie dem auch sei, er führte nur ungefähr ein Viertel des vorgesehenen Programms aus, nämlich fünfundvierzig Choräle, die sich folgendermaßen verteilten: vier für die Adventszeit, dreizehn für Weihnachten und Neujahr, weitere dreizehn für die Karwoche und fünfzehn für andere Ereignisse des Kirchenjahrs. Aber es handelt sich hier nicht um kümmerliche Rudimente eines Meisterwerks. Bach hat vielmehr diese fünfundvierzig Stücke mit größter Sorgfalt ausgearbeitet (übrigens in zwei ziemlich verschiedenen Fassungen).

Nach dem Titelblatt des Autographs sollte das Orgelbüchlein ein echtes Lehrbuch sein und zugleich das Lob Gottes verkünden.

Orgelbüchlein

Worinnen einem anfahenden Organisten Anleitung gegeben wird, auff allerhand Arth einen Choral durchzuführen, anbey auch sich im Pedalstudio zu habilitieren, indem in solchen darinne befindlichen Chorälen das Pedal gantz obligat tractiret wird.

Dem höchsten Gott allein zu Ehren
Dem Nechsten, draus sich zu belehren ...

Aus dieser doppelten Widmung geht klar hervor, daß Bach sich als

Mittler fühlte und von seiner Eignung für eine solche Rolle fest überzeugt war. Bach hatte nun nicht das Bestreben — so wenig wie bei den späteren Unterrichtswerken für Klavier —, dem Schüler für die Behandlung eines Chorals eine bestimmte Konzeption aufzuzwingen, auch nicht, ihn nach Belieben schalten zu lassen. Er wollte ihn vielmehr anregen, selbst *allerhand Arthen* zu entdecken und anzuwenden, so wie er es an Beispielen zeigte. Wenn Bach von seinen Schülern so sehr geliebt wurde, lag es eben daran, daß er sich bemühte, ihre eigenen Anlagen zur Vollkommenheit zu entwickeln und ihnen zu zeigen, wie sie selbständig werden und dabei logisch bleiben konnten.

Louis Marchand

Man hat Bach sehr naiv als den größten Meister der sogenannten «reinen» Musik bezeichnet. Das Lob kann vielleicht zutreffen, wenn man es auf seine perfekte Satzkunst bezieht. Aber es wird sinnlos, wenn man seine Musik dadurch aus allen außermusikalischen Beziehungen herauslösen will. Eine Musik ohne Verbindung mit allem, was ihre Existenz bedingt, was sie spiegelt und darstellt, wäre geradezu eine Ungeheuerlichkeit und eine unausdenkbare Verirrung der Natur. Rein wovon? Worin? Und vor allem wozu? Das Wunder an Bachs Musik ist vielmehr, daß sie die «unreinste» von allen ist. Denn sie trägt die Fülle einer ganzen Welt in sich und ist sich dessen bewußt.

In dem Choral *Durch Adams Fall* singt der Sopran wie üblich die traditionelle Melodie, aber im Alt, der Mittelstimme, windet sich die Schlange der Versuchung, die, nach der Bibel, die gefährliche Mittlerin zwischen dem Menschen und seiner Begierde war. Und der Baß mit seinen fallenden Septen, diesen verwirrenden, schwankenden, unruhigen Intervallen, ist keine Darstellung mehr, sondern Adams

Die Silbermannsche Orgel in der Dresdner Hofkirche, auf der auch Bach gespielt hat

Fall selbst; man spürt, daß die Grundfesten erschüttert sind. Das ist «Wahrheit», die stärker ergreift als jede Darstellung. Es ist eine Welt im Kleinen und so vollkommen in musikalischer Beziehung, daß man von «reiner» Musik hat reden können. Aber über der Vollkommenheit der Verwandlung darf nicht vergessen werden, welche Elemente sie bewirkt haben, und wodurch sie ist, was sie ist.

Tausend außermusikalische Dinge haben Bachs Musik gespeist und sind dadurch selbst Musik geworden. Schon die Dichtungen der Choräle regten ihn zu polyphoner Gestaltung an. Gern trank er aus diesem Quell, der seine Erfindungskraft immer neu belebte. *Das alte Jahr vergangen ist* schleppt sich schwermütig seufzend und verlöschend hin; die Choralmelodie ist auf dieselbe Art verziert, wie wir das Andenken des Vergangenen schmücken; darunter zieht sich ein dreistimmiges chromatisches Band, das von der Ungewißheit und Vergänglichkeit aller Dinge kündet. *In Dir ist Freude* dagegen ist ganz von Jubel erfüllt, und der Basso ostinato treibt die Polyphonie kräftig und fröhlich an. Es steht fest, daß Bach den Bässen sehr häufig symbolische Bedeutung gibt, sie Heftigkeit, Schwanken, männliche Kraft, Schwere, Sehnsucht usw. ausdrücken läßt. Und weil sie die Basis und Stütze der Polyphonie sind, müssen sie auch die Grundbedeutung der Ideen und Bilder versinnbildlichen, die er uns übermitteln will.

Zuweilen kommt es vor, daß ein scheinbarer Widerspruch zwischen Dichtung und Musik zunächst befremdet. So zum Beispiel bei dem Choral *Alle Menschen müssen sterben,* worin die Baßlinie tanzt, und die ganze Stimmung heiter ist. Diese auffallende Gelassenheit erklärt sich einfach dadurch, daß die Vorstellung der «ew'gen Herrlichkeit, die dem Frommen ist bereit», für Bach entscheidende Bedeutung hat. Umgekehrt ist in dem berühmten Choral *Jesu, meine Freude* alles ernst, fast düster, denn es heißt: «Ach, wie lang', wie lange ist dem Herzen bange, wie verlangt's nach Dir». Auch der Kanon hat zuweilen symbolische Bedeutung (aber nicht immer; bei Bach muß man sich hüten, zu verallgemeinern, er paßt in kein Schema). Beim Choral *In dulci jubilo* verwendet er den Kanon, um das «Trahe me post te», das Nach-sich-ziehen der zweiten Strophe auszudrücken. Die auffallende strenge Imitation richtet sich genau nach dem göttlichen Vorbild. Ebenso symbolisiert in dem Choral *Hilf, Gott, daß mir's gelinge* der Kanon in der Quinte die Hilfe der göttlichen Gnade als Antwort auf die Sehnsucht des Menschen nach dem Aufgehen in Gott. (Das muß Absicht sein; denn die Quinte ist gerade das Intervall, das für Bach die göttliche Majestät symbolisiert. Es gibt dafür zahlreiche Beispiele, besonders in der *h-moll-Messe*.)

Man müßte auf jeden einzelnen Choral eingehen, um zu zeigen, was Bach unter *allerhand Arthen* versteht, die er demonstrieren will, und wie er Poet, Maler, Architekt und Philosoph in einer Person ist. Nach seiner Ansicht mußte man für das alles Sinn haben, um ein guter Musiker zu sein. Debussy hat gesagt: «Ihr seid keine guten Musiker, weil ihr nur die Musik kennt.» Das ist es gerade! Mag es auch solchen fanatischen Bewunderern Bachs mißfallen, die ihn als grämlichen Gelehrten, als eine Art «Père terrible» preisen. Mehr als alle kannte Bach noch anderes als die Musik, die er gleichsam als mittlere Proportionale zwischen die vielen verschiedenen «Zahlen» oder Dinge stellte, die er gewahrte und liebte, mit wunderbarem Blick und wunderbarem Verlangen.

Ohne seine theologische Bildung hätte er in dem Choral *Dies sind die heiligen zehn Gebot'* das kontrapunktische Thema nicht zehnmal wiederholt (auf der Tonika, Subdominante und Dominante, der Dreiheit, die bei tonalen Strukturen den Vorrang behauptet), um die Übereinstimmung zwischen der Musik und den Geboten genau auszudrücken. Wenn er kein Poet und Maler gewesen wäre, hätte er niemals den unsagbar durchsichtigen Weihnachtschoral *Vom Himmel kam der Engel Schar* komponiert. Schimmernde, höchst bewegte Skalen umfließen hier die Melodie, so wie die Engelscharen vom Himmel hin und her fliegen, um überall die Frohe Botschaft zu verkündigen. Kein anderer hat so die Himmel offen gesehen. Höchst erstaunlich wird hier der künftige Impressionismus vorausgeahnt. Wer dieses Gleichgewicht von Poesie und Musik in der Interpretation außer acht läßt, wird die Werke unvermeidlich so grob entstellen, wie es meistens geschieht. Man nimmt ihnen dadurch Licht und Schatten, die plastische Zartheit und die komplexe Humanität und lähmt ihre schönsten Instinkte.

Die Richtigkeit unserer Ansicht wird bestätigt durch J. G. Ziegler, einen Schüler Bachs in Weimar, der uns die Anweisungen des Meisters in bezug auf die Interpretation der Choräle überliefert hat. Danach sollte der Schüler, um ausdrucksvoll und wahrhaft zu gestalten, *die Lieder nicht nur so obenhin, sondern nach dem Affekt der Worte spielen*, da eine enge Beziehung zwischen der Musik und dem Text bestehe.

Das Höchste, was Bach im *Orgelbüchlein* lehrte, bleibt letzten Endes Knappheit, Einfachheit und wunderbare Deutlichkeit. Die Choralmelodie steht in der Regel im Sopran, nur einmal im Alt (P. V, S. 8). Sie wird nie verziert außer in *Das alte Jahr vergangen ist.* Es gibt keine Einleitungen, Zwischen- oder Nachspiele; der Umfang ist absichtlich beschränkt; die ganze Erfindung konzentriert sich auf das polyphone Gewebe. Jeder Choral unterwirft sich dem Prinzip, oder besser, genügt dem Bedürfnis nach stilistischer und rhythmischer Einheit. Im Unterschied von den Kantaten gibt es hier kaum Gegensätze oder plötzliche Unterbrechungen. Bewunderungswürdig erscheint die innere Verwandtschaft der Gedanken und die Vollkommenheit der linearen Ableitungen. Statt Einheit des Stils sollte man vielmehr Reinheit der Gattung sagen. Zwar vereinigt er gern mehrere verschiedenartige, sogar gegensätzliche Elemente, aber er tut es immer nur im Hinblick auf die spirituelle und architektonische Einheit des Ganzen. Weder ein schwankender Charakter noch äußere Konflikte sind der Anlaß dafür. Ihn reizt die Vereinheitlichung der Komposition. Das wirkt manchmal etwas monoton, aber nur an der Oberfläche, als unvermeidliche Konsequenz seiner logischen Qualitäten, oder besser, seiner Kunst, das Leben zu gestalten. Erst bei Bachs

Geistliches Orgelkonzert. Kupferstich, 1710

Söhnen, vor allem bei Carl Philipp Emanuel, zeigte sich das Bestreben, der Musik durch den Dualismus der Charaktere neue, belebende Kräfte zuzuführen und dadurch die stilistische Geschlossenheit zu erreichen. Die Gegensätzlichkeit wurde als Reizmittel in der Folgezeit immer stärker angewandt, bis zur völligen Auflösung des tonalen Systems.

Auch Bach legte als typischer Meister des Barock großen Wert auf Kontraste, aber für ihn bestanden sie, wie in der Natur, in der Verschiedenheit der gegenwärtigen Dinge. Nicht in ihrer Wesenheit, sondern in der Art ihrer Koexistenz und ihrer unterschiedlichen Beziehungen. Wie sich Wald, Meer und Sterne unterschieden, so sollten die Bewegungen innerhalb einer Gruppe von Chorälen sich voneinander abheben. Aber im *Orgelbüchlein* ging Bach noch weiter. Er berücksichtigte die liturgischen Forderungen und benutzte sie, um die zu einem bestimmten Fest gehörigen Choräle in einer Art Konstellation zusammenzufassen. Es ist merkwürdig, wie diese Anordnung die seiner großen Spätwerke vorausahnt. So bilden die Advents- und Weihnachtschoräle eine Art Weihnachtsoratorium, die Passionschoräle kündigen die Idee der *Matthäus-Passion* an, die Osterchoräle das *Osteroratorium.*

Formal könnte man jeden Orgelchoral als eine Variation aus einer imaginären Choral-Partita auffassen. Das wäre dann eine sehr konzentrierte und selbständige Synthese aus den Prinzipien Pachelbels und der norddeutschen Orgelmeister. Diese Synthese ist Bach selbst wahrscheinlich kaum bewußt geworden, da er sich offensichtlich seinen natürlichen Impulsen überließ. Das *Orgelbüchlein* hat eine Höhe, Dichte und Poesie erreicht, wie sie keinem andern Musiker der Zeit möglich gewesen wäre. Es ist eine der schönsten Früchte seiner Jugend. In ihm steckt schon fast der ganze Bach, mit einer Frische und geheimen Erregung, die seine späteren Choräle manchmal vermissen lassen, wenn sie auch in anderer Beziehung bewundernswürdig sind.

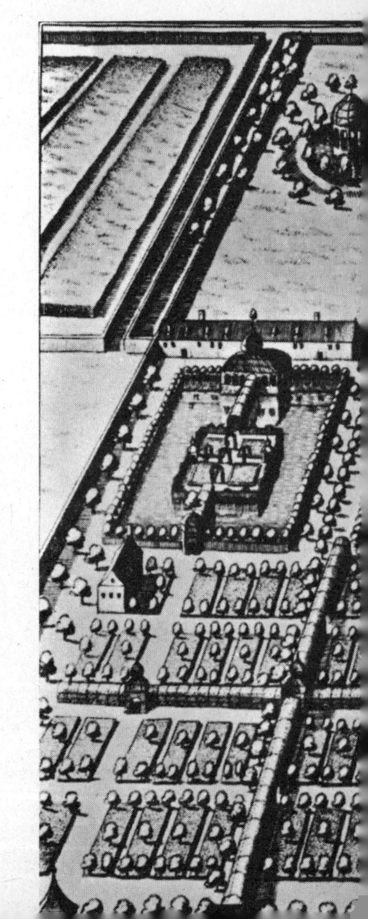

Die Residenz von Köthen

Der Aufenthalt in Köthen war bis zum Tod Maria Barbaras für Bach einer der glücklichsten Abschnitte seines Lebens. Der junge Fürst Leopold, den Bach einen die *Music sowohl liebenden als kennenden Fürsten* nannte, besaß eine sehr schöne Baritonstimme, spielte die Violine, Gambe und Klavier. Überdies hatte er ein ausgeglichenes Gemüt und eine liberale Gesinnung. Es sei «die größte Glückseligkeit, wenn die Unterthanen im Lande bei ihrer Gewissensfreiheit geschützet werden», hatte er schon bei seiner Thronbesteigung erklärt. Eine ganz außergewöhnliche Erklärung — was muß sein Freund, der intolerante Neffe des Weimarer Herzogs, davon gedacht haben! Merkwürdigerweise muß aber auch die Mehrzahl der Untertanen nicht ganz davon überzeugt gewesen sein: religiöse Streitigkeiten gediehen üppig im Fürstentum, und die Calvinisten griffen bei jeder Gelegenheit die Lutherische Kirche an. Der Fürst ließ sie gewähren, und Bach mischte sich hier einmal nicht öffentlich in die theologischen Dispute. Er begnügte sich, mit seiner Familie strikt am lutheri-

schen Gottesdienst teilzunehmen und im übrigen die Wünsche des Fürsten zu befriedigen. Er fühlte sich wohl dabei. Im Schloß gab es viele sehr schöne Instrumente, und dem Orchester von siebzehn Spielern konnte er die schwierigsten Aufgaben zumuten. Einige der Musiker hatten zu der Kapelle gehört, die der musikfeindliche König Friedrich Wilhelm I. in Berlin gerade aufgelöst hatte, andere kamen aus Brandenburg. Begünstigt durch die Freundschaft des Fürsten, konnte Bach sich ungehindert seinen genialen Eingebungen überlassen; er komponierte unablässig. Leider ist ein bedeutender Teil dieser Kompositionen verlorengegangen. Aber die Konzerte, Suiten, Sonaten und die verschiedenen Klavierwerke bezeugen schon die Fruchtbarkeit dieser Periode.

Daneben beschäftigte Bach sich viel mit seinen Kindern, von denen einige, wie schon erwähnt, auffallende Begabung zeigten. Vor allem der älteste Sohn, Wilhelm Friedemann, den Bach *mein lieber Friede* nannte. Er liebte diesen Sohn sehr und war nur zu glücklich, in ihm sich selbst wiederzufinden. (Vielleicht wurde das eine gewisse Belastung für Friedemann, der das ungeheure Genie des Vaters klar erkannte.) Johann Sebastian gab ihm eine besonders sorgfältige musikalische Erziehung. Für ihn schrieb er das bekannte *Clavierbüchlein*, das zusammen mit dem *Orgelbüchlein*, den zwei- und dreistimmigen Inventionen und dem *Wohltemperierten Klavier* so viel zu seinem Ruhm beitrug. Forkel hat uns nach Carl Philipp Emanuels Mitteilungen eine Beschreibung von Bachs Unterrichtsmethode überliefert:

«Das erste was er ... that, war, seine Schüler die ihm eigene Art des Anschlags ... zu lehren. Zu diesem Behufe mußten sie mehrere Monathe hindurch nichts als einzelne Sätze für alle Finger beyder Hände, mit steter Rücksicht auf diesen deutlichen und saubern Anschlag üben. Unter einigen Monathen konnte keiner von diesen Übungen loskommen, und seiner Überzeugung nach hätten sie wenigstens 6 bis 12 Monathe lang fortgesetzt werden müssen. Fand sich aber, daß irgend einem derselben nach einigen Monathen die Geduld ausgehen wollte, so war er so gefällig, kleine, zusammenhängende Stücke vorzuschreiben, worin jene Übungssätze in Verbindung gebracht waren. Von dieser Art sind die 6 kleinen Präludien für Anfänger und noch mehr die 15 zweistimmigen Inventionen. Beyde schrieb er in den Stunden des Unterrichts selbst nieder, und nahm dabey bloß auf das gegenwärtige Bedürfnis des Schülers Rücksicht. In der Folge hat er sie aber in schöne, ausdrucksvolle kleine Kunstwerke umgeschaffen. Mit dieser Fingerübung entweder in einzelnen Sätzen oder in den dazu eingerichteten kleinen Stücken war die Übung aller Manieren in beyden Händen verbunden. Hierauf führte er seine Schüler sogleich an seine eigenen größeren Arbeiten, an welchen sie, wie er recht gut wußte, ihre Kräfte am besten üben konnten. Um ihnen die Schwierigkeiten zu erleichtern, bediente er sich eines vortrefflichen Mittels, nehmlich: er spielte ihnen das Stück, welches sie einüben sollten, selbst erst im Zusammenhang vor, und sagte dann: ‹So muß es klingen›.»

Die reinen Fingerübungen bildeten die obligatorische trockene Etappe, die zuerst durchschritten werden mußte. Bach bewies hierbei weniger Phantasie als bei seinem Kompositionsunterricht, der ganz empirisch war und bewunderungswürdige Resultate zeitigte. Er brachte dem Schüler die elementaren Akkordverbindungen bei, dann warf er ihn gleich ins Wasser, indem er ihm aufgab, kontrapunktische Beziehungen herzustellen. Nebenbei zeigte er ihm die herkömmliche Regel, die er aus der Erfahrung ableitete. Es gab keine Vorschriften a priori, nur Folgerungen und Feststellungen. Der widrige Virus des Verbotenen verschwand, das Notwendige trat an seine Stelle. Eines Tages begann er eine kleine Abhandlung über die Ausführung des bezifferten Basses, aber nach den ersten Regeln gab er die Arbeit schon wieder auf – ein Zeichen dafür, wie wenig systematisch er vorging. Er begnügte sich damit anzudeuten, daß es besser sein würde, den Rest mündlich zu erklären. Er war zu feinfühlig und zu kühn als Künstler, um nicht zu erkennen, daß es sogar für ihn unmöglich wäre, das eigentliche Geheimnis der Musik verstandes- oder gesetzmäßig zu formulieren. Zweifellos mußte er sich vielfach auf das Natürliche und Logische berufen und dabei den Blick des Schülers auf die schönste und ausdrucksvollste Lösung zu lenken suchen. (Das ist die beste Methode. Sie gewährt dem Schüler die Freude an kompositorischen Aufgaben und an der Möglichkeit, sich von Anfang an selbständig auszudrücken, anstatt, wie üblich, erst die Weisheit anderer wiederzukäuen, bevor er wagt, eigenes zu sagen. Diese Methode verletzt den Schüler nicht, sie spaltet ihn nicht in einen Lehrling und einen selbständigen Musiker, zwischen denen Konflikte unvermeidlich sind. Sie lehrt ihn, Instinkt und Bewußtsein frei und neubelebt zusammenwirken zu lassen.) Er gewöhnte den Schüler aber auch daran, im Kopf ohne Klavier zu komponieren und dadurch vor allem sein inneres Gehör zu entwickeln. Bezüglich des Kontrapunkts riet er, sich Personen vorzustellen, die sich miteinander unterhalten. Jede Stimme müsse eine unabhängige, logische Persönlichkeit sein, die Konversation sich aber trotzdem auf ein gemeinsames Thema beziehen; daraus entwickle sich der geschlossene Verlauf des Gesprächs. Mit seiner pädagogischen Gewissenhaftigkeit ist Bach eine Ausnahme unter den großen Meistern, die für gewöhnlich einen Widerwillen gegen das Unterrichten haben und es meistens auch nicht können. Für Bach dagegen gehörte es zum Handwerk. Er tat es auch deshalb gern, weil er einen ausgeprägten – und sehr seltenen – Sinn besaß für das Vererben und Überliefern der Kunst von Generation zu Generation. Er hat nie an der Vorstellung von dem Genie, das sich abschließen muß, gekrankt. Es war nicht seine Schuld und Absicht, daß er im Grunde doch allein blieb. Die individuelle und unzugängliche Einsamkeit jedes «großen Mannes» wurde ihm erst recht nicht bewußt. Er betrachtete sich als einen von den Auserwählten, die berufen sind, die Kunst der ernsten Musik an die Jugend zu übermitteln. Alle Mitglieder seiner Familie hatten dasselbe getan: die gelehrtesten hatten die andern unterrichtet. Etwas vom

Zunftgeist der Handwerker steckte darin. Man lehrte die Technik, und wenn der Lehrling zum Meister geworden war, verschaffte man ihm eine passende Anstellung.

Aus unbekannten Gründen hat sich allmählich die Ansicht festgesetzt, Bach sei ein strenger und harter Vater gewesen. Sie gibt ein völlig falsches Bild. Bach vergötterte seine Kinder und hatte die größte Freude an ihnen. Ihr Geschrei, ihre Spiele, das Bienengesumm, mit dem sie das Haus erfüllten, störten ihn nicht im geringsten. Er war es gewohnt, daß ein Kleinkind zu seinen Füßen herumkroch, während er arbeitete. Wenn man ihn sich vorstellt, wie er sich mit ihnen vergnügte, ein großes Tier spielte, sich auf der Erde wälzte, um sie zum Lachen zu bringen, sie kitzelte und ihre Köpfchen in seiner Perücke verschwinden ließ, kommt man der Wahrheit bestimmt viel näher. Es ist wunderbar, daß dieser Komponist, der als der intellektuellste und der tiefste Grübler von allen gilt, auch der menschlichste war. Ständig von Lärm umgeben, konnte er sich auf die subtilsten Gedanken oder Phantasien konzentrieren. Mit Wonne atmete er in dieser vitalen Atmosphäre; sie regte ihn an. Jeder andere hätte sich die Ohren verstopft oder wäre in die Wüste geflohen. Aber Bach wäre nichts mehr auf die Nerven gegangen als die Stille der Wüste. Das «Quodlibetsingen» war ein sehr beliebter Brauch in der Familie der Bache. Eine Stimme intonierte ein Volkslied, und die andern improvisierten gleich Kontrapunkte. Kein Wunder, daß Bachs Kinder mit den handwerklichen Regeln jonglieren konnten! Ich spreche hier nur von den häuslichen Belustigungen und übergehe die Übungsstunden, die etwas Selbstverständliches waren; es gab aber keine Überanstrengung und keinen Zwang dabei. Wenn Bachs Kinder die Musik liebten und sich darin auszeichneten, lag es daran, daß ihr Vater es verstand, ihnen Geschmack daran beizubringen. Ein Beweis dafür sind die Hauskonzerte, die später zum Vergnügen im Familienkreis veranstaltet wurden. Im Jahre 1730 schrieb er an einen Freund über seine Kinder: *Insgesamt aber sind sie gebohrne Musici und kann versichern, daß schon ein Concert vocaliter und instrumentaliter mit meiner Familie formiren kann.* Nur in einem Punkt hatte er äußerst strenge Grundsätze, nämlich in bezug auf die religiösen Pflichten; die beinah unvermeidliche Folge war, daß er seine Kinder in diesem einzigen Punkt nicht überzeugte. Als Erwachsene nahmen sie es mit dem Glauben ziemlich leicht. Johann Christian, ein Sohn Anna Magdalenas, ging später sogar soweit, zum Katholizismus überzutreten, nicht etwa infolge einer besonderen göttlichen Eingebung, sondern höchst ungeniert aus Opportunismus.

Bachs Stellung in Köthen war geradezu glänzend. Man denke, daß er das gleiche Gehalt bezog wie der Hofmarschall, nämlich 400 Thaler. Man sieht, wie sich seit der Arnstädter Zeit ein stetiger, steiler Aufstieg vollzogen hatte. Johann Sebastian selbst fühlte sich so glücklich, daß er an kein Fortgehen mehr denken mochte und seine Tage in Köthen beschließen wollte. Aber jäh traf ihn ein furchtbarer Schlag. Im Juni 1720 begleitete er den Fürsten Leopold nach Karlsbad, denn der Fürst wollte selbst während der Kur nicht auf seine Kammerkonzerte verzichten. Während dieser Zeit starb Maria Barbara ganz plötzlich. Er traf erst einige Zeit nach ihrem Begräbnis wieder in Köthen ein. Aus der Erzählung der Söhne wissen wir, daß er tiefsten Schmerz empfand und sein Leid nicht verbergen konnte. Damals, in diesem schweren Kummer, überkam ihn die Sehnsucht nach der religiösen Musik. Er wollte wieder Organist werden. Als er hörte, daß in Hamburg, an das er so schöne Erinnerungen hatte, eine Stellung an der St. Jacobikirche frei geworden war, entschloß er sich zu kandidieren. Als Datum für das Probespiel der Bewerber war der 28. November angesetzt. Der Termin paßte ihm nicht, weil er dann zur Geburtstagsfeier des Fürsten in Köthen sein mußte. Es ließ sich aber einrichten, daß er einige Tage früher auf der Orgel der St. Katharinenkirche spielen konnte. Unter den Zuhörern war sogar noch der greise Reinken, den er in seiner Jugend so sehr bewundert hatte. Johann Sebastian improvisierte vor ihm über denselben Choral «An Wasserflüssen Babylon», über den er seinerzeit so glänzende Variationen von dem alten Meister gehört hatte. Er tat es mit Absicht, um seine geistige Verwandtschaft mit der großen norddeutschen Schule zu zeigen. Beim Vortrag der g-moll-Fuge muß der Alte freudig bewegt gewesen sein über die wunderbaren Arabesken und die berühmte Kette von dreißig Sechzehntelakkorden. Er ging danach zu Bach und sagte zu ihm: «Ich dachte, diese Kunst wäre ausgestorben; ich sehe aber, daß sie in Ihnen noch lebt.» Zweifellos begünstigte auch der Rat der Stadt seine Bewerbung. Aber in dem Bericht über eine Sitzung wegen der Wahl des Organisten heißt es leider: «Die Capacitaet der Subjecti sollte mehr als das Geld consideriret werden. Wenn aber nach geschehener Wahl der Erwehlte aus freiem Willen Erkänntlichkeit erzeigen wollte, könnte solche ... der Kirchen zum Besten ... angenommen werden.» Bach war tief empört über diesen Brauch, dem Meistbietenden die Stellung zu geben. Bei solchem Anlaß kam eine freiwillige Spende für ihn nicht in Frage. In einem Brief an den Rat äußerte er seine Meinung hierüber und kränkte damit natürlich die Honoratioren. Die Stellung wurde einem gewissen J. Joachim Heitmann zugesprochen, der schleunigst eine Summe von 4000 Mark als Erkenntlichkeit stiftete. Darauf zog der Pastor der St. Jacobikirche, Erdmann Neumeister – Verfasser ziemlich mittelmäßiger Kantatentexte, die Bach vertonte –, gegen diesen zu Felde. Er zeigte seine Entrüstung in einer bissigen Weihnachtspredigt, die uns überliefert worden ist: «Wenn auch einer von den bethlehemitischen Engeln vom Himmel käme, der göttlich spielte, und wollte Organist zu St. Jacobi werden, hätte aber kein Geld, so möchte er nur wieder davonfliegen.»

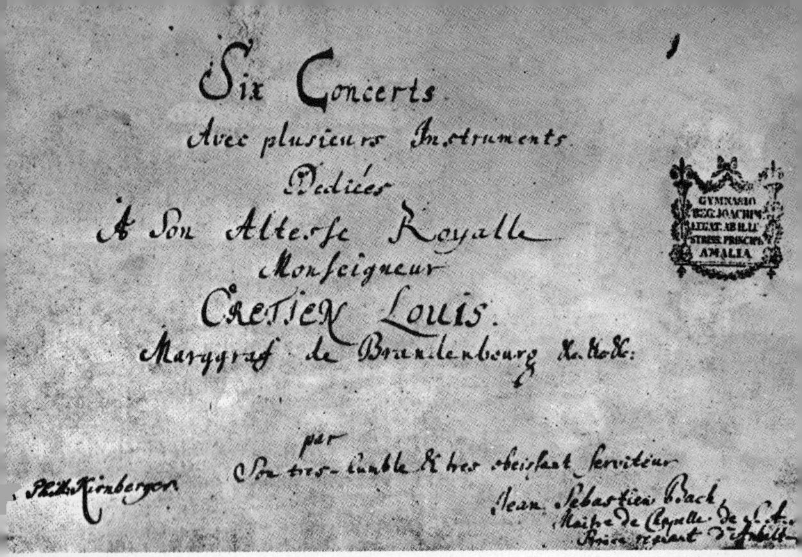

Titelblatt der «Brandenburgischen Konzerte»

Die Brandenburgischen Konzerte

Nach Köthen zurückgekehrt, schrieb Bach mit seiner schönsten Handschrift die *Six Concerts avec plusieurs instruments* ab und schickte sie im März 1721 an den Markgrafen Christian Ludwig von Brandenburg, den er wahrscheinlich in Karlsbad kennengelernt hatte. Diese Konzerte, die er zum großen Teil schon vor Maria Barbaras Tod komponiert hatte, sind die kräftigsten, lebhaftesten und fröhlichsten von allen seinen Werken. Sie stehen im Zeichen des Tanzes. In ihnen triumphiert der Anapäst, der bei Bach immer ein Rhythmus der Freude, des siegreichen Willens oder des Kampfes ist, der Anapäst, der, elementar und fast animalisch, sich darin hartnäckig behauptet. Bach scheint hier absichtlich die überkragenden Akzente der Synkopen und die vornehmen Jamben zu vermeiden, die bei den Franzosen und Norditalienern so beliebt waren. Sie sollten den kraftvollen Schwung des Ganzen nicht hemmen. Der Glanz der Werke wurde durch das Vorherrschen der Dur-Tonarten noch verstärkt. Sehr selbständig setzten diese Konzerte die Linie der Franzosen und Italiener, besonders Couperins des Großen und Vivaldis, fort. Bach übernahm von ihnen tausend Anregungen in formaler, klanglicher und thematischer Hinsicht und verwandelte sie auf seine Art, als eine Synthese dessen, was «in der Luft lag». Man braucht nur das Formschema der einzelnen Sätze zu untersuchen, um festzustellen, wie gern er Strukturen bearbeitete oder neu erfand.

Das *Konzert Nr. 1 in F-dur* ist für zwei Hörner, drei Oboen, Fagott, Violino piccolo (konzertierend), zwei Violinen, Viola, Violoncell und Basso continuo komponiert. (In Köthen spielte Bach selbst die Bratschenpartie, denn er liebte den Klang des. Instruments ganz besonders.) Das Stück verbindet drei Sätze nach Art der «Sinfonia» bei Torelli oder Vivaldi mit einem Schlußsatz, der vom Geist der Suite geprägt ist: ein fünfmal auftretendes Menuett wird auf geniale Weise mit zwei Trios und einer Polacca als Mittelteil verflochten.

Das zweite, vierte und fünfte Konzert knüpfen an das Concerto grosso an; sie verwenden das «Ripieno», eine Instrumentengruppe, die die Solisten begleitet oder in Gegensatz zu ihnen tritt. Das zweite, wieder in F-dur, verlangt als konzertierende Instrumente eine Trompete, Flöte, Oboe und Violine, dazu zwei Violinen, Bratsche und Baß «da ripieno», Violoncell und Cembalo als Continuo. Der erste Satz entwickelt sich in sechs Abschnitten, wobei Soli und Tutti abwechseln oder sich vermischen. Der schwungvolle Verlauf läßt das handwerkliche Raffinement nicht gleich übersehen: Das Tutti bringt drei Themen in dreifachem Kontrapunkt. Das Andante entwickelt mit großartiger monothematischer Erfindung die von ihm so geliebten, einheitlich fließenden Gesangslinien für Flöte, Oboe und Violine mit Basso continuo. Das abschließende Allegro assai ist eine sehr freie Fuge, mit leichten, sicheren Strichen gezeichnet. Der mitreißende Elan wird durch die brillante Instrumentation noch gesteigert.

Das *Konzert Nr. 3 in G-dur* entspricht, ebenso wie das sechste, am meisten dem damals üblichen Begriff des Konzertierens als einer Unterhaltung zwischen verschiedenen Instrumenten. Bach gefällt sich hier unter anderem in Spekulationen mit der Zahl Drei. In drei Abteilungen unterhalten sich hier drei Gruppen von je drei Instrumenten: drei Violinen, drei Bratschen, drei Violoncelli und, natürlich, der unvermeidliche Continuo des Cembalos mit Kontrabaß. Das einleitende Allegro operiert ebenfalls auf subtile Art mit der Zahl Drei: seine fünf Hauptabschnitte werden voneinander jeweils durch eine Episode getrennt, das sind also vier Episoden. Fünf und vier gibt neun, gleich dreimal drei. Und das Werk beginnt dreistimmig, wie zu erwarten. Das Thema entwickelt sich dreiteilig aus a) dem anapästischen Motiv, b) einer Arabeskengruppe in Sechzehnteln, c) einem melodischen Motiv. Kein Andante, nur zwei Adagio-Akkorde zum Abschluß einer Kadenz, die von einem der Solisten improvisiert werden sollte. Von welchem? Von dem einen oder andern, der gerade in Stimmung war zu improvisieren... Danach bricht das Schluß-Allegro aus, ein sehr übermütiges Rondo, das ein einziges Thema von Ländler-Charakter verarbeitet. Der Satz besteht wie bei der Suite aus zwei Teilen, die beide wiederholt werden.

Wieder eine neue Form hat das vierte *Konzert in G-dur* für Solovioline, zwei Blockflöten, zwei Violinen, Bratsche und Kontrabaß da ripieno, Violoncell und Continuo. (Bach hat es später in Leipzig für Cembalosolo, zwei Flöten und Streicher umgeschrieben.) Im ersten Allegro übernimmt er die Anlage A-B-C-B′-A, die bei den Barockmeistern so beliebt war. Um zu betonen, daß C im Mittelpunkt des Satzes steht, wird es in drei Episoden unterteilt. Das Andante ist eine Sarabande im Dreivierteltakt und besteht aus zwei Abschnitten und Coda; in jedem der drei Teile fällt eine absteigende chromatische Linie auf. Das Finale-Presto ist von überwältigender Kühnheit, eine stürmische Fuge, deren Thema allein schon eine Untersuchung wert ist. Es setzt sich aus zwei Bruchstücken von je zwei Takten zusammen. Das erste enthält im zweiten Takt den Anapäst-Rhythmus, wie es sich hier gehört, das zweite besteht aus absteigenden Quartschritten in Viertelnoten. Es eignet sich glänzend für Engführungen, was Bach weitgehend ausnützt: ein Kanon in der Oktave mit zwei Takten Abstand, einer in der Quinte mit einem Takt Abstand und zuletzt, als logische Konsequenz dieser fortschreitenden Verdichtung, nur noch mit einem halben Takt Abstand. Außerdem lassen sich die beiden Themenfragmente übereinander legen! Bach macht von allen diesen Möglichkeiten Gebrauch, hütet sich aber vor aller Pedanterie und läßt der Fuge den «galanten» Charakter, der einem Finale gebührt. Er verbirgt seine kontrapunktische Strenge unter Nebenmotiven, Violinarabesken und einer Fülle genialer Figuren und erreicht mit der letzten Stretta eine geradezu aufregende Steigerung. Noch mehr: er verbindet die Fuge mit dem dreiteiligen Schema eines italienischen Konzerts: Exposition, modulierender Mittelteil und freie Reprise mit Coda und einem Nachsatz. Eine Engführung in A, drei in B, eine weitere in A', noch eine in der Coda und die letzte, glänzende, im Nachsatz. Und keine Spur von mühsamer Arbeit! Einzig die mitreißende Kraft eines unwiderstehlichen Lebensgefühls. Die Seele muß einfach mittanzen!

Das fünfte *Konzert in D-dur* ist für Querflöte, Solovioline, Violine und Bratsche da ripieno, Violoncell, Kontrabaß und konzertierendes Cembalo komponiert. Mit ihm beginnt die später so ruhmreiche Gattung des Klavierkonzerts. Vorher hatte Bach sich damit begnügt, verschiedene Violinkonzerte für Cembalo umzuschreiben. Man erkennt das deutlich, schon an dem Auftreten typischer Geigeneffekte, und man weiß auch, daß Bach gern den Klaviersatz durch Violinelemente bereicherte und umgekehrt. Aber hier überträgt er zum erstenmal dem Cembalo ausdrücklich die Vorherrschaft, wenngleich er Flöte und Violine grundsätzlich auch als Solisten behandelt. Alle technischen Möglichkeiten des Cembalos werden ausgewertet, und sein Part ist so bedeutend, daß er seinen Vorrang während des ganzen Verlaufs behauptet. Der zweiteilige Bau des ersten Allegros ist nur scheinbar sehr einfach; tatsächlich ist es vielleicht der subtilste Satz der *Brandenburgischen Konzerte* wegen der Gliederung der Episoden, deren Schönheit darauf beruht, daß sie keinem sichtbaren Schema unterworfen ist. Es ist eine Folge von Abschweifungen, die von zahlreichen melodischen Motiven ausgehen. Das einleitende Ritornell enthält schon drei, aber das ist nur ein Anfang. Der erste Solo-Einsatz bringt eigentlich das wichtigste Motiv, vier innerhalb einer Quarte absteigende Töne. Das Motiv ergibt in der zweiten Satzhälfte noch das Material für die überwältigende Cembalo-Kadenz. Diese vier Elemente entwickeln sich alsbald in buntem Wechsel von Tutti und Soli. Die Modulationen führen von der Tonika zur Dominante und zurück durch verschiedene verwandte Tonarten und deren Dominanten. Das Lehrreichste daran ist zweifellos die außerordentliche Sorgfalt in der Variierung der Reprisen. Nichts wird wörtlich wiederholt. Hier zeigt sich noch ein Bemühen, das es bei vielen Werken der «klassischen» Periode nicht mehr gibt (und das Schönberg später zum Formprinzip erhoben und bis zur Willkür durchgeführt hat; denn nicht alles eignet sich dazu, variiert und insbesondere glücklich variiert zu werden!). Bach dagegen sorgt dafür, die Verbindung zwischen den thematischen Ableitungen zu erhalten, so daß sie vom Gedächtnis der Hörer wahrgenommen werden können. Der zweite Satz des Konzerts ist ein «Affettuoso» in h-moll. (Außer im sechsten stehen die Andantesätze immer in der parallelen Moll-Tonart der Hauptsätze.) Er ist für Quartett gesetzt: Flöte, Violine und die beiden Stimmen des Cembalos; ein Continuo im eigentlichen Sinne fehlt, denn der Baß beteiligt sich an der Aufstellung und Durchführung des Themas. Bach stellt den Satz auf die Antithese von zwei Motiven, eins scharf rhythmisiert, das andere sanft gleitend. Die Form ist dreiteilig, A-B-A. Sie stützt sich nacheinander auf die Tonika, Dominante und Tonika und ist für den Hörer um so leichter erkennbar, als sie den Eintritt der drei Hauptteile jeweils durch die gleiche Periode von vier Takten markiert. Diese Art der Ankündigung, um den Übergang von einem Teil zum andern zu bezeichnen, kommt bei Bach sehr häufig vor, namentlich in den Konzerten. Sie bezeugt, welchen Wert er auf die Durchsichtigkeit der Strukturen legte. Eine ausgedehnte Gigue im französischen, das heißt im fugierten Stil bildet das Finale. Das fugierte Anfangsritornell löst sich in Divertissements auf, die sich zu Engführungen steigern. Das ist Teil A. Der Mittelteil B bringt eine ausführliche Entwicklung in der parallelen Moll-Tonart und führt ein Thema ein, das vom Hauptthema abgeleitet ist, aber einen ganz andern, kantablen Charakter hat. Bach liebte diese unvorhergesehenen Verwandlungen eines einzigen Gedankens. Er entwickelt diesen Teil aus dem Gegensatz zwischen der Mutteridee und ihrer Tochter und beendet ihn nach einem strengen Kanon mit einer neuen Engführung, worauf Teil A genau wiederholt wird.

Das *Konzert Nr. 6 in B-dur* endlich ist für zwei Bratschen, zwei Gamben, Violoncell, Kontrabaß und Cembalo geschrieben. (Eine Gambenstimme war wohl für den Fürsten Leopold bestimmt, man sieht es daran, daß sie einfacher gesetzt ist.) Der Klang ist auffallend dunkel und weich; Bach genießt hier den warmen, männlich herben Ton der Violen. Das erste Allegro zeigt wie im dritten Konzert einen ständigen Wechsel von Soli und Tutti als Unterhaltung verschiedener Instrumentengruppen über drei Motive. Die harmonische Entwicklung durchläuft die Quinten b-f-c-g, ruht dann aus auf der Unterdominante es der Grundtonart und kehrt zur Tonika zurück. Das «Adagio ma non troppo» steht als einziger Satz der ganzen Konzertgruppe in der Unterdominante der Haupttonart. Es ist ein zartes und ernstes Trio im italienischen Stil, ganz frei in der Form.

Bach überläßt sich seinen Träumen und führt nur Parallelen aus, einem geheimnisvollen Ariadnefaden folgend. Er erreicht zuletzt gerade noch das Anfangsmotiv, verschleiert aber seinen Charakter durch die Transposition nach g-moll und läßt das Ganze in einem D-dur-Akkord verklingen. Ein Beweis dafür, daß er nicht sklavisch irgendeinem Prinzip gehorchte, sondern der Kühnheit seiner inneren Stimme freien Lauf ließ. Eine Gigue beendet das Konzert, dieses Mal nicht im französischen, sondern im italienischen Stil, also nicht fugiert und sehr lebhaft. Wieder drei Motive; das erste, für das Tutti, ist fanfarenartig gehalten, das zweite, mit Synkopen-Effekten, ist für Tutti und Soli bestimmt, das dritte in Sechzehnteln bleibt natürlich den Solostimmen vorbehalten. Es sind drei Teile, bei denen Tutti und Soli abwechseln; das Ritornell in B-dur, eine Durchführung in der parallelen Moll-Tonart, und zuletzt die Wiederholung des Ritornells.

Dieser flüchtige Überblick über die Strukturen der Konzerte zeigt die außerordentliche Mannigfaltigkeit der Formen bei Bach. Er hat alle angewandt, die zu seiner Zeit gebräuchlich und in ständigem Wandel begriffen waren, vom Ricercar über die Canzone, die Kammer- und Kirchensonate, die französische Ouvertüre und Suite bis zum Konzert im italienischen Stil. Er hat sie umgestaltet, entwickelt und gefestigt und ihnen in jedem Fall den Charakter des zwingend Notwendigen aufgeprägt. In diesem Punkt ist er der Kühnste von allen Komponisten. Seine unerschöpflich strömende Erfindung verbindet die abenteuerlichsten Eingebungen mit dem Sinn für genaueste Berechnung. Auch darin ist er wieder völlig frei, stark durch sein Können, noch mehr durch den inneren Drang, jedem Gedanken die ihm gemäße Form zu geben. Aber Bach hatte, wenn man so sagen darf, die Form nicht über sich, sondern in sich.

Gleicht nicht bei Bach eine einfache, fortschreitende Bewegung einem Bach, der fließt und fließt und sich unaufhörlich weiterschlängelt? Der Anblick wechselt ständig wie die Landschaft, aber um einen einheitlichen Eindruck zu bewirken, genügt es, daß diese fließende Substanz immer Wasser ist. Ich meine damit, daß die Idee ihren Charakter unverändert bewahrt. Subtilität der Assoziationen, Meisterschaft darin, die Kurven und Körper in verschiedene Beleuchtung zu rücken, kunstvolles Spiel mit dem Gedächtnis und der Intelligenz der Zuhörer, planmäßige Anordnung, das Streben, das Hauptsächliche und das Sekundäre, das Bedeutende und das Detail zu verknüpfen, die Gabe, eine stählerne Säule geschmackvoll mit erlesenen Arabesken zu zieren, schließlich ein wunderbar feines Gefühl für den agogischen Verlauf und die dynamische Entwicklung ... des Rühmens ist kein Ende. Und wieviel kann man immer wieder davon lernen!

Ich denke an die zweite, dogmatische Fassung des Chorals *Dies sind die heiligen zehn Gebot'* (P. VI, S. 19) aus der Leipziger Zeit. Hier hatte Bach die Kühnheit, das moralische Chaos in der Welt vor der Verkündung der jüdischen Gebote zu schildern, auf eine Art, wie nur ein Kind, getrieben von einem phantastischen Einfall, es wagen könnte, ohne Plan, ohne bestimmten Rhythmus, in der bewußten Absicht, den Ordnungssinn der Hörer zu schockieren, um sie die Notwendigkeit der Zehn Gebote deutlich fühlen zu lassen. Alles schweift aufs Geratewohl umher (soweit die tonale Syntax das überhaupt zuläßt), bis plötzlich das große Gesetz erscheint, dem man gehorchen muß, und das folgerichtig im strengsten Kanon auftritt. Mit diesem Geistesblitz erfindet er die Formel Null plus A! Es ist wirklich so. Hier offenbart sich wunderbar die Fähigkeit des Genies, die Dinge bis zur Wurzel zu verfolgen, sie aufzuspüren und dann auf die geradeste Art darzustellen, ohne Furcht vor einem Gemeinplatz (der jedem einfallen könnte, es nur leider niemals tut), und daraus die seltensten und reinsten Folgerungen abzuleiten.

ANNA MAGDALENA

In der Zeit nach dem Tod seiner Frau suchte Bach Trost in der Arbeit, hauptsächlich am *Wohltemperierten Klavier*; instinktiv reagierte er auf jedes Unglück so. Aber nach einigen Monaten empfand er als Mensch und Familienvater die Notwendigkeit, das gestörte Gleichgewicht wiederherzustellen. Er wollte seine Kinder nicht zu lange ohne Mutter lassen und auch selbst nicht länger allein bleiben. Die in diesem Punkt sehr weise Sitte jener Zeit gestattete, ja, empfahl sogar eine baldige Wiedervermählung. Man darf sich deshalb nicht darüber wundern, daß der so schwer getroffene Mann sich einige Zeit nach dem Tod seiner Frau zu einer zweiten Heirat entschloß. Außerdem muß auch Bachs vertrautes Verhältnis zum Tod dabei berücksichtigt werden, das schon seit seiner Jugend datierte. Er fürchtete ihn nicht, sah ihm vielmehr, wie schon erwähnt, mit freudiger Erwartung entgegen als dem Befreier von den Kümmernissen des Daseins. Sein ruhiger und fester Glaube ließ ihn im Tod die Pforte zur Erkenntnis der göttlichen Wahrheit erblicken. — Übrigens hat er auch ein wenig vom Tod anderer gelebt. Denn jede Beerdigung brachte ihm in den Jahren, als er eine Stellung als Organist oder Musikdirektor innehatte, eine gewisse Summe ein: die berühmten «Accidentien». Er hat später sogar einmal darüber geklagt, daß er wegen der *gesunden Luft* — es gab keine Epidemie in dem betreffenden Jahr — Einbußen an Accidentien gehabt hätte. (Daß bei Epidemien sein eigenes Leben gefährdet war, regte ihn nicht weiter auf.) Man darf sich auch nicht darüber wundern, daß er auf jeden Fall wieder Kinder zeugen wollte, weil so viele von ihnen starben. Von den sieben Kindern Maria Barbaras waren schon drei in zartem Alter gestorben. Die Kindersterblichkeit war zu jener Zeit bekanntermaßen sehr groß, ebenso wie das Verlangen der Eltern nach einer zahlreichen Nachkommenschaft. Man muß sich davor hüten, aus moderner Sicht diese häufigen Todesfälle zu tragisch zu nehmen. Jede Epoche

Das Wohltemperirte Clavier.

oder

Præludia, und

Fugen durch alle Tone und Semitonia,
So wohl tertiam majorem oder Ut Re Mi anlangend, als auch tertiam minorem oder Re Mi Fa betreffend. Zum
Nutzen und Gebrauch der Lehrbegierigen
Musicalischen Jugend, als auch derer in diesem studio
schon habil seyenden besonderem
ZeitVertreib auffgesetzet
und verfertiget von
Johann Sebastian Bach.
p.t. HochFürstl. Anhalt.
Cöthenischen Capel-
Meistern und
Directore derer
Cammer Mu-
siquen.
Anno
1722.

Titelblatt des «Wohltemperierten Klaviers»

hat ihre eigene Lebensform und ihre Ausgleichsmöglichkeiten. Bach unterwarf sich den Schicksalsschlägen, aber er starb nicht daran. Im Gegenteil, sein Charakter wurde dadurch geformt, erschüttert und gefestigt. Aber er bewahrte sich trotz aller bürgerlichen Ehrbarkeit immer sein Feuer und sein leidenschaftliches Verlangen. Was ihn bekümmerte und zermürbte, war nicht so sehr der Tod seiner Lieben, denn der war rein schicksalhaft und von Gott gewollt, es war vielmehr der tägliche Ärger, die Verständnislosigkeit seiner Vorgesetzten, die ausweglose Verstrickung in drückende Pflichten, die seine Schöpferkraft lähmten. Es war die alltägliche Mittelmäßigkeit, der dauernde versteckte Widerstand, über den er später wieder zu klagen hatte, da sein im Grunde so friedfertiges und menschenfreundliches Gemüt dadurch doch verletzt wurde. Darunter litt er, besonders als er später in Leipzig wirkte.

Vorläufig interessierte er sich für Anna Magdalena Wilcken, die Tochter eines Hoftrompeters. Er schaute sie an, denn sie war schön und erst zwanzig Jahre alt; er hörte ihr gern zu, denn sie sang bezaubernd. Er begegnete ihr regelmäßig, weil sie als Sängerin am Köthener Hof angestellt war. Johann Sebastian fühlte, daß sie die Gefährtin war, die er brauchte. Sie ihrerseits bewunderte Bach; im Dezember 1721 fand die Hochzeit statt. Es waren keine leichten Aufgaben, die im Bachschen Heim auf Anna Magdalena warteten: vier Kinder, die Älteste nur sieben Jahre jünger als sie selbst, dazu die Führung des großen Haushalts. Allein die Tatsache, daß sie das alles auf sich nahm, bezeugt den wertvollen Charakter der jungen Frau und die Tiefe ihrer Liebe. Es ist nichts Näheres darüber bekannt, wie die Kinder auf die neue Mutter reagierten; wir wissen aber, daß Anna Magdalena es verstanden hat, ihrem Gatten das Leben zu verschönern. Ihm gab sie Ruhe und neue Zuversicht. Die häusliche Atmosphäre war so angenehm, das Ehepaar so gastfreundlich, daß ständig Verwandte und durchreisende Musiker das Haus aufsuchten. Sie fühlten sich wohl dort. Ihr Leben lang bewahrte Anna Magdalena ihre Zuverlässigkeit und Aufrichtigkeit, ihre natürliche Reinheit der Sitten, die wunderbar mit denen ihres Gatten übereinstimmten. Wir wissen, daß sie sich über das Geringste freuen konnte. Über Blumen zum Beispiel. Eines Tages erhielt sie sechs Nelkenpflanzen zum Geschenk. Sie pflegte sie so sorgfältig wie kleine Kinder. Sehr bewunderte Johann Sebastian ihre Stimme; er schrieb voll Stolz, daß seine Frau *gar einen saubern Soprano singe.* Wir können ihm das glauben! 1725 schenkte er ihr ein *Notenbüchlein,* in dem ein Lied stand, das er eigens für sie geschrieben hatte:

Bist du bei mir, geh ich mit Freuden
Zum Sterben und zu meiner Ruh'.
O wie vergnügt wär so mein Ende,
Es drückten deine schönen Hände
Mir die getreuen Augen zu!

Gedicht von J. S. Bach an Anna Magdalena

Wieder ist vom Tod die Rede! Man kann sich nicht recht vorstellen, wie Anna Magdalena dieses Lied singen sollte, in dem Bach die Liebe so selbstverständlich mit dem Sterben verknüpfte ... Allerdings stand in dem Büchlein auch ein damals beliebtes Hochzeitslied mit allerlei derben Anspielungen. Auch Bach besaß diese typisch deutsche Mischung von naiver Frömmigkeit und urwüchsiger Klugheit – sie war ein besonders reizvoller Charakterzug. Er war kein Wüstling, aber auch kein Asket und schonte Anna Magdalena nicht. Praktisch war sie dauernd in Umständen. Dreizehn Kinder! Das scheint fast unmenschlich. Aber Bach, der Vorsicht für unnötig oder sogar für ein Verbrechen hielt, sah wahrscheinlich den Wert einer Frau vor allem in ihrer Fähigkeit, Kinder zu gebären. Anna Magdalena hat als echtes Kind ihrer Zeit anscheinend nicht darunter gelitten. Außerdem starben sechs von ihren Kindern sehr früh. Aber Bach tröstete sie mit Musik...

Klavierbüchlein und Wohltemperiertes Klavier

Eine Reihe von Klavierstücken, die er in dieser Zeit für pädagogische Zwecke komponierte, ist besonders berühmt geworden: das bedeutende *Klavierbüchlein* für den Unterricht Friedemanns. Aber dieses Werk hat auch gerade dazu beigetragen, das Bild des Meisters zu verfälschen. Die grämlich lehrhafte Wirkung, die aus Höflichkeit niemand zugeben will, unter der aber alle heimlich stöhnen (man frage nur die Kinder, die die Stücke üben!), beruht auf einem der schwerwiegendsten Mißverständnisse über den Geist dieser Musik und über die Art, sie zu lehren. Eine köstliche, von Bach verfaßte Überschrift erklärt die angestrebten Ziele:

Aufrichtige Anleitung

Wormit denen Liebhabern des Clavires, besonders aber denen Lehrbegierigen, eine deutliche Art gezeiget wird, nicht alleine 1) mit 2 Stimmen reine spielen zu lernen, sondern auch bey: weiteren Pro-

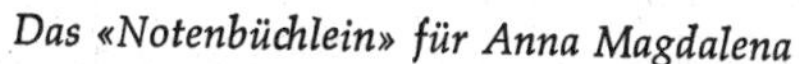
Das «Notenbüchlein» für Anna Magdalena

gressen auch 2) mit dreyen obligaten Partien richtig und wohl zu verfahren, anbey auch zugleich gute Inventiones nicht alleine zu bekommen, sondern auch selbige wohl durchzuführen, am allermeisten aber eine cantable Art im Spielen zu erlangen, und darneben einen starcken Vorschmack von der Composition zu überkommen.
Verfertiget
von Joh: Seb: Bach
Hochf. Anhalt.-Cöthenischen
Capellmeister

Anno Christi 1723.

Es folgen die Präambeln (zweistimmige Inventionen) und Fantasien (dreistimmige Sinfonien). Der bedeutsamste, in der Vorrede angeführte Zweck ist zweifellos *eine cantable Art im Spielen zu erlangen.* Also muß auch der Schüler danach streben, indem er sie mit Geschmack spielt und verziert. Bach selbst hat ein unübertreffliches Beispiel dafür gegeben. Wer kennt seine verzierte Fassung der ersten Invention in C?

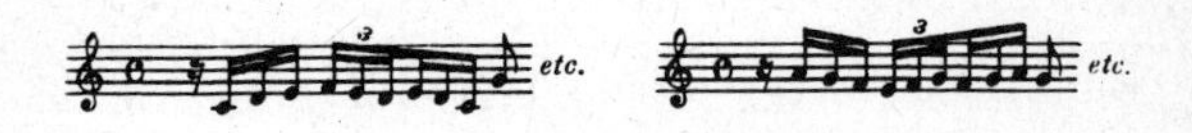

Es sind einfache, aber sehr bedeutsame Kleinigkeiten; sie machen zum mindesten die strenge Gleichförmigkeit fraglich, die man so gern von der Interpretation dieser Stücke verlangt. Man wird niemals wissen, wie Bach seine eigene Musik gespielt und verziert hat, und welche Freiheit er seinen Interpreten zugestanden hat. Meiner Ansicht nach hat Bach den wesentlichen Strukturen, die er sehr genau aufzeichnete, eine ganze Menge Ornamente, Akzente und variable Nuancen hinzugefügt, wie sie die Laune, das Instrument und seine Phantasie ihm eingaben, und wie es der Natur der Werke entsprach. Auf jeden Fall hat man diese Musik zu abstrakt aufgefaßt und keine Beziehungen mit dem psychischen «Tonus», aus dem sie entsprang, nicht einmal mit den bekannten Symbolen Bachs, gesucht. Es besteht ein enger Zusammenhang zwischen der dynamischen und damit auch der psychologischen Bedeutung eines Stücks, seiner Tonart, seiner Entwicklungsfähigkeit und der Geste, die es verlangt, und durch die es sich ausdrückt. Ich habe oft festgestellt, daß sehr begabte Schüler beim Spielen dieser Stücke nicht imstande waren, ihre Struktur zu erkennen oder sich klar zu machen, worin der Zauber dieser Fantasien besteht, bei denen man lächeln oder erschauern muß. Es lief bei ihnen letzten Endes nur auf mühevolle, pedantische Studien in der Art von Czerny-Etüden hinaus, rein verstandesmäßig und anstrengend obendrein. Der Ernst offenbart sich bei Bach dagegen in der Qualität und dem inneren Feuer der Expression, in der außerordentlichen Plastik seiner Tonsprache, in den unendlichen Beziehungen zwischen dem Ding und dem Sein und endlich, was den Wert keineswegs herabsetzt, in seiner großen Eleganz, die doch niemals preziös wirkt. Das will er uns lehren. Man denkt an einen Ausspruch Valérys in bezug auf einen Springbrunnen: «Mein Fallen läutert mich». So läutert das Strömen von Bachs Musik ihn und auch uns. Man muß allerdings diese Materie und dieses Verfahren deutlich machen. Dabei frappiert vornehmlich die Meisterschaft im Spiel mit einer Fülle kontrapunktischer Elemente (freie Gegenstimmen, Kanon, Fuge, doppelter und dreifacher Kontrapunkt, Umkehrungen, usw.), die niemals zu rhetorischen Klischees entarten. Vergebens wird man hier eine Plattheit, ein mechanisches Fortspinnen suchen oder die scholastische Strenge, die Esel krönt! Hier handelt es sich um Dichtungen, nicht um Formulare und Abhandlungen über die Syntax. Deshalb muß der Interpret uns vor allem empfänglich machen für den lebendigen Geist dieser Fantasien. Und da das moderne Klavier ein weit ausdrucksvolleres Spiel ermöglicht als das Clavichord, darf der Pianist sich nicht darauf versteifen, die Gleichförmigkeit des Cembalos zu imitieren, schon deshalb nicht, weil das Cembalo über viele Möglichkeiten des Klang- und Farbenwechsels verfügt, die das moderne Klavier nicht hat. Der Pianist sollte vielmehr alle Mühe darauf verwenden, die schönen Kantilenen rein zu singen. Alle Hilfsmittel des Klaviers müssen dabei ausgenützt werden, auch die Pedale, denn wenn Bach unsere Klaviere gekannt hätte, würde er bestimmt ausgiebigen Gebrauch davon gemacht haben. Man darf nie vergessen, daß er mit seinen Ansprüchen am liebsten bis an die äußersten Grenzen ging, alle Möglichkeiten der verfügbaren Instrumente ausnützte und nach Bedarf neue erfand! Es besteht also kein Grund, seine Werke farblos und fleischlos zu gestalten und sich einzubilden, sie auf diese Weise «rein» darzustellen! Reinheit hat nichts mit Leichenkälte zu tun. Übrigens ist nichts schwieriger, als in einem Klavierstück von Bach jede Stimme so zu spielen, wie sie ursprünglich präsentiert wird. Man braucht dafür absolute Unabhängigkeit der Finger und darüber hinaus das Gefühl für ihr wechselseitiges Fortschreiten. Mir schien es immer natürlich – und die Symbolik der Choräle und Kantaten hat mich noch weiter darin bestärkt –, auf Bachs Linenführung die alten und sehr einleuchtenden Vorschriften des heiligen Augustinus anzuwenden, der im wesentlichen sagt, daß die Intensität wächst, wenn die melodische Linie ansteigt, und abnimmt, wenn sie fällt. Nichts ist natürlicher, aber nichts wird weniger beachtet. Man untersuche z. B. die Eingangsphrase des f-moll-Präludiums im *Wohltemperierten Klavier*:

Man singe dies, dann wird man sofort die Notwendigkeit eines Crescendo empfinden, das auf dem f kulminiert, und eines sehr weichen Decrescendo, das auf dem as ausruht, und dann eines neuen Crescendo, das, schwächer als das vorhergehende, nur zum c führt. Der dynamische Schwung ist unverkennbar. Folglich dienen die Sechzehntel, die die Linie umkleiden

nur dazu, sie mit einer sehr weichen, ausdrucksvollen Arabeske zu schmücken. Sie dürfen sie nicht übertönen, sondern müssen ihr gehorchen und gewissermaßen bei ihrer Entfaltung helfen, dabei zugleich ihre eigene Dynamik beachten, die auf denselben, oben erwähnten Prinzipien beruht. Es handelt sich nicht darum, jede Note zu einem Schicksalsträger zu machen, oder gar sich allzu subjektiven und geschmacklosen Gefühlen hinzugeben, sondern bei der Phrase und den sie umgebenden oder stützenden Linien die strukturellen Nuancen herauszuarbeiten, die sie verlangt. Steigt sie? Fällt sie? Ist sie fragend, bejahend, klagend, heiter, heftig? Wenn das klargestellt ist, braucht man sie nur sein zu lassen, was sie ist, und man wird plötzlich spüren, wie das Werk beseelt und von Lebenskraft durchpulst wird. Der Charakter selbst bestimmt dann das Tempo. Bach hat es deshalb in den meisten Fällen gar nicht angegeben; es ergibt sich von selbst. Man muß nur genau lesen und sich ganz hineinversenken können in das, was man liest. Übrigens will ich die augustinischen Prinzipien nicht als absolute Regeln aufstellen; denn eine absteigende Phrase kann selbstverständlich auch eine leidenschaftliche Bestätigung ausdrücken. Ich gebe nur den Rat, beim Studium der dynamischen und linearen Strukturen von diesem Prinzip auszugehen, um zu sehen, welcher Ausdruck sich danach ergibt. – Danach muß man den Bau des Werks im ganzen betrachten. Wo sind seine Höhepunkte? Wie entwickelt es sich, und wie soll man diesen Plan erkennbar darstellen? Ich will nicht pedantisch erscheinen: ich versuche nur, einen Stil als natürlich zu verteidigen, der mehr und heftiger als alle andern kritisiert worden ist.

In diesem Sinne bietet die Fuge, die zu dem oben zitierten Präludium gehört, ein weiteres, sehr beachtliches Beispiel dafür, wie sich ein «reines» Klavierstück mit Bachs Symbolik verbindet.

Auch das braucht man nur zu singen, um alsbald zu fühlen, daß es ein Thema der Angst ist, seine Chromatik wirkt geradezu düster.

Von der Dominante ausgehend, windet es sich mühsam bis zur Tonika hinauf und fällt wieder zurück. Wir haben schon gesehen, daß diese Gleichsetzung von Chromatik und Angst eine Eigentümlichkeit Bachs und vieler anderer Barockmeister ist. Sie findet sich schon bei Monteverdi. Aber sofort nach der Exposition des Themas tritt als Gegenwirkung ein Kontrapunkt im Anapäst-Rhythmus auf und stellt sich der ersten Beantwortung des Themas kraftvoll entgegen.

Es ist klar, daß diese Opposition deutlich hervorgehoben werden muß, da das Werk seine ganze Kraft aus diesem ständigen Gegensatz bezieht. Das bejahende Ansteigen des Basses wird dabei immer gebieterischer, so versteht sich das Crescendo von selbst. Man spiele die Fuge in diesem Geist, und man wird eine pathetische Wirkung erleben, die seine reine musikalische Ordnung nicht zerstört, sondern im Gegenteil unterstreicht. Wohlgemerkt geht es hier nicht darum, das Werk mit Literatur zu belasten, sondern durch die stilistische Untersuchung den Zugang zur inneren Dynamik von Bachs Charakter zu finden. Wenngleich man hier eigentlich nicht von Symbolen reden kann, so lassen die vertrauten Reaktionen des Unterbewußtseins das doch durchaus zu. Die Assoziationen bleiben bestehen; also wird das Verständnis für diese Musik durch die Beziehung auf die gebräuchlichen Symbole nicht getrübt, sondern eher erhellt. Wenn auch der Gegenstand selbst, zu dem das Symbol ursprünglich gehört, verschwunden ist, so bleibt doch die Beziehung zwischen der Struktur und dem Gefühl. Diese Musik stellt nicht dar, sie ist selbst die Angst und kämpft mit rein musikalischen Mitteln. Der Pianist muß nur den inneren Pulsschlag des Werks untersuchen und sich zu eigen machen; dann wird er es richtig und wahr spielen.

Wenn man das *Wohltemperierte Klavier* studiert, wird unter anderem die fast instinktive, sehr genaue Übereinstimmung zwischen der Farbe der gewählten Tonart und dem Charakter des betreffenden Stücks auffallen; sie ist für die Wiedergabe von entscheidender Bedeutung. Fis-dur zum Beispiel ist sehr hell und sonnig. Das Präludium in dieser Tonart hat eine der zärtlichsten und feinsten Linien des berühmten Werks und ist gleichzeitig ein bewunderungswürdiges Muster thematischer Verarbeitung. Ihm folgt eine mit leichten Strichen gezeichnete Fuge; ihr Thema ist sehr elegant und wirkt irgendwie lässig und ungezwungen.

Die Übereinstimmung zwischen der Tonart und dem Ausdruck des Themas springt in die Augen. Folglich muß der Interpret sie betonen. Den Beweis für den tänzerisch-graziösen Charakter der Fuge hat Bach selbst dadurch geliefert, daß er nach der dritten Wiederholung des Themas das folgende kleine kontrapunktische Motiv einführt

das buchstäblich tanzt und zum Vergnügen an dem Stück wesentlich beiträgt. Auch hier muß man nur Bachs meisterliches Spiel mit Assoziationen verfolgen; dann wird sich der Charakter des Werks und der ihm gemäße Stil deutlich abzeichnen. Es ist gar kein großer Abstand zwischen Chopins eifrigem Suchen nach dem «blauen Ton» und der Farbe, die eine Tonart in Bachs Augen besaß. Wenn diese Beziehung zwischen Tonart und Inhalt ihm vielleicht nicht bewußt war, so ändert das nichts an der Tatsache ihrer Existenz. Die Tonarten b-moll und es-moll neigen zur Melancholie: es sind die Ton-

Bachs eigenhändige Niederschrift der «Chaconne»

Kopie von Anna Magdalena Bach

arten des Abends. Man sehe sich die entsprechenden Präludien und Fugen an; sie sind melancholisch bis zur Verzweiflung.

Dem deutschen Organisten Andreas Werckmeister verdanken wir die «gleichschwebende Temperatur». Er hatte 1691 eine Schrift veröffentlicht: «Musicalische Temperatur, oder deutlicher und wahrer mathematischer Unterricht, wie man ... ein Clavier ... wohltemperirt stimmen könne». Nach diesem neuen System wurde die Oktave in zwölf gleiche Halbtöne unterteilt. Infolgedessen konnte man auf allen zwölf Tönen modulieren; denn jeder konnte als Tonika aufgefaßt werden, während vorher das sogenannte pythagoräische, reine Tonsystem, weil es ungleiche Halbtöne enthielt, nur eine beschränkte Zahl von Modulationen zulassen konnte. Übrigens war die Möglichkeit, mit zwölf Tonarten zu komponieren, das einzige Verdienst der neuen Erfindung. Zweifellos war es nicht gering; aber wenn wir uns auch daran gewöhnt haben, bleiben es doch immer mechanische, falsche und willkürliche Tonleitern. Worin lag der größere Wert: in der Beschränkung der Polyphonie auf einen ziemlich engen Kreis des Möglichen und der Hoffnung auf künftige Überschreitungen, oder in der willkürlichen Konstruktion einer rationalen Tonalität, die uns stufenweise bis zu der ungeheuren Entdeckung ihrer eigenen Widersprüche führen sollte? Das Abendland, seinem Wesen nach polyphon und fortschrittlich eingestellt, wählte die zweite Möglichkeit und entfernte sich immer weiter von den andern großen Musiktraditionen der Welt mit ihren monodischen oder modalen Tendenzen. Jedenfalls ließen sich etliche deutsche Musiker von Werckmeisters neuer «Temperatur» verführen, sie schleunigst anzuwenden. Ihre Arbeiten waren Vorläufer des *Wohltemperierten Klaviers.* Um die Bedeutung von Bachs Beitrag auf diesem Gebiet zu ermessen, muß man im Auge behalten, wie schwierig es war, nach dem alten System eine Klavierfuge zu schreiben, da es so wenig Modulationen und deshalb auch so wenig Abwechslungsmöglichkeiten gab. Die Saiteninstrumente hatten es darin besser, weil sie nicht an eine mechanische Harmonie-Tabelle gebunden waren. Aber am Klavier waren derartige Experimente ausgeschlossen. Man schwindelte sich durch mit Hilfe passender, neu eingeführter Themen oder Gegenthemen und verschiedener thematischer Variationen. Daraus ergab sich entweder eine Zerstückelung der Form bei reicherer Substanz oder eine Verminderung der Substanz bei strengerer Form. Bach erkannte sofort, welches große Geschenk ihm mit der «Temperatur» zuteil geworden war. Er nahm zwar die Anregungen seiner Vorgänger auf, wünschte sie aber noch besser zu legitimieren. Im Prinzip erfand er nichts Neues, aber wenn es bei seinen Vorläufern nur kümmerliche Versuche gewesen waren, so erreichte er ein Stadium voller Reife, das auch ihm allein vorbehalten blieb. Das Werk wurde 1722 beendet.

Das wohl temperirte Clavier oder Praeludia, und Fugen durch alle Töne und Semitonia, so wohl tertiam majorem oder Ut Re Mi anlangend, als auch tertiam minorem oder ReMiFa betreffend. Zum Nutzen und Gebrauch der Lehr-begierigen Musicalischen Jugend, als auch derer in diesem studio schon habil seyenden, besonderem Zeitvertreib aufgesetzet und verfertiget von Johann Sebastian Bach. p. t. Hochf. Anhalt-Cöthenischen Capellmeistern und Directore derer Cammer Musiquen. Anno 1722.

Das Werk ist schwierig. Es geht bis an die Grenzen der Ausführungsmöglichkeiten und bezeichnet damit den Höhepunkt der pädagogischen Werke Bachs. Wer es beherrscht, kann allein gehen und sehr weit kommen... Der Band erregte so lebhafte Bewunderung, daß Bach später, zwischen 1740 und 1744 in Leipzig, ein weiteres Heft mit vierundzwanzig neuen Präludien und Fugen füllte, die nach dem gleichen Prinzip geschaffen waren. Später nannte man sie den zweiten Teil des *Wohltemperierten Klaviers.*

Die Beziehungen zwischen den Präludien und Fugen der ersten Sammlung sind äußerst mannigfaltig. Manchmal wird der Charakter der Fuge schon im Präludium angekündigt, zuweilen stehen sie im Gegensatz. (Dem melancholischen g-moll-Präludium, das die Stimmung der Morgen- oder Abenddämmerung wiedergibt, antwortet eine herrisch deklamierte Fuge.) Zuweilen beschränkt das Präludium sich auf eine Schnelligkeitsübung (D-dur), auf ruhige harmonische Fortschreitungen in Arpeggien nach Lautenart (C-dur), auf Spekulationen mit einer Keimzelle (Es-dur), die in ihrer Urgestalt auf vier Seiten achtzigmal vorkommt! Manchmal nimmt es die Gestalt einer

Invention an (fis-moll) oder einer ernsten Kirchensonate (b-moll). Stücke mit fortlaufender Bewegung sind häufig, aber alle verschieden in der Struktur und Farbe. Das d-moll-Präludium ist flüssig und muß sich ruhig entwickeln, das in c-moll ist düster und wirbelt unaufhörlich, es symbolisiert die Dünung, den Wildbach, die Menschenmenge; und das in G-dur mit den wechselnden Arpeggien beider Hände ist eine prächtige Toccata ... Auch die thematischen Beziehungen zwischen den Präludien und Fugen sind sehr verschiedenartig und lassen überhaupt kein System erkennen. Zuweilen suggeriert das eine der andern gewisse Elemente. Hier einige Beispiele dafür. Das Präludium in C stellt mit den obersten Tönen der Arpeggien folgendes Thema heraus:

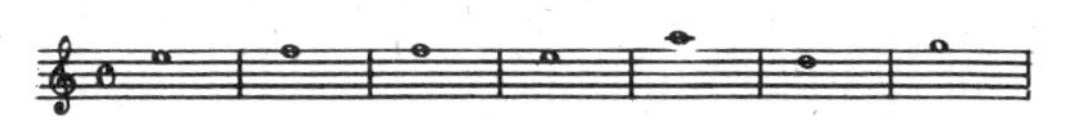

Aus ihm entwickelt sich das Fugenthema

Noch genialer wird das Fugenthema in cis-moll durch das Präludium gegeben. Die Noten entstammen dem Baß und Sopran:

Das ist genau das Thema der berühmten Fuge im Ricercar-Stil mit einem einzigen Thema, nicht mit dreien, wie ahnungslose Analytiker behaupten:

Sehr amüsant ist es, zu sehen, wie die wirbelnde Linie des D-dur-Präludiums

die kraftvolle, zum h hintreibende Linie des Fugenthemas suggeriert:

Im es-moll-Präludium läßt der Beginn der ergreifenden Kantilene:

das Thema der prächtigen Fuge entstehen, zuerst nach den Regeln modifiziert:

dann noch wörtlicher in der schönen, harmonisch doppeldeutigen Beantwortung

Das A-dur-Präludium zeigt die fugierte Behandlung eines Themas und Gegenthemas in erstaunlich dichter Arbeit (ein dichteres Gewebe als in manchen Fugen); die absteigenden Quarten des Basses im zweiten Takt

inspirieren das kraftvolle Fugenthema in aufsteigenden Quarten, das durch den glücklichen Einfall der isoliert auftretenden Achtelnote so gut akzentuiert wird:

Im B-dur-Präludium ergeben die vier ersten Noten der Unterstimme, von der Tonika absteigend

in die Umkehrung, rhythmisch verändert und auf der Dominante beginnend, den Anfang des Fugenthemas:

Kein Lehrer versagt sich das Vergnügen, seine Schüler darauf hinzuweisen, daß Bach niemals den «Preis der Fuge» bekommen hätte, da seine Werke kontrapunktische, harmonische und formale Verstöße gegen die Regeln enthalten. Aber man darf nicht vergessen, daß diese kontrapunktischen Freiheiten keine «Kühnheiten» waren, denn sie wurden von den Regeln im Goldenen Zeitalter des Kontrapunkts abgeleitet, die viel geschmeidiger und feinfühliger waren in bezug auf die Durchgangsnoten, Verzierungen, Vorschläge und Vorhalte als die späteren Gesetze, die nicht zufällig in einer Zeit entstanden, als die Polyphonie beinah aufgegeben wurde. Diese kontrapunktische Geschmeidigkeit war für Bach eine große Hilfe bei der Harmonik und umgekehrt. Das war kein Paradoxon, sondern ständige Wechselwirkung. Je mehr er von der Vergangenheit übernahm, um so weiter wies er prophetisch in die Zukunft. Es hat bis zur Mitte des neunzehnten Jahrhunderts gedauert, bevor wieder eine ebenso dichte und reiche Harmonik geschaffen wurde, und selbst diese brachte nur wenige Neuerungen. In seiner kontrapunktischen Kunst ist Bach unübertroffen und unübertrefflich. Er wäre davon überrascht, vielleicht tiefbetrübt gewesen und hätte den Schulmeistern deswegen Vorwürfe gemacht: «In euren Augen verdiene ich vielleicht nicht den ersten Preis; ich dagegen finde unter euren Schülern keinen einzigen, der fähig wäre, eine schöne Fuge zu schreiben wie ich, nicht einmal annähernd, und die es wirklich noch fertigbringen, stehen mir viel näher als euch.» Tatsächlich hatten die schulmäßige Fuge und ihre Lehrmethode die Fuge umgebracht, man höre sich nur die Resultate an. Wenn man z. B. nur die «begründeten Ausnahmen», die im *Wohltemperierten Klavier* bezaubern, gelehrt hätte (Bach hätte bei dem Begriff geschaudert!), so wäre die Fugenform lebenskräftiger geblieben und ständig bereichert und erneuert worden. Denn dadurch wollte Bach die Liebhaber «ergötzen»: tausenderlei Fugen, deren Gestalt sich aus dem Thema ergibt. Wenn das seiner Natur nach eine fugierte Exposition verlangt, schreibt Bach sie auch. Aber wenn die Struktur, obwohl für eine traditionelle Exposition geeignet, keine schöne Engführung verträgt, so verzichtet er darauf und spottet darüber, daß eine reguläre Fuge eine Engführung haben müsse. Statt dessen hat er für den Schluß tausend Möglichkeiten in Reserve: Wiedererscheinen des Themas oder seiner Umkehrung, oder beide zusammen, oder seine Vergrößerung, oder eine kleine kadenzierende Coda usw.... Wenn umgekehrt die Entwicklung der Fuge und die Struktur des Themas Engführungen nahelegen, bringt er sie nach dem ersten Zwischensatz in beliebiger Menge. Dasselbe macht er bei jeder Art von Vergrößerung, Gegenbewegung, Umkehrung und Krebsgang des Themas. Nichts davon geschieht systematisch, wird verstandesmäßig oder aus bloßem Vergnügen an der Spekulation angefügt. Wenn er spekuliert, will er nur die natürlich bedingte Vollkommenheit erreichen. – Ein Thema fiel ihm ein, zum Beispiel das der Cisdur-Fuge. Der Genius, der es ihm eingegeben hatte, inspirierte ihn auch dazu, den Fugenstil mit dem Geist eines italienischen Konzert-Allegros zu vermählen; wenn dann, geheimnisvoll und zwangsläufig, neue kontrapunktische Motive in ihm auftauchten, stellte er sie heraus; und wenn sie die Vorherrschaft beanspruchten, ließ er sie herrschen. Aber er hatte seine schöpferische Phantasie so vollkommen modelliert, sein Genie war so instinktsicher, daß es nie in Unordnung, Geschmacklosigkeit oder Willkür ausartete. Die Fuge war sein Lebenselement, und er erfüllte sie mit neuem Leben.

Beim vertieften Studium von Bachs Werken begreift man, daß seine Lehre nicht auf eine verstandesmäßige Bearbeitung von Ideen hinausläuft, sondern den harmonischen Zustand an sich als Ziel hat.

DER KANTOR

Wie schon erwähnt, hatte Bach gedacht, seine Tage am Köthener Hof zu beschließen. Aber die Situation in Köthen änderte sich: Fürst Leopold heiratete eine Prinzessin von Anhalt-Bernburg, der Musik gleichgültig war. Ihr zu Gefallen gab der Fürst nach und nach seine eigenen Liebhabereien auf. Die Musikpflege am Hof ging zurück, und Bach fühlte sich vernachlässigt und überflüssig. Leopold erkannte, daß seine Gemahlin auf seine Freundschaft mit dem Kapellmeister eifersüchtig wurde; er distanzierte sich deshalb von ihm und behandelte ihn kühler. Bach sah sich daher nach einer andern Stellung um. Auch andere Gründe bewogen ihn dazu: der Wunsch, seinen Söhnen das Universitätsstudium zu ermöglichen, das ihm in seiner Jugend versagt geblieben war; außerdem die Sehnsucht nach einem Organisten- oder Kapellmeisterposten in einer großen Stadt, wo er wieder geistliche Musik zu komponieren hätte. Die alten Kämpfe sollten wieder anfangen.

Man kann von der Epoche nicht ohne Wehmut Abschied nehmen. Bach hatte in diesem Abschnitt seiner Laufbahn manche wahrhaft unvergeßliche Stunden erlebt. Nur damals hat Bach wohl völlige Freiheit gehabt, zu komponieren, was und wie er wollte, und ist dabei der bewundernden Freundschaft seines Herrn sicher gewesen. Wie deutlich spiegeln sich die schönen Köthener Musikabende in den *Brandenburgischen Konzerten*, den Sonaten und Suiten! Wenn man sie hört, steigt das Milieu auf, in dem sie entstanden sind. Ihre Geschichte erfüllt sie mit geheimnisvollem Glanz. Man glaubt Bach friedlich in einem Salon am Cembalo zu erblicken, seinen Phantasien hingegeben, aus denen plötzlich nie gehörte Einfälle aufblitzen. Hätte er voraussehen können, welcher bittere, graue Alltag auf diese festliche Epoche folgen sollte!

Am 15. Juni 1722 starb in Leipzig der Kantor Johann Kuhnau. Bach hatte ihn in Halle kennengelernt. Der Posten des Kantors an der Thomasschule war also frei geworden. Leipzig war eine Hochburg des Protestantismus und ein bedeutendes Musikzentrum. Thomaskantor und «Director musices» aller Kirchen der Stadt zu sein, war eine ebenso beneidete wie problematische Stellung. Bach bewarb sich darum, allerdings nur zögernd, denn er witterte tausend Schwierigkeiten. In Köthen war er nur von dem einen Fürsten abhängig, der obendrein sein Freund war. In Leipzig würde er zwei Dutzend

Bach im Alter von 35 Jahren. Gemälde von J. Jakob Ihle, 1720

Leipzig. Kupferstich von Johann Georg Schreiber, 1712

Vorgesetzte haben, und er erinnerte sich nur zu gut an seine früheren schlechten Erfahrungen. Das Konsistorium hatte bestimmenden Einfluß auf alle geistliche Musik, die in der Stadt aufgeführt wurde, und die Thomasschule wurde vom Stadtrat verwaltet, der sich aus drei Bürgermeistern, zwei stellvertretenden Bürgermeistern und zehn Assessoren zusammensetzte. Es mußten also sehr viele Herren zufriedengestellt werden. Auch das soziale Ansehen der Stellung wollte erwogen sein. Hatte der Kantortitel mehr Gewicht als der eines Hofkapellmeisters? Vielleicht, aber das Grundgehalt war viel niedriger als das, was er vom Fürsten Leopold bezog: es betrug nur hundert Gulden. Allerdings kamen noch die «Accidentien» hinzu, kleine zusätzliche Einnahmen bei Trauungen und Beerdigungen. So gab es gute und schlechte Jahre, je nach der Zahl der Trauungen, Kindtaufen und der Epidemien, mit denen fast immer zu rechnen war... Kurz, er konnte, mußte aber auch auf die Summe von 700 Talern kommen. Anna Magdalena konnte an dem Stellungswechsel auch keine rechte Freude haben. Sie mußte ihren Posten als Hofsängerin aufgeben, der ihr neben dem Vergnügen am Auftreten noch 200 Taler einbrachte. In Leipzig war den Frauen das Singen in der Kirche nicht gestattet; sie würde sich auf ein sehr zurückgezogenes Familienleben einstellen müssen. Sie zögerten sechs Monate lang, endlich entschloß Bach sich zur Bewerbung. Der Rat in Leipzig griff auch nicht gleich zu. Er hätte gern Telemann gewonnen, der in Hamburg war und dem Rat sehr gut bekannt war. Er hatte in Leipzig mit großem Erfolg ein Collegium musicum gegründet und war dort auch als Organist der Neuen Kirche sehr bewundert worden. Seine Ernennung wurde vom Rat einstimmig beschlossen. Telemann stellte recht hohe Forderungen; sie wurden ihm zugestanden: vor allem brauchte er an der Schule keinen Lateinunterricht zu geben (dabei war das eine der wichtigsten, traditionellen Pflichten des Kantors!), außerdem sollte er die Musik an der Universitätskirche leiten. In Wahrheit waren das alles Manöver, durch die er beim Hamburger Rat, der sehr viel von ihm hielt, eine Gehaltsaufbesserung erreichen wollte. Das gelang aufs beste, aber der Leipziger Rat war sehr ärgerlich darüber. Trotzdem faßte er die Ernennung Bachs nur zögernd und sehr ungern ins Auge. Man hatte noch Graupner, den berühmten hessischen Hofkapellmeister in Darmstadt, eingeladen und ihn gebeten, die Weihnachtsmusiken zu leiten und später noch eine Kantate aufzuführen. Das hatte er auch mit beträchtlichem Erfolg getan. Aber der Landgraf von Hessen wollte sich von seinem Kapellmeister nicht trennen und gab ihm eine erhebliche Gehaltszulage. Graupner blieb also in Darmstadt und empfahl dem Rat nachdrücklich die Anstellung Bachs, der übrigens schon sein Probestück, eine Kantate, aufgeführt und dabei wahrscheinlich selbst das Baßsolo gesungen hatte. Bei den Besprechungen über die Kandidaten fand der Ratsherr Platz eine jener merkwürdigen Formulierungen, die ihren Urheber für Jahrhunderte lächerlich gemacht haben: «Da man die besten nicht bekommen könne, müsse man mittlere nehmen.» (Man stelle sich Bachs Entsetzen vor, als er das erfuhr!) Der Rat brauchte übrigens gar keinen Wert auf geniales Orgelspiel zu legen, denn der Kantor hatte mit der Orgel nichts zu tun. Von seinem umfangreichen Schaffen war noch nicht viel bekannt, kaum etwas gedruckt worden. Und wenn auch Bachs Ruhm sich in Deutschland schon weit verbreitet hatte, war seine soziale Position als Kapellmeister des kleinen Köthener Hofs ungleich bescheidener als die von Telemann und Graupner, den Musikdirektoren in Hamburg und Darmstadt. Endlich hatte Bach keine Universität besucht. Man ließ ihn das grausam fühlen. Sein Vorgänger Kuhnau war nicht nur ein begabter Musiker, sondern auch ein hervorragender Jurist gewesen und hatte außerdem Übersetzungen griechischer und hebräischer Texte veröffentlicht. Alles in allem ein vielseitiger Kopf, mit dem Bach in dieser Hinsicht trotz seiner gründlichen Bildung nicht konkurrieren konnte. Aber der Rat erkannte, daß der Bewerber trotz allem fähig sein würde, die Kirchenmusik in Leipzig zu «regulieren», und verpflichtete ihn, um endlich zum Schluß zu kommen. Im Hinblick auf die schlechten Erfahrungen mit den andern Bewerbern verlangte man, daß Bach vor der Ernennung einen «Dimissions-Schein» von seinem Fürsten beibrächte. Dieser war zwar betrübt, aber anständig genug, die Entlassung zu genehmigen, und stellte ihm ein glänzendes Zeugnis aus. Eine letzte Bedingung: Bach müßte sich verpflichten, Lateinstunden in der Schule zu übernehmen oder sich auf eigene Kosten von einem Kollegen vertreten zu lassen. Er nahm an und wurde am 22. April 1723 gewählt. Der Bürgermeister Lange setzte sich

Das Apelsche Haus in Leipzig,
Absteigquartier der Fürsten. Kupferstich von Homann, 1749

besonders für ihn ein; er betonte, daß er als Klavierspieler dem Hamburger Kantor überlegen sei und meinte, «wann Bach erwehlet würde, so könnte man Telemann, wegen seiner Conduite, vergessen». Die Räte stimmten ab und hielten sich dabei vor allem an die Tatsache, daß der Bewerber den Schülern Latein und den lateinischen Katechismus beibringen konnte. Ein einziger unter den Honoratioren sprach von Bach als Komponisten, aber nur, um zu verlangen, daß die Kirchenmusik nicht zu «theatralisch» sein dürfe. Auch diese neue Klausel wurde hinzugesetzt. Bach war der Verhandlungen überdrüssig geworden und wollte endlich zum Schluß kommen. Deshalb unterschrieb er alles, was man von ihm verlangte, versprach sogar, die Stadt nicht ohne Genehmigung des Bürgermeisters zu verlassen. Man unterwarf ihn noch einer theologischen Prüfung; da war er in seinem Element und bestand sie glänzend. Endlich wurde er zum Kantor der St. Thomaskirche ernannt.

In der Zwischenzeit hatte sich eine letzte Chance gezeigt, in Köthen zu bleiben und dort weiter glücklich zu sein. Die Gemahlin des Fürsten war gestorben, und Bach hätte hoffen können, daß die alten Zeiten wiederkehren würden. Er schwankte einige Tage, aber er hatte zu sehr um den neuen Posten gekämpft, die Würfel waren gefallen, und die Entscheidung war für ihn unwiderruflich. Zehn Tage nach dem Tod seiner Gemahlin unterzeichnete der Fürst die Entlassungsurkunde. Aber die Freundschaft blieb bestehen. Bach kam oft (und ohne Urlaub!) wieder an den Hof, um Musiken für festliche Gelegenheiten aufzuführen. Der Fürst heiratete in zweiter Ehe eine Prinzessin, die eine begeisterte Musikliebhaberin war. Ihr zu Ehren komponierte Bach die Kantate *Steigt freudig in die Luft* und führte sie mit Thomanern auf; dem erstgeborenen Prinzen widmete er die erste Partita seiner *Clavierübung*. Fürst Leopolds plötzlicher Tod im November 1728 bedeutete für Bach das Ende der erfreulichsten Stunden in seiner künstlerischen Laufbahn. Bei den offiziellen Trauerfeiern brachte er eine Trauermusik und eine Kantate zur Aufführung.

Am 1. Juni 1723 wurde Bach mit den üblichen Zeremonien, mit Ansprachen und Gesang der Schüler offiziell in sein Leipziger Amt eingeführt. Der neue Kantor antwortete mit einer würdigen und bescheidenen Rede, in der er versprach, den Hochedlen und Hochweisen Rat jederzeit *seine devoteste Bezeigung spüren* zu lassen. Bei der pompösen Zeremonie gab es einen Mißklang: das Konsistorium hatte den Pastor der Thomaskirche damit betraut, im Namen der geistlichen Obrigkeit eine Begrüßungsansprache zu halten. Der Rat nahm Anstoß daran, weil die Bestallung des Kantors von ihm allein abhinge, es entstand ein ärgerlicher Schriftwechsel. Das war ein erstes Zeichen für den Geist bei den Behörden. Johann Sebastian Bach machte sich Gedanken. Der Rektor der Schule, Joh. Heinrich Ernesti, war sehr alt und hatte keine Autorität mehr. Bei den Schülern gab es keine Disziplin. Überdies war das Schulgebäude alt, unbequem und zu klein. Drei Klassen wurden zu gleicher Zeit in einem Raum unterrichtet. Die Verpflegung war kümmer-

E. E. Hochw. Raths
der Stadt Leipzig
Ordnung
Der Schule
zu S. THOMÆ.

Gedruckt bey Immanuel Tietzen, 1723.

Thomaskirche und Thomasschule im Jahre 1723

lich. Bei der schlechten Ernährung und Unterbringung der Kinder traten häufig Epidemien auf. Auch die musikalischen Mittel waren unzureichend. Die besten Choristen verloren die Lust, weil sie zu viel und oft unter schlechten Bedingungen singen mußten.

Johann Sebastian wohnte mit seiner Familie im linken Flügel der Schule. Er hatte einen eigenen Raum zum Komponieren, der aber nur durch eine dünne Zwischenwand vom Klassenzimmer der Sexta getrennt war. Er konnte hören, wie die Schüler ihre Lektionen hersagten... Jede vierte Woche hatte er eine schreckliche Aufgabe zu erfüllen: Er mußte die Oberaufsicht führen. Der arme Aufseher! Er hätte nicht einmal ein Lämmchen ruhig halten können. Er schalt, brummte, schrie... Aber zu Hause konnte er sich damit trösten, daß er es endlich zum Director musices gebracht hatte. Auf diesen Titel legte er großen Wert. Sicher ärgert man ihn noch im Grabe, wenn man von ihm als dem «großen Kantor» spricht. Denn ach! Dieses verhaßte Kantorat war gerade der wunde Punkt seines Daseins. Er mußte die Programme für die geistlichen Musiken in allen Kirchen aufstellen, mit einer Ausnahme, der Universitätskirche, die ihm natürlich am wichtigsten war. Die Voraussetzungen für gute Ausführungen waren in den einzelnen Kirchen sehr ungleich, am besten in St. Thomas und St. Nicolai. Die Gottesdienste dauerten dort vier Stunden! An jedem Sonn- und Festtag mußte dabei eine neue Kantate aufgeführt werden; meistens hatte der Musikdirektor sie zu komponieren. Dieser geradezu erschreckenden Verpflichtung verdanken wir die große Zahl seiner Kirchenkantaten. Nach Forkel hat Bach fünf vollständige Kantatenjahrgänge, das heißt zweihundertfünfundneunzig Kantaten, geschrieben. Sie entstanden in der Zeit bis 1744, ungerechnet die großen Passionen, Motetten, Gelegenheitskompositionen, Orgelwerke und andere freie Kompositionen. Was hat dieser Mann gearbeitet! Man fühlt sich schon erschöpft, wenn man sich das nur vorstellt. Und doch ist es nicht so sehr die Zahl seiner Werke (ungefähr zwölfhundert), die imponiert, sondern die Dichte der polyphonen Arbeit. Telemann hat nicht weniger als zwölf Jahrgänge, also rund sechshundert Kantaten, geschrieben, und dazu noch ungefähr dreißig Opern, neunhundert Ouvertüren, eine Unmenge von Konzerten und andern Werken. Aber welch ein Unterschied!

Bachs Kantaten in ihrer Gesamtheit gehören zu den eindrucksvollsten Werken, die von Menschenhand geschrieben wurden. Auslegung und Analyse sind immer noch nicht abgeschlossen. Sie sind das Meisterstück des Barockzeitalters, alles ist darin zu finden und irgendwie polarisiert: Ideen aus dem Goldenen Zeitalter des Kontrapunkts und sogar aus der Ars Nova, Elemente des Gregorianischen Gesangs, zugleich alle Formen und Methoden der zeitgenössischen Musik aus allen vier Himmelsrichtungen und schließlich noch die Vorahnung des romantischen Expressionismus. Sie sind der umfassendste, mannigfaltigste und üppigste Teil von Bachs Gesamtwerk.

Kantaten

Die Kantaten bringen uns den Menschen Bach, so wie er war, am nächsten, weil er hier sehr häufig rein impulsiv verfuhr. Er hatte für die Komposition manchmal nur eine Woche Zeit, und eben diese Eile zeigt uns vielleicht sein Genie ganz unverfälscht, gewissermaßen in einer Fotografie seiner täglichen Aktivität. Wie hat er improvisiert? Gewisse Kantaten verraten es. Die späteren Verbesse-

Der Bläser Johann Gottfried Reiche

rungen konnten den Charakter des Ursprünglichen nur unterstreichen. Man muß die Meisterschaft bestaunen, mit der er auf Anhieb eine schwindelerregende Menge von Strichen auf das Papier warf, verblüffend in der Erfindungskraft und der Unfehlbarkeit seines kritischen Blicks. Ein Text begeisterte ihn, und alsbald reagierte der Dichter-Musiker mit herrlich entsprechenden Antworten. Die frischesten, spontansten und zugleich subtilsten Melodien, die er geschrieben hat, wurden bei der Lektüre eines Librettos geboren. Gewisse Episoden inspirierten ihn zu kontrapunktischen Einfällen und Ausarbeitungen von wunderbarer Kühnheit. Sie erzeugten den unermeßlichen Reichtum an Strukturen, der den Betrachter entmutigt. Jeder andere – man merkt es an den Kantaten seiner Zeitgenossen – wäre erschlafft bei der Verpflichtung, ununterbrochen ein Genre zu pflegen, das man eigentlich recht monoton und unfruchtbar nennen muß. Eine Kantate ist schließlich nur eine Folge von Instrumentalsätzen, Rezitativen, Arien, die von einer oder der andern Stimme gesungen werden, und einem nach Belieben hinzugefügten Chor. Dieser zwangsläufige Wechsel kann sehr schnell langweilig werden und den Eindruck von Zerstückelung oder mangelndem Zusammenhang erwecken. Sicher hat Bach darin noch keine Neuerungen eingeführt. Er hielt sich an die für diese Gattung üblichen Regeln. Aber was er aus diesen Gegebenheiten folgerte, ging weit über ihre gewöhnlichen engen Grenzen hinaus.

Ein Vorzug frappiert vor allem an seinen Kirchenkantaten: ihre Aufrichtigkeit und ihr Bekenntnischarakter. Nie hat man bei ihm, wie manchmal zum Beispiel bei dem zweifellos bedeutenden Telemann, den Eindruck von gewandter Fabrikation an Hand eines gegebenen Themas. Obgleich Bach sein Leben lang zum Komponieren gezwungen war, um das tägliche Brot für seine Familie zu verdienen, blieb er ehrlich durch und durch und behielt, was mir noch wichtiger scheint, die schöpferische Ekstase beim Arbeiten. Sein Genie blieb auch unter Zwang immer wach und ließ sich nur ein «schönes Werk» abfordern. Das wird am besten durch die Sorgfalt bewiesen, mit der er seine Kompositionen umarbeitete. Er war bei jedem Werk geradezu besessen vom Streben nach Exaktheit, höchster Voll-

Innenansicht der Thomaskirche vor dem Umbau.
Kupferstich von O. Kutschera nach Hubert Kratz

endung und Richtigkeit der Tonsprache. Deshalb hat man nie den Eindruck von Hast oder gefälliger Anpassung. Gelegentliches Mißbehagen gegenüber Texten, die ihm ungenügend und reizlos erschienen, hätte sich wohl in einer Folge gebräuchlicher dialektischer Wendungen verraten können. Aber er flüchtete sich in den Verstand und ließ in Ableitungen und Entwicklungen — vorläufig — die Logistik walten. Wenn er große Eile hatte, und es doch schön haben wollte, entlehnte er ganze Seiten aus seinen früheren Werken, die ihm zum Unterlegen des neuen Textes geeignet erschienen, und begnügte sich damit, Einzelheiten zu verbessern, einige Linien hinzuzufügen oder die Instrumentation abzuändern, damit die Übertragung stimmte. Sein sorgsames Bemühen um Symbole litt nicht darunter, wie man behauptet hat; denn Bach nahm nur, was zusammenpaßte. Er war nicht in solchem Maß Sklave seiner eigenen Erfindungen, daß er sich die Angleichung einer alten Arie an einen neuen Text versagt hätte unter dem Vorwand, daß die im Original angewandte Symbolik durch die neue Fassung nicht mehr gerechtfertigt wäre. Es genügte ihm, daß die Arie auch den neuen Text erhellen konnte. (Und dann freute es ihn, seine Lieblingsstellen wieder zu hören. Dafür war ihm jede Gelegenheit recht.)

Außer von der Aufrichtigkeit und Tiefe der Hingabe werden die Hörer von dem Reichtum der stilistischen Mittel gepackt, der seine Werke von denen seiner Zeitgenossen unterscheidet. Kuhnau, Mattheson, Telemann und selbst der große Händel ... wie einfach ist ihre Musik, wie flüssig, wie wenig riskieren sie! Man fühlt, daß die Klarheit ihres Stils der Zeit keine Rätsel aufgab. Auf der Straße wurde geschwatzt, in der Kirche gebetet, im Salon phantasiert. Das war der Alltag, sehr lebendig und dadurch verführerisch dargestellt. Aber von Bachs Stil könnte man sagen, daß er wucherte, den Hörer zu größter Aufmerksamkeit zwang und ihn über sich selbst erhob. Von verführerischer, wenngleich geschmackvoller Leichtfertigkeit konnte bei Bach keine Rede sein. Seiner Natur nach mußte er unaufhörlich neue Probleme aufstellen. Nach Schweitzers Ausspruch besaß er die Monotonie der großen Denker. Des weiteren ist die innere Struktur seiner Werke viel feiner, viel geschmeidiger als die der andern. Er arbeitete das Detail sorgfältig aus, ohne jemals, was so häufig vorkommt, die mächtige Architektur des Ganzen aus den Augen zu verlieren. Seine Antennen waren von unglaublicher Empfindlichkeit und ließen ihn stets das verborgene Etwas spüren, das erst den Dingen die Würze verleiht. Endlich besaß er die Reife des Herzens, die undefinierbar, aber in allen Werken zu fühlen ist. Man betrachte nur seine Handschrift, das Entzücken der Graphologen! Ihr Duktus ist friedfertig, schlank und sehr übersichtlich, alles ist rund, mit Vorliebe verziert und vollkommen deutlich. Die Balken, die die Achtelnoten verbinden, sind mustergültig korrekt, nicht spitz, steil und hart hingeworfen wie bei Beethoven. Sie stehen nicht, sie fließen. Diese Tatsache allein müßte genügen, um eine eckige, «geradlinige» Interpretation als Irrtum bloßzustellen. Die Arabeske hat bei Bach wesentliche Bedeutung; das ist wieder einer seiner erstaunlichen Züge. Seine Schrift ist vegetativ, aber gerundet wie Wellen; es gibt keine Exzesse, keine sinnlose Verzierung, niemals. Die Dinge selbst sind subtil. Auch seine Modulationen sind rund. Sie sollen nicht durch launisches Verhalten erschrecken; das wäre kein guter Stil. Trotzdem ist er nicht abhängig von strikten Modulationsvorschriften. Er bricht mit Vergnügen aus, wenn es ihm gut erscheint, aber alles bleibt weich. Es ist keine grundsätzliche Aggression, sondern ein sanftes Gleiten. Man braucht nur eine seiner Kantaten zu untersuchen, um alles das genau bestätigt zu finden. Zum Beispiel die Kantate Nr. 4 *Christ lag in Todesbanden* aus dem Jahre 1724. Sie ist ein bewunderungswürdiges Muster des Choralkantaten-Typs, den Bach in Leipzig besonders pflegte.

Die Choralkantate ist grundsätzlich wie die Choralpartita gebaut. Jeder Strophe des Gedichts entspricht eine besondere Variation der Choralmelodie. Eine instrumentale «Sinfonia» leitet hier das Ganze ein. Wie gewöhnlich bringt sie thematische Elemente, die zum Aufbau der Kantate dienen, außerdem die vom Text veranlaßten Symbole. In diesem letzten Punkt ist sie so treffend und verwertet sie so konsequent, daß der Leser sogar schon vor der Lektüre des Textes sagen kann, worum es sich handelt, selbst wenn er mit Bachs Symbolik wenig vertraut ist. Die Sinfonia dieser Kantate drückt Trauer aus. Zuerst erscheint das Begräbnismotiv, absteigend, wie es sich gehört; dann wird die Unerbittlichkeit des Todes durch die beiden ersten Noten der Choralmelodie verkündet. Nach zweimaliger Wiederholung entwickelt sich daraus die Eingangsphrase des Chorals, (der aus dem zwölften Jahrhundert stammt). Es folgt ein schmerzvoller Hinweis auf das Begräbnisthema; dieses weicht dem Auferstehungsmotiv, mit dem Bach schließt. Das Ganze braucht nur drei Liniensysteme und nur eine Seite. Hier folgt die Verkettung der Motive:

Alles entwickelt sich so ausdrucksvoll und natürlich, daß man daran zweifeln könnte, ob Bach diese Ordnung der Symbole bewußt vorgenommen hat. Aber der weitere Verlauf bestätigt es überzeugend. Alles hat seinen genauen Sinn. Eine Anzahl symbolischer Figuren schart sich um die Hauptfiguren, um sie zu unterstreichen. Dieser schöpferische Prozeß ist einmalig in der Musikgeschichte. Er zeigt den ganzen Mystiker und Poeten Bach.

Nachdem die Sinfonia den Inhalt der Kantate zusammengefaßt hat, beginnt der Chor: «Christ lag in Todesbanden», und alsbald verbindet Bach den Choraltext mit der musikalischen Linie: er zeichnet die Todesstarre. Der Sopran singt die Choralmelodie in der Vergrößerung, der Alt in kurzen Werten eine rhythmische Variation des Originals, der Tenor antwortet mit einer freien Umkehrung und der Baß mit einer sehr freien Variation des Themas. Das folgende Beispiel zeigt das Gebundensein Christi im Tode:

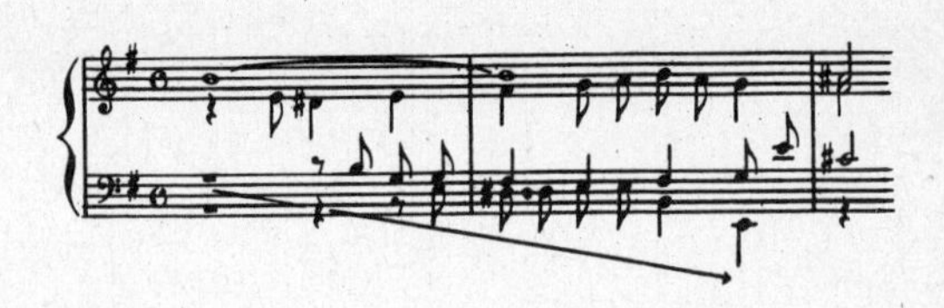

Aber ein Wort hat Bachs Aufmerksamkeit gefesselt. Es ist in bezug auf den Sinn des Ganzen von sekundärem Wert, aber bedeutsam durch seine illustrative Kraft: die «Bande». Und Bach zeichnet sie in der Oberstimme der Begleitung durch die Violinen. Er führt sie ein mit einer Variante des Begräbnismotivs; sie verfolgen den Hörer durch den ganzen Abschnitt:

Hier sieht man den Realismus Bachs in seiner Sublimierung, denn man denkt keinen Augenblick auch nur im Traum an billige Illustration. Die kontrapunktische Arabeske fügt sich wunderbar in das Ganze und vergeistigt es gerade durch ihren konkreten Ursprung. Das Stück ist von etwas schwerfälligem Ernst und erinnert darin ein wenig an die Kantaten der norddeutschen Schule. Übrigens weist diese ganze Tonfolge in die Tiefe, mit absteigenden Linien und chromatischen Elementen, die sich hier und da in Todesangst winden. Aber blättern wir ein paar Seiten um: plötzlich steigt das ganze Bild in betonter Diatonik an: das Leben regt sich unter den «Banden»: «Er ist wieder erstanden!» Und die so ernste Choralmelodie schmückt sich mit einem heiteren Blütenflor kontrapunktischer Linien. Triumphierende Anapäste erheben sich, bemächtigen sich des Motivs der «Bande» und zerbrechen es.

Man erkennt das steigende Motiv der Auferstehung, so wie es in der Sinfonia erscheint. «Und hat uns bracht das Leben: des wir sollen fröhlich sein, Gott loben und ihm dankbar sein.» Der Jubel steigert sich, und die Anapäste weichen den rauschenden Sechzehntelkaskaden:

Allmählich kehren die Anapäste wieder, dann einfache Achtel, und das bedingt eine ganz natürliche rhythmische Beschleunigung auf dem Wort «Alleluja», sie geht in ein synkopiertes alla breve über im Stil eines stürmischen, fast wilden Tanzes. Das ist die Freude über das Heil und die Erlösung. Man sehe nur, wie ungestüm beschwingt die Noten sind, die Christi Auferstehung darstellen:

Die zweite Strophe behandelt das Unabwendbare des Todes, den schicksalhaften, unvermeidlichen Widerspruch zwischen der Sterblichkeit des Leibes und der Unsterblichkeit der Seele. Sie wird folglich von zwei Stimmen, Sopran und Alt, gesungen. Bach verstärkt den Farbkontrast noch durch Hinzufügung eines Kornetts und einer Posaune. «Den Tod niemend zwingen kunnt bei allen Menschenkindern.» Wer noch daran zweifeln sollte, wie Bach sich darauf verstand, in der Sinfonia diesen Tod durch ein Motiv zu symbolisieren, braucht nur zu sehen, wie das Motiv in dieser Strophe dem Wort «der Tod» selbst entspricht. Seine Unabwendbarkeit wird wie üblich durch den Continuo symbolisiert, der unerbittlich und traurig seine gleichfalls nach abwärts weisenden Oktavengänge durchführt. Daraus ergibt sich ein sehr gemessener, faszinierender Rhythmus:

Dieser ganze Teil greift mit seinem Ausdruck trostloser Unterwerfung unmittelbar ans Herz. Wie sparsam sind die Mittel, mit denen Bach das erreicht! In starkem Kontrast dazu antwortet die dritte, dem Tenor übertragene Strophe mit der feurigen Verkündigung: «Jesus Christus, Gottes Sohn, an unser Statt ist kommen und hat die Sünde weggetan, damit dem Tod genommen all sein Recht und sein' Gewalt!» Der Continuo bestätigt mit sehr energischen Schritten die Macht Christi. Sie wirken wie Fußtritte, die den Tod niedertrampeln; darüber leuchten die Geigen in fortlaufender, sieghafter Bewegung:

Die vierte Strophe schildert den Tod, der sich selbst verschlingt und dem Leben das Feld überläßt. «Es war ein wunderlicher Krieg, da Tod und Leben rungen.» Das «Wunderliche» dieses Krieges wird durch kanonische Behandlung symbolisiert: den gleichmäßigen Vierteln der Choralmelodie im Alt werden die übrigen Chorstimmen mit seltsamer Heftigkeit gegenübergestellt, bis dieser «Krieg» sich in den Triumph des Lebens und das allgemeine Hallelujah auflöst.

Zu Beginn der nächsten Strophe, einer Baßarie, läßt ein absteigendes chromatisches Motiv im Continuo tiefsten Schmerz ahnen:

Die berühmte Kantate Nr. 12 *Weinen, Klagen* beginnt mit dem gleichen Symbol:

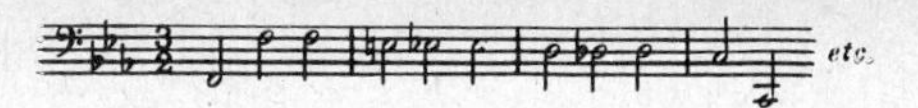

Ebenso das «Cruzifixus» der *h-moll-Messe*, wo dieser Basso ostinato dreizehnmal nacheinander auftritt, um die schicksalhafte Bedeutung zu betonen.

Die Schläge der Tonrepetitionen verbinden das Motiv hier mit den Symbolen der einbrechenden Finsternis, der angstvollen Erwartung und der Schauer des Todeskampfes. Es ist natürlich auch in der großartigen Passacaglia der Kantate Nr. 78 zu finden, da sie mit den Worten beginnt: «Jesu, der Du meine Seele hast durch Deinen bittern Tod Aus des Teufels finstrer Höhle und der schweren Seelennot kräftiglich herausgerissen.»

In der Kantate Nr. 4, die wir untersuchen, steht das musikalische Symbol für die gleiche Vision. «Hier ist das rechte Osterlamm, davon Gott hat geboten. Das ist hoch an des Kreuzes Stamm in heißer Lieb' gebraten.»

Man beachte, daß dieses Symbol immer in einem dreiteiligen Rhythmus auftritt. Bei Bach besteht sehr häufig eine enge Beziehung zwischen dem Tripeltakt und den Begriffen Christus, Heiliger Geist und Dreifaltigkeit. Wenn wir eine Folge ruhig fließender Triolen von nahezu pastoralem Charakter vernehmen, können wir voraussagen, daß es sich um die Liebe Christi oder den Tröster, den Heiligen Geist, handelt. Nur selten beschwört Bach die schreckenerregende apokalyptische Vision des Menschensohns, der zur Rechten des Vaters sitzt, um die Lebendigen und die Toten zu richten. Er stattet im Gegenteil die Christuserscheinung mit aller Anmut und Zärtlichkeit aus, die ihm zu Gebote stehen. In seinen Augen ist er wirklich «das Lamm». Ebenso ist der Heilige Geist für ihn eine reine, sanfte, beruhigende und beglückende Gewißheit. Die Schrecken der Kreuzigung werden ausgedrückt durch eine beklemmende Verdüsterung der musikalischen Symbole für die Christusgestalt; aber ihr Wesen bleibt unverändert, und der Tripeltakt behauptet sich immer.

Die sechste Strophe, ein Freudengesang von Sopran und Tenor, ist ein Kanon in der Quinte. «So feiern wir das hohe Fest mit Herzensfreud und Wonnen.» Bach braucht hier nicht den kraftvollen Anapäst, dessen Fröhlichkeit den Kampf einbezieht, sondern den besonders edlen Rhythmus der punktierten Jamben, den die Triolen der «Herzensfreud» in Voluten umgeben

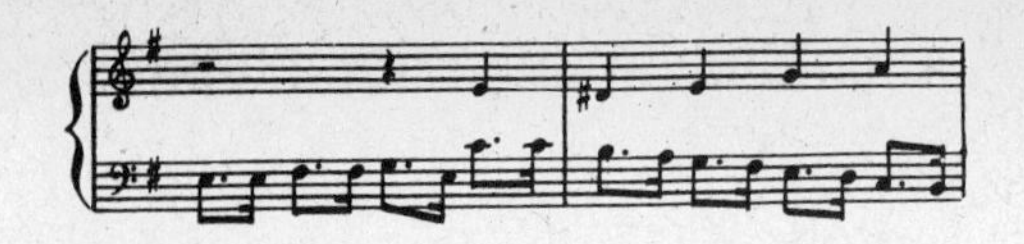

Und die traditionelle Choralstrophe für vier Stimmen, durch sämtliche Instrumente verdoppelt, beendet als siebenter Teil die Kantate. Die Gesamtheit der Strophen ergibt in dieser Variationenfolge – von der instrumentalen Sinfonia abgesehen – einen Aufbau von vollkommenem Gleichgewicht: A(Chor) – B(Duett) – C(Arie) – D(Chor, der den Mittelpunkt bezeichnet) – C(Arie) – B(Duett) – A(Chor).

Blättern wir weiter in den Kantatenbänden. In Nr. 5 *Wo soll ich fliehen hin?* symbolisiert ein Kanon die Hast und Unruhe:

In der Tenorarie führt eine Solobratsche eine fortlaufende, lebhafte Bewegung aus, die das Wasser darstellt. «Ergieße dich reichlich, du göttliche Quelle. Ach, walle mit blutigen Strömen auf mich!» Und der Tenor zeichnet in einer langen Koloratur das Strömen.

In der Kantate Nr. 6 *Bleib' bei uns, denn es will Abend werden* begegnet uns wieder das Symbol angstvoller Erwartung und des sinkenden Tages:

Man könnte meinen, daß der Gebrauch dieser Symbole zu einer bloßen Manier ausgeartet wäre, oder annehmen, daß es sich schließlich nur um einen Katalog bequemer Klischees handelte. Aber das ist durchaus nicht der Fall. Bach ändert das Prinzip seiner Symbolik dauernd ab und reduziert es zuweilen derartig, daß der unvorbereitete Hörer es gar nicht erkennt und unbewußt hinnimmt. Alles ist bis ins Letzte vergeistigt, mag die Zeichnung auch ganz realistisch sein. Alles ist vergeistigt, und doch entspringt alles dem Tiefsten im Menschen, ja, im Lebewesen überhaupt. Ist dieses Beben auf einem einzigen Ton nicht die Erwartung selbst und im Gleichnis das Sinken des Tages oder die Einsamkeit der Agonie? In der Erwartung sind wir benommen von einem einzigen bebenden Wunsch, ebenso fühlen wir beim Sinken des Tages Beunruhigung durch etwas Ungewisses, einen Rest von Licht, und das verbindet sich ganz natürlich mit der Vision der letzten Stunde. In Bach steckt etwas erstaunlich Kindliches, so frisch und lebendig sind seine Wahrnehmungen, und so fein ist sein Empfinden. Und wer könnte das einfacher ausdrücken als er?

In der Kantate Nr. 7 erscheint gleich das Symbol des Flusses; es malt seine kleinen Wellen:

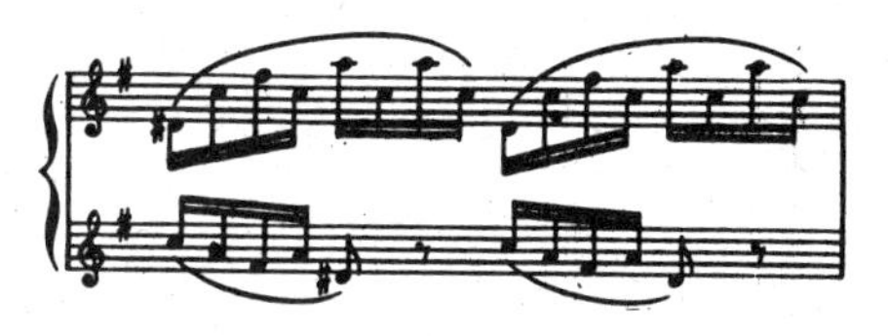

Das kommt daher, daß der Text die Taufe Christi feiert: «Christ, unser Herr, zum Jordan kam nach seines Vaters Willen». Man sieht hier, wie Bach die Poesie der konkreten Dinge liebt. Er fliegt geradezu darauf und ist offensichtlich entzückt davon, sie zu beschwören.

Bei der Kantate Nr. 8 *Liebster Gott, wann werd' ich sterben?* beginnt schon in der Sinfonia das auffallende Symbol der Totenglokke: über eintönigen Pizzicato-Folgen der Streicher bringt die Flöte auf dem hohen e zweimal zwölf gleiche Schläge:

In der Kantate Nr. 10 *Meine Seel' erhebt den Herren* schildert eine Baßfigur im Continuo mit packendem Realismus: «Gewaltige stößt Gott vom Stuhl Hinunter in den Sündenpfuhl». Man sieht den groben Stoß und den Sturz:

Trotzdem ist es kein billiger Effekt. Nichts wäre leichter gewesen, als das Hinunterpurzeln nachzuahmen. Bach begnügt sich damit, den Sturz durch eine einfache, nüchterne Linie zu stilisieren, und behält sie bei, weil sie eine außerordentlich kraftvolle Dynamik besitzt.

Neben den Schwierigkeiten im Kantorat war es für Bach sehr ärgerlich, wie die Universität sich ihm gegenüber benahm. Wir wissen, daß er großen Wert auf den Titel des Director musices und auf seine Funktionen als Organisator der Musiken in allen Kirchen der Stadt legte. Eine Ausnahme bildete aber die Universitätskirche, die

Die Paulinerkirche in Leipzig

Paulinerkirche. Sie hatte für einen Teil ihrer Gottesdienste einen eigenen Director. Die Universität wollte so wenig wie möglich von den städtischen Behörden abhängen. Das war eine ausgezeichnete Vorsichtsmaßregel, aber Bach kümmerte sich nicht darum. Er hielt es für unlogisch und beleidigend, daß er nicht das Recht haben sollte, die gesamte Musik dieser Hochburg des Geistes zu organisieren. Zwei Wünsche spielten dabei mit: er wollte die Stimmen der Studenten auch für andere Gottesdienste zur Verfügung haben und außerdem sein Einkommen durch eine zusätzliche Vergütung auf rechtliche Weise vergrößern. Er begann den Kampf und lieferte in drei Jahren elfmal die Festmusiken für die Paulinerkirche. Aber ohne den beabsichtigten Erfolg, denn er erhielt nur die Hälfte von dem statutenmäßig festgesetzten Honorar ausgezahlt. Die andere Hälfte bekam der Organist Görner, der nach Kuhnaus Tod zum Director der «Neuen» Gottesdienste ernannt worden war. Die Universität wollte von dem neuen Kantor ohne akademische Bildung nicht viel wissen. Bach war so empört, daß er dreimal an den Kurfürsten von

Sachsen, August den Starken, appellierte. Aber dieser, verärgert über solche Bagatellen, bestätigte der Universität das Recht, die Gottesdienstmusik demjenigen zu übertragen, der ihr am geeignetsten erschien. Bach erhielt nun seine Forderungen bezahlt, wurde aber nicht mehr als früher herangezogen. Er resignierte und verlor nun völlig das Interesse an der Paulinerkirche, überließ sogar die Leitung der ihm noch zustehenden Aufführungen seinen Präfekten. Die Universität zeigte dem Kantor bei jeder Gelegenheit ihre Mißachtung; wenn Gelegenheitskompositionen für festliche Anlässe gebraucht wurden, beauftragte man nicht ihn, sondern andere Musiker. Das Traurige an dieser kleinlichen Affäre ist das mangelnde Verständnis der Professoren für die großen musikalischen Fähigkeiten des armen Kantors. Unbegreiflich, daß sie ihm Görner vorziehen konnten, der als Musiker so wenig leistete, daß Bach ihm einmal die Perücke an den Kopf warf mit den Worten, er hätte besser Schuster werden sollen. Jedoch ließ sich kein wirklicher Musikfreund durch die merkwürdige Einstellung der Behörden täuschen. Das beweist die Begeisterung der Studenten für Bach. Den Vorgesetzten zum Trotz gaben sie bei ihm immer wieder weltliche Festkantaten in Auftrag und stellten sich, was besonders wertvoll für Bach war, als Sänger und Instrumentalisten für seine Gottesdienstmusiken zur Verfügung. Ihrem Eifer ist es zum Teil zu danken, daß Bach ein gewaltiges Projekt ausführen konnte, das ihm besonders am Herzen lag. Es war die Aufführung einer neuen Passionsmusik von ungewöhnlichen Ausmaßen, die auch eine außergewöhnlich große Anzahl von Mitwirkenden beanspruchte.

DIE PASSIONEN

Nach den Angaben im Nekrolog müßte Bach fünf Passionen komponiert haben. Wir besitzen nur drei: nach Johannes, Matthäus und Lukas. Über diese letzte sind die Musikgelehrten sich immer noch uneinig. Obgleich das Manuskript unstreitig von Bach selbst geschrieben ist, im Jahre 1730, zur Zeit seiner vollen Reife, bestehen sie darauf, daß es sich nur um die Kopie der Komposition eines unbekannten Verfassers handelt. Bach soll sie nur korrigiert und hier und da verschönert haben, um sie annehmbar zu machen, denn angeblich ist das Werk mittelmäßig und unbedeutend. Meiner Ansicht nach ist das durchaus nicht der Fall. Ich kann mir nicht denken, daß Bach (der nach Schweitzers seltsamer Bemerkung nachsichtig, ja, blind gegenüber den Werken anderer gewesen ist) sich auch nur aus Zeitmangel die Mühe gemacht haben sollte, ein so langes Werk abzuschreiben, wenn er es wirklich schlecht gefunden hätte. Dann hätte er doch nur eine bessere Passion von einem seiner Kollegen aufzuführen brauchen. Es ist allerdings ein zusammengesetztes Werk und zeigt auffallend verschiedene Stilrichtungen. Die Choräle sind sta-

Die Nicolaikirche in Leipzig

tisch und vertikal gehalten, in einer sehr merkwürdigen, halb modalen und zuweilen fast prophetischen Schreibweise. Dagegen sind Arien und Ensembles im damals «modernen» Stil geschrieben. Einige sehr geschmeidige Sequenzen stammen unstreitig von Bach; daneben gibt es aber andere, die primitiv und schülerhaft wirken. Sollte es sich um ein Jugendwerk handeln oder um verschiedene, eilig zusammengestellte Fragmente? Jedenfalls ist die Komposition nicht so mittelmäßig, wie man behauptet, und ich finde es glaubhaft, daß Bach, der scharfsichtige Kritiker, sie für den Zweck einer Aufführung noch einmal kopiert haben könnte.

Die *Johannes-Passion* muß noch in Köthen komponiert worden sein, denn sie war für eine Aufführung in der Leipziger St. Nicolaikirche in der Karwoche 1723 bestimmt. Noch viel mehr als bei der

Matthäus-Passion ist bei ihr der dramatische Stil getadelt worden. Sie ist das Werk eines jüngeren Meisters und folglich sensibler in bezug auf die Heftigkeit und den Wechsel der Gefühle. Man studiere nur die Volkschöre, die mit einer bei Bach seltenen Wildheit die Wut der Menge wiedergeben, oder die pathetische Erregung der Rezitative und Arien, dann wird man erkennen, wie plastisch der Musiker den Text gestaltet hat. Übrigens ist die Dichtung durchaus nicht einheitlich; Bach selbst hat zweifellos die Arientexte revidiert und auch die Choräle ausgesucht, wie es ihm passend erschien. Für den Rest benutzte er ein Libretto des Hamburger Ratsherrn Brockes mit dem Titel «Der für die Sünde der Welt gemarterte und sterbende Jesus». Viele andere Komponisten, vor allem Mattheson, Keiser, Telemann und Händel, hatten es bereits vertont. Bach ging ziemlich frei damit um, außerdem zog er Teile aus dem Johannesevangelium und aus der «Johannes-Passion» von Postel heran (die der junge Händel übrigens auch in Musik gesetzt hatte). Er ordnete das Ganze nach eigenem Ermessen. Der Aufbau beruht wieder auf dem symmetrischen Prinzip der Barockmeister. Es ist ein ungeheures ABCD-E-DCBA; die Symmetrie wirkt – eine Seltenheit bei Bach – fast übertrieben. Die Rückführung ist beinah wörtlich. Deshalb haben die Gelehrten behauptet, daß Bach aus Zeitmangel die einzelnen Teile nicht variieren konnte, wie er gewünscht hätte, und sich auf einfache Parallelen beschränkte. In Wirklichkeit hat Bach das Werk später noch viermal überarbeitet und dabei niemals die ursprüngliche symmetrische Anlage aufgegeben, obgleich er einzelne Teile umänderte oder ersetzte. Er hielt zweifellos deshalb daran fest, weil – im Hinblick auf die so reichhaltige Partitur – die Logik und Einfachheit der Form durch die Wiederholungen so klar herausgehoben wurden, wie es nötig war.

Während die *Johannes-Passion* durch ihren dramatischen Schwung, ihren «Verismo» und die Heftigkeit der Anteilnahme besonders die Jugend anzieht, wird das reife Alter vor allem von der *Matthäus-Passion* ergriffen. In ihr ist alles vollkommen. Bach erzählt hier nicht mehr die Leidensgeschichte, er versenkt sich vielmehr in leidenschaftliche Betrachtungen über die Passion und den Tod Jesu. Das Werk ist das umfangreichste, das er geschrieben hat, und verlangt einen außergewöhnlichen Aufwand an mitwirkenden Kräften; trotzdem ist es eine seiner innerlichsten Kompositionen und in seiner Inbrunst unbedingt überzeugend. Stetig vertieft sich im Verlauf des Werks der Eindruck letzter Hingabe. Unaufhörlich ist das Herz beteiligt am Erlebnis dieser feierlichen Prozession von Chorsätzen, Arien und Rezitativen. Ganz zuletzt erreicht die Beziehung zum toten Christus eine beispiellose Innigkeit. Aus der Tiefe der Zeiten erheben sich im Anblick des göttlichen Leichnams die Klagen der greisen Leidtragenden: «Mein Jesu, gute Nacht! ... O, selige Gebeine, seht, wie ich euch mit Buß' und Reu beweine ... Mein Jesu, gute Nacht! Wir setzen uns mit Tränen nieder und rufen Dir im Grabe zu: Ruhe sanfte, sanfte Ruh'! Ruht, ihr ausgesognen Glieder, ruhet wohl! Euer Grab

Die erste Seite der «Johannes-Passion»

und Leichenstein soll dem ängstlichen Gewissen ein bequemes Ruhekissen und der Seelen Ruhstatt sein ...!» Die ungeheure nächtliche Tragödie entwickelt sich nach dem alten Ritus des antiken Theaters. Gleicht der Eingangschor nicht gewissen «Párodos» bei Aischylos, wenn der Chor langsam die Szene betritt und ein furchtbares Unglück ankündigt? «Kommt, ihr Töchter, helft mir klagen! Sehet! Wen? Den Bräutigam! Seht ihn? Wie? Als wie ein Lamm!» Es ist bezeichnend, daß Bach alles Malerische aus dieser Partitur verbannt und sich begnügt hat mit der Kontrastwirkung der berühmten Chöre, der «Turbae», die das Rasen der Menge oder die entscheidenden Momente wiedergeben. Ein einziges Mal explodiert er: bei der Gefangennahme Christi; es ist einer der zornigsten und prophetischsten Augenblicke in der Musik: «Sind Blitze, sind Donner in Wolken verschwunden? Eröffne den feurigen Abgrund, o Hölle!» Aber Bach bleibt nicht am Bild hängen; er versucht nur, seiner glühenden Empfindung noch intensiveren, zwingenderen Ausdruck zu geben. Nichts zeigt die Tiefe des gereiften Künstlers deutlicher als dieses Bedürfnis, über die Darstellung der Tatsachen hinaus zur letzten Erkenntnis ihres Sinns durchzudringen. Diese Passion, das frömmste seiner Werke, scheint mir seine schönste Rache an den Pietisten zu sein. Übrigens – um nur auf einige Punkte der kritischen Betrachtung einzugehen – ist diese Passion die Krone einer Gattung, die sich seit dem vierzehnten Jahrhundert unter wechselnden Schicksalen ständig weiterentwickelt hatte. Zuerst waren es Passions-Responsorien mit biblischem Text gewesen, die von drei Personen vorgetragen wurden; der Priester sang die Worte Christi, der Diakon den Evangelisten, der Subdiakon vertrat das Volk, dessen Antworten bald mit polyphonen Teilen durchsetzt wurden (es gibt dafür bei Victoria wunderbare Beispiele). Dann kam die Motettenpassion, bei der die Polyphonie vorherrschte. Sie geht wahrscheinlich auf den Franzosen Antoine de Longaval zurück und wurde nach der Reformation auch in Deutschland gepflegt. Später wurden beide Formen zusammengefaßt und in der Landessprache, nicht mehr lateinisch, gesungen. Allmählich kamen bereichernde Einschübe, Choräle, Arien und Sinfonien hinzu, die zum Teil von Opernformen abgeleitet waren. Jeder Komponist erzählte nun den Evangelienbericht auf seine Weise, kommentierte ihn, machte ein Opernlibretto daraus. Gerade dieser zunehmenden Tendenz konnte Bach Grenzen setzen; denn er besaß die vollständige Herrschaft über alle Elemente der Gattung und fühlte sich berufen, sie zu vollenden. Wie in seinen Kantaten behielt er gewisse Formen der Oper bei, besonders die Dacapo-Arie. Sie stellt mit ihrer dreiteiligen, symmetrischen Anordnung A-B-A und der wörtlichen Reprise des ersten Teils im Grunde kein sehr glückliches Schema dar; aber Bach war bemüht, die Form geistig zu vertiefen. Keiner von den grämlichen Honoratioren in Leipzig hätte ihm ernstlich vorwerfen können, daß er die Frivolität des Theaters übernähme. Zu genau beachtete Bach den Sinn der Worte, die er vertonte, um in solchen Fehler zu verfallen. Deshalb legte er auch besonderen Wert darauf, durch ein Arioso auf die Arie vorzubereiten.

Das Arioso, das er von Jugend auf liebte und in seinen Kantaten sehr häufig verwendete, ist ein Mittelding zwischen Rezitativ und Arie. In ihm offenbart sich mit aller Deutlichkeit das Bedürfnis des Komponisten, die Gemütsbewegung auszudrücken, die ein Text in ihm hervorgerufen hat. Man hat bei ihm lange nicht genug seine gefühlsbetonte Natur hervorgehoben. Dieser korpulente Mann war ein zarter Gefühlsmensch, und manche von seinen Ariosi und sogar von seinen äußerst beweglich geführten Rezitativen ahnen Schubert, Schumann und Brahms voraus. Hier liegt der Ausgangspunkt für das so vieldeutige romantische Lied, bei dem der subjektive Ausdruck unablässig bemüht ist, die Objektivität zu überwinden, die dem Stil dieser halb volkstümlichen Gattung entsprechen würde. Zweifellos zeigt sich hier eine der Konstanten der mitteleuropäischen Seele; man findet sie, bis ins Extrem gesteigert und verfeinert, beispielsweise bei Alban Berg wieder, wo sie in einer manchmal wundervollen Art von Hysterie kulminiert. – Bachs deutlich bekundete Vorliebe für die Dacapo-Arie in der *Matthäus-Passion* beweist neben seiner lyrischen Begabung auch, daß er von dem neuen italienischen Stil nicht unbeeindruckt geblieben war. Er ließ ihn nur nicht dominieren. Es ist vielleicht das erste Mal, daß ein Genie von seinem Rang, über seine Zeit hinausgehend, eine Synthese gegensätzlicher Elemente aus Jahrhunderten versucht hat. Dieser eine Zug, der für ihn in seiner Zeit eine glänzende Isolation bedeutete, macht ihn zum direkten Vorläufer von uns Modernen; denn wir bemühen uns, die Perspektiven der entferntesten und manchmal gegensätzlichsten Zeitalter in die unsrigen hineinzunehmen. Überraschend sind die vielen Vorausnahmen, die man in der *Matthäus-Passion* findet. Wenn er zum Beispiel in der Instrumentation die Klangfarben dem Seelenzustand der Personen entsprechen läßt. Sei es, daß er auf den Basso continuo und die Streicher verzichtet, um den Klang der Flöte und der Oboen ätherischer und schwebender wirken zu lassen in Verbindung mit der Kantilene des Soprans: «Aus Liebe will mein Heiland sterben», sei es, daß er die Worte Christi mit dem Streichquartett wie mit einem Heiligenschein umgibt, der im letzten Augenblick seines Todeskampfes zerbricht. Sicherlich hatte er besonders bei den Musikern von Versailles Vorbilder darin gefunden, wie sie das Erscheinen der Helden und Götter unterstrichen, aber das waren nur schüchterne Ansätze und noch niemals so bewußt angewandt worden. Geistig steht er hier schon jenseits von Schönbergs Klangfarbenmelodie. Einzig «Pelléas et Mélisande» von Debussy könnte vielleicht mit dieser Passion rivalisieren; ich meine in bezug auf die vollkommene Übereinstimmung zwischen den Tönen und den Wesen, die sie äußern. So unerwartet der Vergleich sein mag, gibt es nicht auch in dieser fabelhaften Oper dieses einmalige, bestürzende Bewußtsein mit Hilfe von Analogien, wodurch alle Elemente, Intervalle, polyphone Prozesse, Tonarten, Rhythmen, Klangfarben, Pläne, Proportionen und Aufbau zusammenwirken für den genauen Ausdruck eines Textes? Mit Staunen muß man zunächst feststellen, daß ein Mensch seiner inneren Struktur nach befähigt sein konnte, das in solcher Vollendung möglich zu machen. Es erscheint mir als ein halbes Wunder, wie gut Bach sein Unterbewußtsein erzogen hatte, so daß es ihm bereits reine Ordnungen suggerierte. In seinem Innern war schon alles geformt, er hatte das Chaos überwunden. Denn man kann nicht a priori solche Ordnungen von Substanzen konzipieren. Aber ich glaube auch, daß bei Bach die Verbindung zwischen Unterbewußtsein und Bewußtsein so harmonisch geworden war, daß er zwischen ihnen keinen schmerzhaften Bruch mehr empfand. Er genoß es, komplex zu sein und durch das reine Ordnen eines Werks zu einer so überlegenen Einfachheit zu gelangen.

Übrigens kann man bei dieser Passion eine andere erstaunliche Entdeckung nicht verschweigen: sie war ein großes Experiment im Sinne unserer modernen Stereophonie. Ähnliches hatte es schon vorher in bestimmten geistlichen Sinfonien von Giovanni Gabrieli in Venedig gegeben. (Wußte Bach das überhaupt?) Erst Berlioz nahm es für sein Requiem wieder auf, und Berlioz dachte nicht an Bach. — Die Thomaskirche besaß zwei Emporen und zwei Orgeln, die ungefähr fünfzehn Meter voneinander entfernt waren, und Bach kam

Aus der «Matthäus-Passion»

auf den Gedanken, eine Art von gewaltigem Dialog zwischen zwei Chören, zwei Orchestern, zwei Orgeln und einer Gruppe von Knabenstimmen für den Cantus firmus durchzuführen. Das erlaubte ihm, die klingenden Brennpunkte zu verteilen. Sie leuchteten von rechts, dann von links, oder von beiden Seiten zugleich. So erzielte er einen ständigen Wechsel der Klangfarben und der räumlichen Wirkung.

Seltsamerweise hat das in jeder Beziehung außergewöhnliche Ereignis der Uraufführung, die am Gründonnerstag 1729 stattfand (einige Monate nach dem Tod des Fürsten Leopold), allem Anschein nach bei den Behörden keine Begeisterung hervorgerufen. Ohne direkte Absicht hatte Bach die schweigsamen, schwerfälligen Räte Leipzigs in die Falle gelockt. «Keine Opernmusik», hatten sie verlangt; sie bekamen auch wirklich keine, aber statt dessen eine andere, beunruhigende Musik, die weit über ihren Horizont hinausging. Sie spürten wohl, daß ihre vorgefaßte, unfreundliche Meinung von dem Komponisten gar nicht stimmte; es war vielleicht menschlich, daß sie um jeden Preis ihre eigenen primitiven, wenngleich absurden Vorstellungen rechtfertigen wollten. Sie hätten sich einen zweiten Kuhnau gewünscht, würdig, gelehrt nach herkömmlichen Begriffen, einen tüchtigen Musiker, streng genug, um ihren moralischen Ansprüchen zu genügen, und gerade so kühn, daß es ihrer Eitelkeit schmeichelte. Korrekt, wie die Engländer sagen. Bei Bach gab es nur Schwierigkeiten, sogar in seiner Kunst: zu hohe Ansprüche, zu viele Proben ... und zuviel Schelten ... Man konnte ihm nichts recht machen. Der Rat fuhr fort, ihn bei jeder Gelegenheit zu schikanieren. So konnte ein besonders großer Ärger für Bach aus einem an sich harmlosen Anlaß entstehen: es handelte sich um die traditionelle Prüfung der neuen Schüler in bezug auf ihre musikalischen Fähigkeiten. Er hatte darüber einen Bericht eingereicht mit der Liste der von ihm ausgesuchten Schüler. Aber der Rat beachtete sie überhaupt nicht. Er nahm vier Schüler auf, die der Kantor abgelehnt, und nur fünf von denen, die er als geeignet bezeichnet hatte. Darunter litt nun wieder die Qualität der Aufführungen. Bach geriet in Zorn und verfaßte ein Memorandum für den Rat. Übrigens hatte die Situation sich ohne sein Wissen noch verschlimmert. Sein Vertreter im Lateinunterricht hatte seine Pflichten vernachlässigt. Die Schuld fiel auf den Kantor zurück. Er tue nichts, wurde ihm vorgeworfen, er habe sich nicht so, wie es sein sollte, aufgeführt, er sei incorrigibel! Er erhielt einen Verweis deswegen, und man beschloß, «ihm die Besoldung zu verkümmern». Bach wußte davon noch nichts, als er dem Rat sein berühmtes Memorandum einreichte. Es soll im Wortlaut gebracht werden, denn es wirft nicht nur Lichter auf die Grobheit des Verfassers, sondern gibt auch genau an, wie damals die Musik in Leipzig aufgeführt wurde, und welche Zahl von Interpreten sie verlangte.

Kurtzer, iedoch höchstnöthiger Entwurff einer wohlbestallten Kirchen Music; nebst einigem unvorgreiflichen Bedencken von dem Verfall derselben.

Zu einer wohlbestellten Kirchen Music gehören Vocalisten und Instrumentisten.

Die Vocalisten werden hiesiges Ohrts von denen Thomas Schülern formiret, und zwar von vier Sorten, als Discantisten, Altisten, Tenoristen und Baßisten.

So nun die Chöre derer Kirchen Stücken recht, wie es sich gebühret, bestellt werden sollen, müßen die Vocalisten wiederum in 2erley Sorten eingetheilet werden, als: Concertisten und Ripienisten.

Derer Concertisten sind ordinaire 4; auch wohl 5, 6, 7 biß 8; so mann nemlich per Choros musiciren will.

Derer Ripienisten müßen wenigstens auch achte seyn, nemlich ieder Stimme zwey.

Die Instrumentisten werden auch in verschiedene Arthen eingetheilet, als: Violisten, Hautboisten, Fleutenisten, Trompetter und Paucker. NB. Zu denen Violisten gehören auch die, so die Violen, Violoncelli und Violons spielen.

Die Anzahl derer Alumnorum Thomanae Scholae ist 55. Diese 55 werden eingetheilet in 4 Chöre, nach denen 4 Kirchen, worinne sie theils musiciren, theils motetten und theils Chorale singen müßen. In denen 3 Kirchen, als zu S. Thomä, S. Nicolai und der Neüen Kirche müßen die Schüler alle musicalisch seyn. In die Peters-Kirche kömmt der Ausschuß, nemlich die, so keine Music verstehen, sondern nur nothdörfftig einen Choral singen können.

Zu iedweden musicalischen Chor gehören wenigstens 3 Sopranisten, 3 Altisten, 3 Tenoristen, und ebenso viel Bassisten, damit, so etwa einer unpaß wird (wie denn sehr offte geschieht, und besonders bey itziger Jahres Zeit, da die recepte, so von dem Schul Medico in die Apothecke verschrieben werden, es ausweisen müßen) wenigstens eine 2 Chörigte Motette gesungen werden kan. (NB. Wie wohle es noch beßer, wenn der Coetus so beschaffen wäre, daß mann zu ieder Stimme 4 subjecta nehmen, und also ieden Chor mit 16. Persohnen bestellen könte.)

Machet demnach der numerus, so Musicam verstehen müßen, 36 Persohnen aus.

Die Instrumental Music bestehet aus folgenden Stimmen; als:

2	*auch wohl 3 zur . . . .*	*Violine 1.*
2	*bis 3 zur . . . .*	*Violine 2.*
2	*zur . . . .*	*Viola 1.*
2	*zur . . . .*	*Viola 2.*
2	*zum . . . .*	*Violoncello.*
1	*zum . . . .*	*Violon.*
2	*auch wohl nach Beschaffenheit 3 zu denen . . . .*	*Hautbois.*
1	*auch 2 zum . . . .*	*Basson.*
3	*zu denen . . . .*	*Trompeten.*
1	*zu denen . . . .*	*Pauken.*

summa 18 Persohnen wenigstens zur Instrumental-Music.

Kurtzer, iedoch höchstnöthiger Entwurff einer wohlbestallten Kirchen Music; nebst einigem unvorgreiflichen Bedencken von dem Verfall derselben.

Zu einer wohlbestallten Kirchen Music gehören Vocalisten und Instrumentisten.

Die Vocalisten werden hiesiges Orths von denen Thomas Schülern formiret, und zwar von vier Sorten, als Discantisten, Altisten, Tenoristen und Baßisten.

So nun die Chöre derer Kirchen Stücke recht, wie es sich gebühret, bestellet werden sollen, müßen die Vocalisten wiederum in 2erley Sorten eingetheilet werden, als: Concertisten und Ripienisten.

Derer Concertisten sind ordinaire 4; auch wohl 5, 6, 7 biß 8; so man nehml. per Choros musiciren will.

Derer Ripienisten müßen wenigstens auch achte seyn, nehml. zu ieder Stimme zwey.

Die Instrumentisten werden auch in verschiedene Arthen eingetheilet, als: Violisten, Hautboisten, Fleutenisten, Trompetter und Paucker. NB. Zu denen Violisten gehören auch die, so die Violen, Violoncelli und Violons spielen

Bachs Brief vom 23. August an den Rat der Stadt Leipzig

NB. Füget sichs, daß das Kirchen Stück auch mit Flöten, (sie seynd nun à bec oder Traversieri) componiret ist (wie denn sehr offt zur Abwechselung geschiehet) sind wenigstens auch 2 Persohnen darzu nöthig. Thun zusammen 20 Instrumentisten. Der Numerus derer zur Kirchen Music bestellten Persohnen bestehet aus 8 Persohnen, als 4 Stadt Pfeifern, 3 Kunst Geigern und einem Gesellen. Von deren qualitäten und musicalischen Wißenschafften aber etwas nach der Warheit zu erwehnen, verbietet mir die Bescheidenheit. Jedoch ist zu consideriren, daß sie theils emeriti, theils auch in keinem solchen exercitio sind, wie es wohl sein sollte.

Also fehlen höchstnöthige subjecta theils zur Verstärckung, theils zu ohnentbehrlichen Stimmen.

Dieser sich zeigende Mangel hat bißhero zum Theil von denen Studiosis, meistens aber von denen Alumnis müßen ersetzet werden. Die Herrn Studiosi haben sich auch darzu willig finden laßen, in Hoffnung, daß ein oder anderer mit der Zeit einige Ergötzligkeit bekommen, und etwa mit einem stipendio oder honorario (wie vor diesem gewöhnlich gewesen) würde begnadiget werden. Da nun aber solches nicht geschehen, sondern die etwanigen wenigen beneficia, so ehedem an den Chorum musicum verwendet worden, successive gar entzogen worden, so hat hiemit sich auch die Willfährigkeit der Studiosorum verlohren; denn wer wird ümsonst arbeiten, oder Dienste thun? Fernerhin zu gedencken, daß, da die 2de Violin meistens, die Viola, Violoncello und Violon aber allezeit (in Ermangelung tüchtigerer subjectorum) mit Schülern haben bestellen müßen: So ist leicht zu erachten, was dadurch dem Vocal Chore ist entgangen. Dieses ist nur von Sontäglichen Musiquen berühret worden. Soll ich aber die Fest-Tages Musiquen, (als an welchen in denen beeden Haupt-Kirchen die Music zugleich besorgen muß) erwehnen, so wird erstlich der Mangel derer benöthigten subjecten noch deutlicher in die Augen fallen, sindemahlen so dann ins andere Chor diejenigen Schüler, so noch ein und andres Instrument spielen, vollends abgeben, und mich völlig dern beyhülffe begeben muß. Hiernechst kan nicht unberühret bleiben, daß durch bißherige reception so vieler untüchtigen und zur Music sich gar nicht schickenden Knaben, die Music nothwendig sich hat vergeringern und ins abnehmen gerathen müßen. Denn es gar wohl zu begreiffen, daß ein Knabe, so gar nichts von der Music weiß, ja nicht ein mahl eine secundam im Halse formiren kan, auch kein musicalisch naturel haben könne; consequenter niemahln zur Music zu gebrauchen sey. Und die jenigen, so zwar einige principia mit auf die Schule bringen, doch nicht so gleich, als es wohl erfordert wird, zu gebrauchen seyn. Denn da es keine Zeit leiden will, solche erstlich jährlich zu informiren, biß sie geschickt sind zum Gebrauch, sondern so bald sie zur reception gelangen, werden sie mit in die Chöre vertheilet, und müßen wenigstens tact und tonfeste seyn üm beym Gottesdienste gebraucht werden zu können. Wenn nun alljährlich einige von denen, so in musicis was gethan haben, von der Schule ziehen, und deren Stellen mit andern ersetzet werden, so einestheils noch nicht zu gebrauchen sind, mehrentheils aber gar nichts können, so ist leicht zu schließen, daß der Chorus musicus sich vergeringern müße. Es ist ja notorisch, daß meine Herrn Präantecessores, Schell und Kuhnau, sich schon der Beyhülffe derer Herrn Studiosorum bedienen müßen, wenn sie eine vollständige und wohllautende Music haben produciren wollen; welches sie dann auch in so weit haben prästiren können da so wohl einige Vocalisten, als: Bassist, und Tenorist, ja auch Altist, als auch Instrumentisten, besonders 2 Violisten von einem HochEdlen und Hochweisen Rath a parte sind mit stipendiis begnadiget, mithin zur Verstärkung derer Kirchen Musiquen animiret worden. Da nun aber der itzige status musicus gantz anders weder ehedem beschaffen, die Kunst üm sehr viel gestiegen, der gusto sich verwunderenswürdig geändert, dahero auch die ehemahlige Arth von Music unseren Ohren nicht mehr klingen will, und mann üm so mehr einer erklecklichen Beyhülffe benöthiget ist, damit solche subjecta choisiret und bestellet werden können, so den itzigen musicalischen gustum assequiren, die neuen Arthen der Music bestreiten, mithin im Stande seyn können, dem Compositori und dessen Arbeit satisfaction zu geben, hat man die wenigen beneficia, so ehe hätten sollen vermehret als verringert werden, dem Choro Musico gar entzogen. Es ist ohne dem etwas Wunderliches, da man von denen teütschen Musicis praetendiret, Sie sollen capable seyn, allerhand Arthen von Music, sie komme nun aus Italien oder Frankreich, Engeland oder Pohlen, so fort ex tempore zu musiciren, wie es etwa die jenigen Virtuosen, vor die es gesetzet ist, und welche es lange vorhero studiret ja fast auswendig können, überdem auch quod notandum in schweren Solde stehen, deren Müh und Fleiß mithin reichlich belohnet wird, praestiren können; man solches doch nicht consideriren will, sondern läßet Sie ihrer eigenen Sorge über, da denn mancher vor Sorgen der Nahrung nicht dahin dencken kan, üm sich zu perfectioniren, noch weniger zu distinguiren. Mit einem exempel diesen Satz zu erweisen, darff man nur nach Dreßden gehen, und sehen, wie daselbst von Königlicher Majestät die Musici salariret werden; Es kan nicht fehlen, da denen auch überdem iede Persohn nur ein eintziges Instrument zu excoliren hat, es muß was trefliches und excellentes zu hören seyn. Der Schluß ist demnach leicht zu finden, daß bey cessirenden beneficiis mir die Kräffte benommen werden, die Music in beßeren Stand zu setzen. Zum Beschluß finde mich genöthiget den numerum derer itzigen alumnorum mit anzuhängen, iedes seine profectus in Musicis zu eröffnen, und so dann reiferer Überlegung es zu überlaßen, ob bey so bewandten Ümständten die Music könne fernerhin bestehen, oder ob deren mehrerer Verfall zu besorgen sey ...

Summa 17 (Singer) zu gebrauchende. 20 noch nicht zu gebrauchende, und 17 untüchtige.

Leipzig. d. 23. Aug. 1730

Joh: Seb: Bach.
Director Musices.

Bachs Namenszug unter dem Brief

Der beißende Spott des Memorandums lag darin, daß alle diese Einzelheiten dem Leipziger Rat ganz genau bekannt waren. Es war genauso, als ob man einem Mathematiker allen Ernstes beweisen wollte, daß zwei und zwei gleich vier ist. Die größte Beleidigung lag in dem Vergleich mit Dresden; dieser Punkt war etwas übertrieben, denn dort residierte ja der Kurfürst. Eben deshalb ... Kurz, durch das Memorandum wurde die Feindseligkeit noch vergrößert. Der Bürgermeister hielt es bei der nächsten Ratssitzung nicht einmal der Erwähnung wert. Den armen Chorsängern wurde keine neue Zahlung bewilligt. Der Director musices erhielt keinerlei Unterstützung und mußte sogar mit ansehen, daß ein durchaus zweitrangiger Musikdirektor, nämlich der junge Gerlach, der auf Bachs Empfehlung an der Neuen Kirche angestellt worden war, demonstrativ eine Gehaltszulage bekam. Unter diesem Eindruck dachte Bach noch einmal an einen Ortswechsel. Am 30. Oktober 1730 schrieb er an seinen Jugendfreund Erdmann. Dieser, der seinerzeit mit ihm nach Lüneburg gewandert war, hatte wahrhaftig Karriere gemacht, denn er war damals kaiserlich russischer Agent in Danzig. Bach fragte den alten Freund, ob ihm vielleicht eine bessere Stelle als vakant bekannt sei. *Da aber nun 1) finde, daß dieser Dienst bei weiten nicht so erklecklich, als man mir ihn beschrieben, 2) viele accidentia dieser Station entgangen, 3) ein sehr theurer Orth u. 4) eine wunderliche und der Music wenig ergebene Obrigkeit ist, mithin fast in stetem Verdruß, Neid und Verfolgung leben muß, als werde genöthiget werden mit des Höchsten Beystand meine Fortun anderweitig zu suchen.* Aber dieses Mal konnte er sich nicht freimachen. Etwaige Schritte Erdmanns scheinen erfolglos gewesen zu sein; er starb sechs Jahre später, ohne daß er eine Möglichkeit gehabt hätte, Bach in seiner mißlichen Lage zu helfen. Und die Streitereien gingen weiter. Herr Bach tut nichts, Herr Bach vernachlässigt seine Pflichten als Kantor ... Es war die alte Leier. Johann Sebastian zuckte die Schultern. Übrigens hatten sich auch alle seine Vorgänger beschwert, aber sie waren diplomatischer verfahren und hatten die gebotene Höflichkeit den Behörden gegenüber nicht außer acht gelassen. Bach indessen haßte nichts so sehr als falsche Höflichkeit und leere Formeln.

Glücklicherweise brachte die Ernennung J. M. Gesners zum Rektor der Thomasschule eine zeitweilige Entspannung der Lage. Der neue Rektor war ein hervorragender Gelehrter, bahnbrechend als Philologe, begeisterter Verehrer der antiken Kultur und dazu auch noch ein bedeutender Erzieher. Bach hatte ihn schon in Weimar kennengelernt; beide Männer hielten viel voneinander. Erst kürzlich hatte Bach eine Kantate für ihn komponiert. Gesner erkannte sofort die bestehenden Mängel der Schule, er setzte beim Rat die unerläßlichen Reformen durch und begann damit, das Schulgebäude um zwei Stockwerke zu vergrößern. Er verbesserte die Schulordnung; da er als ausgezeichneter Humanist sehr musikliebend war und besonders die Musik seines Kantors schätzte, erhöhte er die Anzahl der Musikstunden. Die Schwierigkeiten zwischen dem Rat und dem Kantor wurden beigelegt; wenigstens schien es so. Bach wurde vom Lateinunterricht und von den Aufsichtsstunden befreit. Endlich konnte er sein Wirken ganz auf die Musik konzentrieren. Die außerordentlichen Einkünfte wurden ihm nicht mehr gekürzt. Der Kantor atmete auf; es gab doch eine Gerechtigkeit! Damals interessierte er sich sehr für die humanistische Strömung, die sich langsam in Deutschland verbreitete und eine Art neue Renaissance herbeiführte, den Boden bereitend für die großen Geister, die einige Jahrzehnte später auftraten und ohne sie nicht geworden wären, was sie waren. Das Jahrhundert der Klassiker begann. Hervorragende Lehrer der Universität, vor allen der bedeutende Joh. Friedrich Christ, befaßten sich mit der bildenden Kunst der Griechen und weckten bei ihren Schülern das Verständnis dafür. Dem wiedergewonnenen Interesse der Deutschen an der Antike verdanken wir die mythologischen Kantaten Bachs, von denen *Der Streit zwischen Phoebus und Pan* die berühmteste ist. Es war eigentlich eine Kaffeehausmusik, denn sie wurden in einem der bekanntesten Lokale der Stadt, in Zimmermanns Kaffeehaus gegeben. Ausführende waren die Studenten des Collegium musicum, das von Telemann gegründet worden war und schließlich von Bach geleitet wurde. Besonders während der großen Leipziger Messe zogen diese ausgezeichneten Konzerte viele Zuhörer an. Sie fanden an schönen Sommertagen im Freien statt, in dem reizenden, vor den Toren der Stadt gelegenen Wirtsgarten. Bach selbst verschmähte nicht, sich ans Cembalo zu setzen oder durch sein Geigenspiel die Gäste zu erfreuen. Er ließ verschiedene ältere und neue Werke aufführen, besonders die *Brandenburgischen Konzerte* und Klavierkonzerte. So erlebte der Director musices unter dem Rektorat Gesners eine sehr glückliche Zeit. Er hatte bessere Chorsänger, bessere Instrumentalisten und dadurch bessere Konzerte. Außerdem hatte er hochbegabte Schüler unter ihnen: den Sopranisten Krebs, den er besonders bevorzugte, Nichelmann und Schemelli. Ein ganzer Kreis von jungen Leuten umgab ihn, vor allem die akademische Jugend aus dem berühmten Collegium musicum, das den Zweck hatte, tüchtige Musiker heranzubilden und ihnen nach Abschluß ihrer Studien eine Anstellung zu vermitteln. In Leipzig gab es zwei solche Collegien. Allerdings wurden die Studenten weder von den Behörden noch von Zimmermann, dem Eigentümer der berühmten Kaffeelokale, anständig bezahlt, wenn man der Schriftstellerin Mariane von Ziegler glauben will. «Die Belohnung, so sie vor ihre Mühe haben, ist insgemein schlecht, und müssen sie öfters froh sein, wenn man selbigen vor ihre Mühewaltung einiger Stunden und musikalische Bedienung ein mageres Bein abzuklauben vorsetzt.» Es ist nicht anzunehmen, daß Bach sich mit einem solchen Knochen begnügt hat. Wenn er zehn Jahre hindurch das Collegium leitete, erhielt er zweifellos von dem Wirt eine gerechte, würdige, angemessene und nützliche Vergütung. Der gute Zimmermann konnte sie ja durch den Verkauf seiner Kuchen und Biere an die Musikfreunde reichlich wieder hereinbringen. Das Collegium führte auch manchmal Werke auf, die zu Ehren des regierenden Kurfürsten, August des Starken, komponiert waren. Als dessen Sohn August III. (Friedrich August II.) zur Regierung gelangt war, schrieb Bach mehrere Kantaten für die Geburts- und Namenstage des neuen Herrschers und seiner Familie. Das waren diplomatische Schachzüge. Bach legte ja Wert auf Titel und wollte Hofcompositeur Augusts des Dritten, König von Polen und Kurfürst von Sachsen, werden. Er hoffte dadurch unter anderem seine Position in Leipzig zu verbessern und sich im Notfall auf die Autorität des Fürsten berufen zu können. Eine günstige Gelegenheit bot sich, als der neue Monarch traditionsgemäß zur Abnahme des Treueids nach Leipzig kam. Der Rat beauftragte Bach, für diesen festlichen Anlaß ein Kyrie und Gloria zu komponieren. Die Stücke, die ersten Teile der berühmten *h-moll-Messe*, konnten übrigens auf August III. keinen Eindruck machen, weil er als Katholik an dem ihm zu Ehren veranstalteten evangelischen Gottesdienst nicht teilnahm. Die beiden gewaltigen Stücke beweisen wieder einmal die Spannweite von Bachs Genie, die mit zunehmendem Alter immer größer wurde. Die Sätze stehen in starkem Kontrast. Das Kyrie mit seiner majestätischen Anrufung Gottes ist eine Trauermusik zum Andenken an den verstorbenen Herrscher, das Gloria feiert freudig und kräftig den aufsteigenden Ruhm seines Erben. Dresdner Freunde rieten Bach, den Plan weiterzuführen und eine vollständige Messe zu schreiben. Sie hofften, daß sie als Ganzes bei den Krönungsfeierlichkeiten für August III. als König von Polen aufgeführt würde.

Man könnte sich darüber wundern, daß Bach Musik für den katholischen Gottesdienst komponierte. Aber man darf darin nicht etwa nur eine politische Schmeichelei erblicken, die der Leipziger Rat

DRAMA
PER MUSICA,
Welches
Bey dem Allerhöchsten
Crönungs-Feste
Des
Aller-Durchlauchtigsten und Groß-
mächtigsten
Augusti III.
Königs in Pohlen und Chur-
Fürsten zu Sachsen,
in unterthänigster Ehrfurcht aufgeführet wurde
in dem
COLLEGIO MUSICO
durch
J. S. B.

Leipzig, den Jan. 1734.

Gedruckt bey Bernhard Christoph Breitkopf.

TITELBLATT DES TEXTES ZUR BACHSCHEN KANTATE »BLAST LERMEN«

Nachbildung des Originaldrucks

sehr übel vermerkt haben würde. Ich schließe mich der Auffassung an, daß Bach beunruhigt war über die unaufhörlichen Reibungen zwischen den beiden Konfessionen; denn dieser theologische Partikularismus verleugnete den Sinn des Evangeliums, weil er niemals zu einer Versöhnung führen konnte. Durch seine Große Messe wollte er beweisen, daß zum mindesten im Bereich der Kunst eine Einigung möglich sei. Dieses Problem der Vereinigung der Kirchen beschäftigte damals viele bedeutende Köpfe; zweifellos war Bach von der Notwendigkeit überzeugt, auf seine Art eine Lösung zu versuchen. Und dann – der Katholik August III. war Herrscher von Gottes Gnaden –, war es denn möglich, daß die Disharmonie zwischen dem Weltlichen und dem Geistlichen, zwischen Fürsten und Untertanen fortdauern sollte? Welchen Wert hatte dieser Gott, der sich tausendfach widersprach? Das war zu menschlich! Ein solcher Mangel an Logik mußte Bachs heftigen Widerstand reizen. Kurzum, er vollendete das Werk im Laufe der nächsten Jahre, und die Große Messe wurde dem Kurfürsten überreicht, aber nie als Ganzes gegeben. (Man bezeichnete sie bald als *h-moll-Messe*, obgleich die meisten Stücke in D-dur oder andern verwandten Tonarten stehen.)

Bach hatte schon im Jahre 1733, zusammen mit dem eben vollendeten Kyrie und Gloria, eine Bittschrift an den Kurfürsten gerichtet. Obwohl er zu der Zeit keinen Grund zur Klage hatte, beschwerte er

August III. und Kurfürst Friedrich Wilhelm von Brandenburg

sich wie früher über die unbegründeten und unverdienten Schikanen und die unzulässige Kürzung seiner außerordentlichen Einkünfte. Diese Maßnahmen stammten zwar schon aus dem Jahre 1730, aber das war einerlei: es galt, einleuchtende Gründe anzugeben. *Welches (alles) aber gänzlich nachbleiben möchte, daferne Ew. Königliche Hoheit mir die Gnade erweisen und ein Praedicat von dero Hoff-Capelle conferiren ...* In demselben Schreiben verwendet er die üblichen devoten Höflichkeitsfloskeln; er bittet den König, seine *geringe Arbeit* anzunehmen und *dieselbe nicht nach der schlechten Composition sondern nach Dero Welt berühmten Clemenz mit gnädigsten Augen anzusehen ... etc.* Man kann es der damaligen Hof-Etikette nicht verzeihen, daß sie von den Fürsten des Geistes eine so lakaienhafte Haltung verlangte. Es fällt auf, daß Bach diese geschmacklosen Wendungen nur Vorgesetzten gegenüber gebrauchte, mit denen er nicht in persönlichen Beziehungen stand und auf die er keinen Einfluß hatte; andererseits sind sie oft so übertrieben im Ton, daß man unwillkürlich dazu kommt, sie für eine ironische Parodie der damaligen Sitten zu halten. Erst im Jahre 1736 erreichte er sein Ziel. Der Titel schmeichelte seiner Eigenliebe, aber es ist fraglich, ob seine Ernennung zum Hof-Compositeur der Königlichen Kapelle ihm irgendeinen sichtbaren Vorteil gebracht hat.

«MEIN CREUTZ IN GEDULT TRAGEN»

Im Gegensatz zur *Matthäus-Passion*, dem vielleicht subjektivsten Werk Bachs, fällt bei der Großen Messe das Streben nach Objektivität auf. Sie ist ein zeremoniell bedingtes Werk von außergewöhnlichem Reichtum, offensichtlich dazu bestimmt, auf einen Fürsten und seinen Hof Eindruck zu machen; gleichzeitig sollte sie ein Beitrag zur Einigung sein, den Bach der ganzen Christenheit darbot. Der liturgische Text verlangte von Bach Zurückhaltung im Ausdruck persönlicher Gefühle; die geheime Absicht, die er dabei verfolgte, zwang ihn zu äußerem Aufwand.

Schweitzer hat allerdings recht, wenn er in dieser Messe den katholischen Objektivismus neben dem protestantischen Subjektivismus am Werk sieht, der Bach geformt hatte und von ihm nie ganz verleugnet werden konnte. Die beiden großen Chorsätze des *Kyrie eleison* sind im Gegensatz zu dem Duett *Christe eleison*, das sie umschließen, wirklich unanimistischer gehalten. Es ist sehr bedeutende, überpersönliche Musik. Bach offenbart sich darin nur durch seine technische Meisterschaft und den scharfen Blick, der sich schon lange an glanzvollen Vorbildern geschult hatte. Sehr stolz ist diese Kunst; sie tritt nur in Gestalt glänzender Fugen auf.

Titelseite der Messe in h-moll

Gegen

Ihro Königl. Hoheit und

Churfürstl. Durchl. zu

Sachßen

bezeigte mit inliegender

Missa

à [illegible]

2 [illegible]

2. Soprani

Alto

Tenore

Basso

2 Trombe

Tympali

1 Corne du Chasse

2 Traversieres

2 Hautbois

2 Bassoni

Violoncello

e

Continuo

seine unterthänigste Devotion

der Autor

J. S. Bach

Das Duett ist zarter und von fast übertriebener Anmut und Herzlichkeit. Ähnlicher Subjektivismus spricht aus der gleichsam ekstatischen Freudigkeit des «Laudamus te». Gerade weil Bach immer den tieferen Sinn der Worte beachtet, vermeidet er den traditionellen Pomp und Glanz, zu dem sich die meisten Komponisten hier verleiten lassen. Ein Satz vor allen scheint mir von wunderbarer Schönheit durch das absolute Gleichgewicht beider Tendenzen: es ist das Credo, sicher einer der Höhepunkte in Bachs gesamtem Schaffen. Dabei ist nichts schwieriger zu behandeln als dieser Text, denn er ist zu bekannt, zu abstrakt, läßt sich schlecht in künstlerische Form bringen und ist zu allem Überfluß noch sehr lang. Er ist das am wenigsten spontane und das dunkelste Glaubensbekenntnis, das man sich vorstellen kann, wirklich eine Proklamation des Absurden. Allerdings nicht in Bachs Augen und denen einiger anderer Menschen ... Bach findet immer Mittel, die trockenen Begriffe mit Musik anzureichern und diese langweilige Kriegsfahne in frischem Wind flattern zu lassen. Er ist darin erstaunlich gegenwärtig. Selbstverständlich ist es für ihn als Theologen eine Wonne, das erhabene Geheimnis der Wesensgleichheit von Vater und Sohn musikalisch zu verkünden; zwei Oboen spielen ein Thema gleichzeitig in zwei verschiedenen Phrasierungen und symbolisieren die Einheit in der Dualität der Personen. Wenn es sich aber um die Inkarnation handelt, wird der Eindruck von klingender Wahrheit überwältigend, fast sinnlich, wohlgemerkt in der ursprünglichen reinen Bedeutung des Worts. In dieser Beziehung rührt das «Incarnatus» an das Erhabene. Nichts ist schöner, als diese Schöpferkraft am Werk zu sehen, wie sie das Wirkliche an seiner Quelle erfaßt und uns in seiner ursprünglichen Frische übermittelt. Die Musik ist hier selbst das Geheimnis der Inkarnation. Für mich ist es eine der erstaunlichsten Verwirklichungen der Liebe in Musik. Außer in einigen Madrigalen von Monteverdi wird man nicht ihresgleichen finden. Wohl Ergießungen, aber keine Verklärung des Geschehens, wie es in Bach widerstrahlt bei der musikalischen Konzeption der Verkündigungsszene und der Inkarnation. Und dann als Antwort die Schmach der Kreuzigung mit der beklemmenden Wirkung des dreizehnmal auftretenden, schicksalhaften Baßthemas — das ist die Einsamkeit des verachteten Leibes, das Leiden ... Das «Resurrexit» bricht dann mit erregender Wildheit aus: der alte Schrei, der alte Totentanz, der uns verfolgt und im Innersten bewegt: in einem poetischen Akt par excellence ist die wunderbare Prophezeiung wahr geworden, daß «ein Tod den andern fraß», wie Bach in der Kantate *Christ lag in Todesbanden* gesungen hatte.

Das alles ist sehr schwer zu singen. Zumal die Arabesken, die hier als «Universa» im Sinn der alten Philosophen gelten können, denn sie sind die dynamischen und agogischen Kräfte, auf denen die poetische Aussage Bachs beruht. Sie verlangen statt der Massenchöre, die sie nur in einem schrecklichen, «gebundenen» Stil wiedergeben können, einige zwanzig reine Stimmen, die fähig sind, diese heiklen Gesangslinien mit aller erforderlichen Geschmeidigkeit und variablen

Das Cruzifixus aus der Messe in h-moll

Rektor Johann Matthias Gesner

Intensität durchzuführen. Es ist schon wahr, Bach hat sich wenig um Gesangstechnik im modernen Sinn gekümmert, auch nicht um die Grenzen, die den Singstimmen wie den Blasinstrumenten durch die Atmung gesetzt sind. Man muß zusehen, wie man damit fertig wird. Auf dem Papier würde eine kleine Kürzung einer Phrase als bedenklicher Eingriff Bach wahrscheinlich mehr ärgern, als wenn er bei der Aufführung kleine Atempausen hören würde. Außerdem weiß er die Stimmen anderer weit über seine eigene Leistungsfähigkeit hinaus zu inspirieren. Nichts ist bekanntlich dehnbarer als die Stimme eines Komponisten, selbst oder besonders wenn er nur einen Schatten davon besitzt. Er stöhnt, aber er stürzt die Intervalle hinunter und genießt die Strukturen wie kein anderer. Er denkt, wenn er es ohne Stimme fertig bringt, wieviel besser müssen es dann die können, die Stimme haben. So kommt es bei Bach vor, wie bei vielen Barockkomponisten, besonders bei Händel, daß sie für Sänger rein instrumentale Partien schreiben. Im allgemeinen bemühten sie sich kaum um ein Fortschreiten auf einigermaßen zusammengehörigen Stufen, manchmal überhaupt nicht. Zum Beispiel findet sich in der Altpartie von Bachs *Magnificat* eine Passage mit raschen, typisch streichermäßigen Arpeggien, die für Singstimmen kaum ausführbar sind und deshalb buchstäblich nichts ergeben als ein großes Durcheinander im ohnehin komplexen kontrapunktischen Gewebe. Diese gewaltsame Behandlung ist eine von den seltenen Regelwidrigkeiten bei Bach, die man verbessern dürfte, denn sie steht im Gegensatz zu dem von ihm so oft geforderten Bemühen um Klangqualität und Schönheit des Ausdrucks. Obgleich auch er die Kunst verstand, für Chöre zu schreiben, waren ihm die Kontrapunktiker der Renaissance (in dieser Hinsicht) weit überlegen. — Man muß aber auch versuchen, den Ausdrucksgehalt einer Phrase wiederzugeben. Es ist falsch, eine Koloratur zu zerstückeln, wie es oft geschieht, um die Unfähigkeit zu geschmeidiger, richtiger und stilvoller Stimmführung zu verschleiern. Gewisse moderne Techniken haben die Stimmen unter dem Vorwand, sie zu kräftigen, lahmgelegt. Sie sind rund, warm und schwer geworden, gewiß, aber sie klingen fett. Zu Bachs Zeiten erstrebte man in der Kunst des Singens weniger die Fülle als die Leichtigkeit der Koloraturen.

Wir besitzen eine lateinische Lobrede auf Bach von dem Rektor Gesner, die er einige Jahre nach seinem Weggang von der Thomasschule geschrieben hat. Sie ist besonders wertvoll für uns, weil sie Bach beim Spielen und Dirigieren seiner Werke zeigt. Es muß wirklich ein außergewöhnliches Schauspiel gewesen sein.

«Dies alles, Fabius, würdest du für geringfügig halten, wenn du von den Toten auferstehen und Bach sehen könntest... wie er mit beiden Händen und allen Fingern das Clavier spielt, welches die Töne vieler Kitharen in sich faßt, oder das Instrument der Instrumente, dessen unzählige Pfeifen durch Bälge beseelt werden, wie er von hier aus mit beiden Händen, von dort her mit hurtigen Füßen über die Tasten eilt und allein eine Mehrheit von ganz verschiedenen, aber doch zu einander passenden Tonreihen hervorbringt: wenn du diesen, sag ich, sähest, wie er, während er vollbringt, was mehrere eurer Kitharaspieler und sechshundert Oboenbläser vereint nicht zu Stande brächten, nicht etwa nur eine Melodie singt, wie einer, der zur Kithara singt, und so seine Aufgabe löst, sondern auf alle zugleich achtet, und von dreißig oder gar vierzig Musikern den einen durch einen Wink, den andern durch Treten des Takts, den dritten mit drohendem Finger in Ordnung hält, jenem in hoher, diesem in tiefer, dem dritten in mittlerer Lage seinen Ton angibt, und daß er ganz allein, im lautesten Getön der Zusammenwirkenden, obgleich er von allen die schwierigste Aufgabe hat, doch sofort bemerkt, wenn und wo etwas nicht stimmt und alle zusammenhält und überall vorbeugt und wenn es irgendwo schwankt, die Sicherheit wieder herstellt; wie der Rhythmus ihm in allen Gliedern sitzt, wie er alle Harmonien mit scharfem Ohre erfaßt und alle Stimmen mit dem geringen Umfange der eigenen Stimme allein hervorbringt. Ich bin sonst ein großer Verehrer des Altertums, aber ich glaube, daß mein Freund Bach, und wer ihm etwa ähnlich sein sollte, viele Männer wie Orpheus und zwanzig Sänger wie Arion in sich schließt.»

Die Verdrießlichkeiten fingen wieder an, nachdem Gesner gegangen war. Der hervorragende Gelehrte hatte sich schon lange einen Lehrstuhl an einer Universität gewünscht. Während seines Leipziger Rektorats wurde sein Wunsch erfüllt; er erhielt einen Ruf an die Universität in Göttingen. Sein Abgang war ein harter Schlag für Johann Sebastian. Denn der neue Rektor, Johann August Ernesti, Sohn des Rektors, unter dem Bach seinerzeit angefangen hatte, war zwar ein geistig bedeutender Mann, legte Wert auf die Qualität des wissenschaftlichen Unterrichts und setzte die Politik seines Vorgängers in manchen Punkten erfolgreich fort, hielt aber nichts von der Musik. «So wollt ihr auch Bierfiedler werden?» fragte er die Schüler, die in den Chören mitwirken sollten. Er ärgerte sich über die musikalischen Übungsstunden, die das ordnungsmäßige Lernen der Schüler beeinträchtigten. Es mißfiel ihm, daß sie auf den Straßen singen und jederzeit ihre Studien unterbrechen mußten, um bei Trauungen und Beerdigungen zu singen. Bach hielt diese Einstellung des Gelehrten für falsch; er war im Gegenteil überzeugt davon, daß die Unterweisung in der Kunst, vocaliter und instrumentaliter zu musizieren, ebensoviel zu gehobenerer Lebensführung beitrage wie das übereifrige Versenken in die Spitzfindigkeiten der lateinischen Syntax. Kurz, zwischen dem Kantor und dem neuen Rektor entstand ein sehr gespanntes Verhältnis; durch Bachs Heftigkeit kam es schließlich wieder zum Ausbruch eines offenen Streits, der sich durch zwei Jahre hinzog. Einer von Bachs Präfekten hatte einen Schüler zu hart bestraft. Ernesti konnte Prügel im Musikunterricht nicht dulden, entließ deshalb den Präfekten und ernannte an seiner Stelle einen andern, den Bach für unfähig hielt. Das wurde schlimm. Mitten im Gottesdienst, als der neue Präfekt sich eifrig mit der Chorleitung abmühte, explodierte Bachs Zorn; er unterbrach den Schüler und jagte ihn «unter großem Schreyen und Lermen» davon. Bestürzung bei seinen Anhängern. Außer sich, befahl nun Ernesti den Schülern, künftig nur unter der Leitung des unglückseligen Präfekten zu singen. Bach widersetzte sich mit aller Kraft. Große Verwirrung in der Schule war die Folge; die ganze Stadt geriet in Aufregung. Beide Gegner beschwerten sich bei den Behörden. Ernesti griff sogar zu dem üblen Mittel, Bach Bestechlichkeit vorzuwerfen; wenn die Väter ihn bezahlten, sähe er gern über die Unfähigkeit der Kandidaten hinweg. War das erlogen? Wahr? Jedenfalls wirkt dieser häßlich moralisierende Schachzug um so schäbiger, als er die Umstände nicht berücksichtigte, speziell die ungeheuren Lasten, die Bachs große Familie ihm auferlegte. Und dann, diese Beurteilung: der eine verdient eine gute Note, der andere eine schlechte, weil sein Benehmen mit den ehrbaren Gebräuchen nicht übereinstimmt ... das war ganz Leipzig, und der ganze Inhalt von Bachs Tragödie in Leipzig. Der Rat und das Konsistorium, die Bachs Hartnäckigkeit seit langem kannten, reagierten gar nicht. Sie waren in Verlegenheit, denn sie mußten sich sagen, daß beide Kläger ihre Meriten hatten. Sie hofften, daß die Zeit die Verstimmung von selbst beseitigen würde. Aber Bach dachte anders darüber. Er war ja königlich polnischer und kurfürstlich sächsischer Hof-Compositeur geworden und beschloß, an den Fürsten zu appellieren. Anscheinend hatte er damit Erfolg; während eines Aufenthalts in Leipzig brachte der Kurfürst vielleicht die Sache in Ordnung. Jedenfalls hörte der Streit auf. Aber jeder beharrte auf seiner Meinung. Ernesti opponierte weiterhin gegen den Musikunterricht, und Bach distanzierte sich, wenigstens innerlich. Er verlor mehr und mehr das Interesse an seinen Aufgaben als Director musices; er glaubte nicht mehr daran und überließ die ganze Arbeit seinen Präfekten. Er schrieb auch kaum noch Chorwerke (er hatte übrigens genug für die Chöre komponiert). Von neuem begeisterte ihn die Instrumentalmusik. Und so reiften aus natürlichem Bedürfnis nach einer künstlerischen Kompensation allmählich seine letzten Meisterwerke. Er schuf jetzt für die ganze Welt und wurde der große Musiker, der über alle Parteien und Zeiten erhaben ist. Das hinderte ihn freilich nicht daran, sich um die Schicksale seiner Söhne und seine eigenen Angelegenheiten zu kümmern. Er reiste viel, verfaßte Gutachten über Orgeln, begab sich oft an den Dresdner Hof, wo er sehr beliebt war, und ließ sich dort hören. Und immer wieder war es das gleiche Wunder. Er unterhielt dauernde und freundschaftliche Beziehungen zu verschiedenen Musikern von Rang. Man bewunderte in ihm den letzten Zauberer einer vergangenen Epoche. Er wußte es und lächelte darüber. Er hätte sein Reich ja leicht auf den Stand der Mode bringen können; aber die Mittel dafür waren ihm zu simpel.

In seiner Familie erlebte er manchen Kummer. Von Anna Magdalenas dreizehn Kindern starben sechs, und zwei Söhne bereiteten ihm große Sorgen: das unglückliche Schicksal seines Erstgeborenen aus zweiter Ehe, Gottfried Heinrich, und die «Conduite» seines dritten Sohnes, Johann Gottfried Bernhard.

Gottfried Heinrich zeigte schon in früher Kindheit außergewöhnliche musikalische Anlagen: in der Familie sprach man von seinem «Genie», und der Vater wachte sicher mit größter Aufmerksamkeit über dieses Kind, das ihm zu gleichen, ja, ihn zu übertreffen versprach. Aber die Hoffnungen wurden dieses Mal nicht erfüllt. Das Kind wurde schwachsinnig. Es war für alle ein furchtbarer Schlag, eine Intelligenz, von der Wunderdinge erwartet wurden, verlöschen zu sehen.

Johann Gottfried Bernhard gab Anlaß zu einem Familiendrama, für das man ihn nicht ganz verantwortlich machen kann. Die beiden ältesten Söhne hatten Leipzig verlassen, Wilhelm Friedemann war nach Dresden gegangen, als Organist an der St. Sophienkirche, Carl Philipp Emanuel nach Frankfurt an der Oder, wo er sein juristisches Studium beendete. Von dort kam er als Cembalist an den Hof Friedrichs des Großen. Der Vater verlor auf diese Weise seine beiden besten Mitarbeiter. Man weiß nicht recht, warum er damals seinem dritten Sohn das Universitätsstudium nicht zugestehen wollte, das er von den beiden älteren verlangt hatte.

In der Meinung, daß der Zwanzigjährige vollkommen geeignet sei, den Pflichten eines Organisten zu genügen, verschaffte er ihm eine Anstellung in Mühlhausen. Aber es war kein glückliches Unternehmen. Johann Gottfried Bernhard, der von seinem Vater aufs beste ausgebildet war, bewies in seinem Orgelspiel einen Erfindungsreichtum, eine Kühnheit und Frische, die gewissen Honoratioren höchlich mißfielen. Die Berichte, die sie darüber verfaßten, erinnern erstaunlich an die Beschwerden über den jungen Johann Sebastian in seiner Arnstädter Zeit. «Er präludiere allzuviel und allzulange ... er verwirre die Gemeinde mit Orgelschlagen ...» Der Bürgermeister versuchte die Flut der Proteste einzudämmen. Er hatte den jungen Bach von Anfang an unterstützt, denn er fand sein Spiel besonders

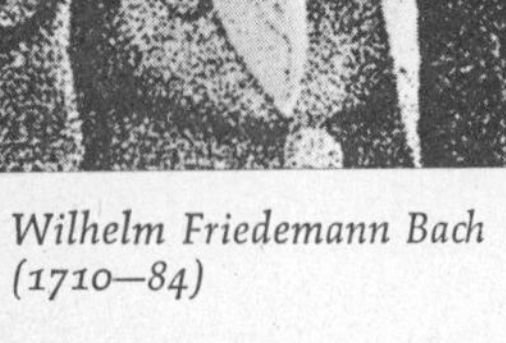

Wilhelm Friedemann Bach (1710–84)

Carl Philipp Emanuel Bach (1714–88)

ergreifend. Er schrieb: «... haben wir Gott zu danken, daß wir einen künstlerischen und geschickten Organisten erhalten haben, welchem weder die Abkürzung des Präludii anzubefehlen noch weniger aber die Orgel nach der Kunst zu spielen zu verbieten ist...» Sicher hatte er recht, denn Johann Sebastian hätte auf keinen Fall einen Sohn für diesen Posten empfohlen, der dem Ruf der Familie, vor allem des Vaters, keine Ehre gemacht hätte. Aber dieser Sohn besaß im Umgang mit Menschen nicht die Widerstandskraft seines Vaters, er hatte sie auch bisher in seinem behüteten Dasein nie erproben müssen. Er fühlte sich durch die feindselige Haltung der Bürger gedemütigt; die Unbeständigkeit des Charakters, die gewissen Kindern Bachs eigen war, machte sich auch bei ihm bemerkbar. Er wollte fort und bat seinen Vater, ihm eine andere Stellung zu suchen. Ein komischer Zug in dieser unerquicklichen Angelegenheit ist die Bemerkung eines Ratsmitglieds über die Fugen und das kraftvolle Spiel Bernhards: «Wenn H. Bach die Orgel so fort spielt, so ist sie in 2 Jahren hingerichtet, oder die meisten Kirchengänger müssen taub werden.» – Achtzehn Monate nach seiner Ankunft verließ Bernhard Mühlhausen; vorher hatte er noch eine besonders stupide Demütigung erfahren: die Behörden hatten verlangt, daß ein Organist prüfen solle, ob die Orgeln in gutem Stand seien. Natürlich waren sie das! Johann Sebastian war entrüstet darüber, daß man seinem Sohn eine derartige Kränkung zufügen konnte: dem Sohn des gefürchtetsten und erfahrensten Orgelsachverständigen in Deutschland. Aber zu diesem Ärger kam Schlimmeres. Bernhard hatte Schulden hinterlassen und tat dasselbe in Sangerhausen, wo Johann Sebastian ihn in einer neuen Stellung untergebracht hatte. War die Sorglosigkeit in Geldangelegenheiten ein Erbteil von dem Großonkel Johann Christoph? Sehr verstimmt, bezahlte Johann Sebastian die Gläubiger. Bernhard war geflüchtet; sicher hatte die Furcht vor den Vorwürfen des allzu strengen Vaters zu diesem Entschluß beigetragen. Einige Monate später erfuhr man, daß er nicht ziellos durchgebrannt, sondern nach Jena gegangen war, um Rechtswissenschaften zu studieren. Er hatte also darunter gelitten, daß ihm die akademische

Johann Christoph Friedrich Bach (1732–95). Tätig in Bückeburg. Gemälde von D. G. Matthieu

Johann Christian Bach (1735–82). In Mailand und London tätig. Gemälde von Th. Gainsborough

Ausbildung vorenthalten wurde, die seine Brüder gehabt hatten. Aber er hatte der Familie nichts mitgeteilt, vielleicht, um seine Ansprüche durch vollendete Tatsachen wirksamer zu machen. Ein Brief von Bach an eine Persönlichkeit in Sangerhausen hat sich erhalten, der diese Angelegenheit betrifft. Er ist in seiner Strenge würdig, aber nicht schön und erhellt unfreiwillig den tieferen Grund des kleinen Dramas. ... *Mit was Schmerzen und Wehmuth aber diese Antwort abfasse, können Ew. HochEdl. von selbsten als ein Liebreich- und Wohlmeynender Vater Dero Liebsten Ehepfänder beurtheilen. Meinen (leider mißrathenen) Sohn habe seit vorm Jahre, da die Ehre hatte, von Ew. HochEdl. viele Höflichkeiten zu genießen, nicht mit einem Auge wiedergesehen. Ew. HochEdl. ist auch nicht unwißend, daß damahln vor selbig nicht alleine den Tisch, sondern auch den Mühlhäuser Wechsel (so seinen Auszug vermutlich damahlen causirete) richtig bezahlet, sondern auch noch einige Ducaten zur Tilgung einiger Schulden zurück ließ, in Meynung nunmehro ein ander genus vitae zu ergreifen. Ich muß aber mit äußerster Bestürtzung abermahligst vernehmen, daß er wieder hie und da aufgeborget, seine Lebensarth nicht im geringsten geändert, sondern sich gar absentiret und mir nicht den geringsten part seines Aufenthalts bis dato wissend gemacht. Waß soll ich mehr sagen oder thun? Da Keine Vermahnung, ja gar Keine liebreiche Vorsorge und assistence mehr zureichen will, so muß mein Creutz in Gedult tragen, meinen ungerathenen Sohn aber ledigl. Göttl. Barmherzigkeit überlassend, nicht zweifelnd, dieselbe werde mein wehmütiges Flehen erhören, und endlich nach seinem heiligen Willen an selbig arbeiten, daß er lerne erkennen, wie die Belahrung einzig und allein Göttl. Güte zu zuschreiben. Da nun Ew. HochEdl. mich expectoriret, als habe das zuversichtliche Vertrauen, dieselben werden die üble Aufführung meines Kindes nicht mir imputiren, sondern überzeuget seyn, daß ein getreüer Vater, dem seine Kinder ans Hertze gehen, alles suche zu bewerkstelligen, um Deroselbigen Wohl befördern zu helffen; Welches mich auch veranlasset, bei damahligen Dero vacance Ihnen selbig bestens zu empfehlen, in Hoffnung, die Sangerhäuser civilisirtere Lebensarth u. die vornehmen Gönner würden ihn gleichmäßig zu anderer aufführung bewegen, Deroweg auch nachmahlen gegen Ew. HochEdl. als dem Urheber seiner Beförderung hier mit meinen schuldigsten Dank abstatte, auch nicht zweifle, Ew. HochEdl. werden nur in so lange Ew. HochEdl. Rath suchen zu disponiren mit der gedrohten mutation zu verzögern, bis ausfündig zu machen ist, wo er sich aufhalte: (Gott ist mein allwißender Zeüge, daß ihn seit vorm Jahre nicht wieder zu sehen bekommen:) Um zu vernehmen, was er gesonnen fernerhin zu thun? Zu bleiben u. seine Lebensarth zu ändern! oder sein fortun anderwerts zu suchen?* ...

Bach kam nicht auf den Gedanken, daß gerade seine strenge Moral im Grunde dazu beigetragen hatte. In bester Absicht hatte er hier offenbar falsch gehandelt. Er hätte in Bernhard seine eigene Natur erkennen müssen, das, was er selbst vielleicht getan hätte, wenn er nicht schon so früh gezwungen gewesen wäre, sich für den Lebenskampf zu rüsten und das, wozu er sich berufen fühlte, auf ehrenhafte Weise zu verteidigen und durchzusetzen. Gerade die Behaglichkeit des Familienlebens, der erzieherische Eifer, die Fürsorge hatten die psychische Struktur der Kinder nicht gestärkt, im Gegenteil. Bachs Lehren waren für sie nur lästig, und die Güte, die dahinter stand, sein herzliches Lachen, die gewinnende Großzügigkeit des Herzens, die sie gegen ihren Willen faszinierte, hoben die Wirkung seiner Strenge auf. Sie konnten sich dagegen nicht auflehnen, ohne sich schuldig, ja, absurd vorzukommen, denn dadurch hätten sie die echte Menschlichkeit eines allzu guten Vaters vollends in Frage gestellt.

Bernhard hatte sich vernünftigerweise für die Universitätsstadt Jena entschieden. Dort wohnte der alte Johann Nikolaus Bach, dessen Sohn gerade gestorben war. Wahrscheinlich wollte Bernhard ihm helfen und einen Teil seiner beträchtlichen Pflichten übernehmen. Aber seine Pläne wurden zunichte. Bernhard erkrankte an einem tückischen «Fieber» und starb nach kurzer Zeit im Alter von vierundzwanzig Jahren. Das war ein neues, tiefes Leid für Johann Sebastian.

«VOR DEINEN THRON TRET ICH HIERMIT»

Es ist bekannt, daß Johann Sebastian erst in vorgerücktem Alter, genau mit einundvierzig Jahren, begann, seine Werke drucken zu lassen. Das lag nicht nur an den sehr hohen Kosten für das Stechen, denn er hätte wohl manchmal Mittel aufbringen können, um wenigstens besonders beliebte Werke zu veröffentlichen. Ein Hauptgrund war 1. der Wille zur Perfektion und 2. die Gewissenhaftigkeit, mit der er seine Werke ständig überarbeitete und sie erst herausgeben wollte, wenn sie ihm vollkommen erschienen. Bach hatte also im Jahre 1726 zum ersten Male ein Werk drucken lassen; es war die erste *Klavierpartita in B-dur.* Später gab er jedes Jahr zur Leipziger Messe ein Werk heraus. 1731 vereinigte er die sechs Partiten und veröffentlichte sie unter dem Titel *Clavierübung* (I. Teil). Der Titel sollte sich weniger auf den Studiencharakter als auf das Vergnügen am Spiel beziehen. Kuhnau hatte ihn zum erstenmal gebraucht, als er seine beiden Suitensammlungen herausgab. Sicher wollte Bach das Andenken des früheren Kantors ehren, als er sein eigenes Werk so benannte. Diese sechs Partiten sind eine bewundernswürdige Fortsetzung der Suiten-Gruppen, die Bach in Köthen komponiert hatte, nämlich der so vielgestaltigen Englischen Suiten, der vier Suiten für Orchester und endlich der vollkommensten und schönsten von allen, der Französischen Suiten, ohne die herrlichen Solosuiten für Violoncell zu vergessen.

Die Suite war ursprünglich eine Gruppe von Tänzen für die Laute. Seit dem Aufkommen des Klaviers wurde sie von den europä-

J. S. Bach. Gemälde von F. K. Haussmann

ischen Komponisten bis etwa zur Mitte des 18. Jahrhunderts eifrig gepflegt, dann wurde sie von der Sonate verdrängt, die sich aus ihr entwickelt hatte. In Deutschland umfaßte sie zu Bachs Zeiten regelmäßig vier Tanzformen: die Allemande, zweiteilig im Vierviertel-takt, ein bißchen würdevoll und im Tempo gemessen; die Courante, einen schnellen französischen Tanz im Dreiertakt, wie der Name verrät, eine Art Wettlauf darstellend, natürlich in den Grenzen höfischer Etikette; die Sarabande, einen vornehmen Tanz von majestätischem Charakter (sie ist der Moment für schöne Geständnisse); endlich die Gigue, meist im Dreierrhythmus, mehr oder minder schnell, je nachdem, ob es sich um die italienische oder französische Form handelte. Ursprünglich hatten diese vier Kernstücke die gleiche Tonart und oft dasselbe Thema. Händel hielt sich meistens an diesen Typus, Bach ging weit darüber hinaus. Er folgte dem Beispiel der Franzosen, welche die Suite zwanglos durch Sätze verschiedener Art bereicherten: Gavotte, Menuett, Passepied, Rigaudon, Rondeau, auch andere Stücke ohne Tanzcharakter. So erklärt sich die Vielfalt der Formen in Bachs Partiten. Im allgemeinen behielt er die einheitliche Tonart und die vier Haupttänze bei, umgab sie aber nach Belieben mit einem Praeambulum, einer Ouvertüre, einer Toccata und anderen Stücken, die er «Galanterien» nannte; dabei legte er durchaus keinen Wert darauf, die ganze Suite aus einem einheitlichen Motiv zu entwickeln. Solche Sparsamkeit hatte er nicht nötig.

Diese ersten Veröffentlichungen erregten in musikalischen Kreisen großes Erstaunen, über den Umfang und die Schwierigkeit der Stücke wie über die Kühnheit und außerordentliche Meisterschaft des Komponisten. Es ist sehr lehrreich, an Hand der Noten die zunehmende Erweiterung der Form zu verfolgen: sie ist wohlüberlegt. Bach geht sogar so weit, der dritten Partita bedeutsame Wichtigkeit beizulegen, denn gehört sie nicht zur Mitte der Sammlung? Wir finden hier wieder das alte Bemühen des Musiker-Architekten um eine zentrierte Anlage. Übrigens faßte er seine konzertanten Kompositionen gern in Sechsergruppen zusammen, weil diese Zahl als doppelte Dreiheit für ihn anscheinend eine vollkommene Struktur ergab. Denn als echtes Kind seiner Zeit legte er großen Wert auf die Zahlensymbolik. Denken wir etwa an den Gebrauch der Zahl 3, 12 oder 13 in seinen Kantaten. Ebenso symbolisierte er sich selbst gern durch die Zahl 14, die er dadurch erhielt, daß er die Buchstaben seines Namens nach ihrem Platz in der Reihenfolge des Alphabets zusammenzählte. Mehr noch, die Vorsehung hat gewollt, daß die Anfangsbuchstaben seiner Vornamen, J S, zu den Buchstaben BACH hinzugefügt, die Zahl 41 ergeben, die Umkehrung von 14, da J der neunte, S der achtzehnte Buchstabe des Alphabets ist. $9 + 18 + 14 = 41$! Erstaunlich! Er fand also unweigerlich die Tatsache bestätigt, daß die Vier und die Eins ihn vollkommen symbolisierten. Man muß nicht glauben, daß das für ihn nur eine Spielerei war. Kurz vor seinem Tod, krank und blind, diktierte er seine letzte Komposition, den Choral *Vor deinen Thron tret ich hiermit*. Die erste Zeile enthält 14 Noten, und die vollständige Melodie 41, «als wenn», wie Geiringer sagt, «der sterbende Komponist ankündigen wolle, daß er, Bach, J. S. Bach, sich nun den himmlischen Chören zugeselle».

Außer der formalen Bereicherung bieten die Partiten fesselnde Stilmerkmale in bezug auf die innere Rhythmik und das, was ich die Vervollständigung der modulatorischen Beziehungen nennen möchte, die ihn mit zunehmendem Alter beschäftigte. Je mehr er sich vervollkommnete, desto mehr strebte er danach, seine Rhythmen zu variieren und immer feiner zu gliedern – bis zu einer konstanten Variation der Struktur, bei der kein Takt dem vorhergehenden glich. Das grenzt, zum mindesten als System (denn die Natur der Idee muß ohne willkürliche Änderung bewahrt bleiben), an Schönbergs Prinzip der motorischen Variation. Zum Beispiel in der schönen Allemande der Partita Nr. 3 in a-moll, ebenso in der Courante der vierten Partita D-dur und fast in der ganzen letzten, herrlich üppigen Partita in e-moll. In ihrer Allemande erneuert sich jedesmal die rhythmische Struktur, außer, wie es sich gehört, im letzten Takt jedes Teils, in dem eine schlichte Arpeggie aufblüht. Noch auffallender in dieser Beziehung ist die Courante, da sie nicht weniger als sechzehn verschiedene rhythmische Figuren enthält; in der Sarabande endlich löst Bach mit bewundernswerter Feinheit das Problem, ständig fortlaufende Kontraste zu bieten, ohne die Logik und die natürliche Entwicklung der Linie zu unterbrechen. Sehr bedeutsam ist auch das Ausnützen aller zwölf Töne innerhalb der tonalen Strukturen. Es geht darum, die Aufmerksamkeit durch das Auftreten eines neuen Tons im geeigneten Augenblick wachzuhalten, so daß nach und nach alle Bestandteile der chromatischen Tonleiter im Lauf des Stückes erscheinen. Als ob er das Bedürfnis empfunden hätte, seine Tonwelt in ihrer Gesamtheit darzubieten, indem er nacheinander alle ihm zur Verfügung stehenden Elemente auftreten ließ. Man hat also eine Art Zwölfton-Gemeinschaft vor sich, nur muß man sich hüten, darin die Anfänge des Schönbergschen Zwölftonsystems zu sehen.

Unendlich viel ließe sich über ein anderes Werk sagen, das Bach im vierten Teil der *Clavierübung* veröffentlichte. Es ist die berühmte Aria mit dreißig Veränderungen, die besonders unter dem Namen *Goldberg-Variationen* bekannt ist. Der Name kommt daher, daß der Graf Carl Hermann von Kayserling, dem sie gewidmet wurden, und der an Schlaflosigkeit litt, einen Schüler von Bach namens Goldberg beauftragt hatte, in einem Raum neben seinem Schlafzimmer Cembalo zu spielen, um ihm die langen schlaflosen Stunden erträglicher zu machen. Der Graf bat Bach, ihm dafür einige Stücke zu komponieren; so entstand die Folge von Variationen für zweimanualiges Cembalo. Sie ist zweifellos die schwierigste, aber auch eine der beliebtesten Klavierkompositionen Bachs. Es ist nicht bekannt, ob der Graf beim Hören endlich einschlafen konnte; vermutlich war es der Fall, denn er belohnte Bach mit einem schönen goldenen Becher, der mit hundert Louisd'or gefüllt war. Aber darüber besteht kein Zweifel, daß Goldbergs Finger mit sehr schwierigen Aufgaben fertig werden mußten, so daß er keine Zeit hatte, beim Vorspielen zu dösen. Dieses Stück ist eines der größten Variationenwerke der Musikgeschichte; bis diese Linie fortgesetzt wurde, mußte man auf Beethoven, Schumann und Brahms warten. Bach hat wunderbar erkannt, worin das Wesentliche eines schönen Variationenwerks besteht: in der Kunst, aus einem einzigen Thema seine Antithese oder seine Antipoden zu gewinnen und alle Möglichkeiten von Ableitungen und Kontrasten zu erproben. Die «Klassiker» machten aus dieser hohen Kunst eine schändliche Folge von Formeln: das Thema in Achteln, erste Variation in Triolen, zweite in Sechzehnteln, dritte (traurig) in Moll, usw. Das ist bedeutungslos; vor allem ist es die Negation des Grundprinzips der thematischen Variation, denn diese mechanische Rhetorik erreicht schließlich das Gegenteil der Überraschung oder Erregung, die durch eine Reihe unvorhergesehener Einfälle bewirkt werden müßte. Die gelehrten Barockmeister sind in dieser Hinsicht viel phantasievoller gewesen als die späteren «Galanten». Bach hat sie auch hier zum Vorbild genommen, aber ihre Anregungen wie gewöhnlich aufs höchste ausgewertet. Zunächst legte er die architektonischen Anhaltspunkte fest: dreißig Variationen über eine «Aria» (eine Sarabande aus dem zweiten Notenbüchlein für Anna Magdalena vom Jahre 1725, die vielleicht nicht einmal von Bach ist). Und weil in Dreißig die Drei vorherrscht, komponierte er jede dritte Variation als Kanon, den ersten im Einklang, den zweiten in der Sekunde, den dritten in der Terz usw. bis zur None; statt der zehnten bringt er als Schluß ein erstaunliches «Quodlibet», das dem Thema als Kontrapunkte zwei damals beliebte Volkslieder gegenüberstellt: «Kraut und Rüben haben mich vertrieben» und «Ich bin so lang' nicht bei dir gewest». Das ist noch nicht alles. Zwischen den Kanons ließ er die verschiedensten Formen spielen: Inventionen, Toccaten, Arien usw. Mindestens jede sechste Nummer erhielt sanglichen Charakter. Überdies schrieb er von der fünften an jede dritte Variation eindeutig für zwei Manuale. Das Gebäude mußte natürlich ein Zentrum haben, so wurde Nummer sechzehn eine Ouvertüre in französischem Stil, mit vornehmem, punktiertem Jambenrhythmus und dem traditionellen, eingebauten Fugato. Entsprechend der Notwendigkeit, Variationen in fortschreitender Entwicklung immer reicher auszustatten und vom Einfachen zum Komplizierten aufzusteigen, begann Bach mit schlichten, fast asketischen Variationen und steigerte fortlaufend die Schwierigkeiten bis zum Gipfel, den letzten Toccaten. Ohne irgendeine pädagogische Absicht, aus reiner Lust am Spiel und ganz nach Laune. Übrigens wollte er nicht, daß das Thema sich zu stark aufdrängte, im Gegenteil: er verschleierte es und ließ es niemals nackt erscheinen. Tatsächlich ist es nur die Ergänzung zu einer Baßlinie, die allen Variationen gemeinsam ist, ganz im Geiste der Chaconne.

Und dann kam allmählich das Alter. Im Jahre 1745 wurde Leipzig von den Preußen belagert; die Felder waren verwüstet, in der Stadt

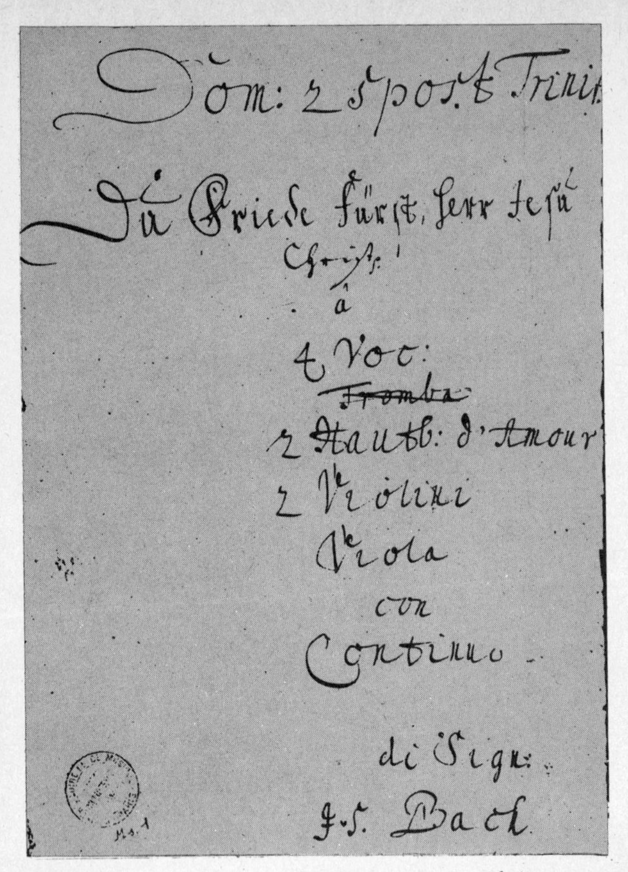

Dom: 25 post Trinit:

Du Friedefürst, Herr Jesu Christ:

à

4 Voc:

Tromba

2 Hautb: d'Amour

2 Violini

Viola

con

Continuo

di Sign:

J. S. Bach

Titelblatt der Kantate «Du Friedefürst, Herr Jesu Christ»

herrschte die Not. Bach, der den Krieg haßte, komponierte unter Kanonendonner eine seiner letzten Kantaten, *Du Friedefürst*! Zweifellos machte er sich dabei bittere Gedanken über die Sinnlosigkeit seiner Versuche, zur Freude der Mitmenschen in Tönen die Ordnung widerstrahlen zu lassen, die er für alle Dinge der Welt erträumte, immer verfrüht und trotz aller Schönheit nutzlos. Die Situation war um so trauriger für ihn, als er sehr gern einen Posten in Berlin gefunden hätte, der ihn für die Enttäuschungen in Leipzig hätte entschädigen können. Er war schon 1741 in die preußische Hauptstadt gereist, wo sein Sohn Philipp Emanuel seit 1740 als Cembalist am Hof Friedrichs des Großen angestellt war. Dieser war recht rückständig in seinem musikalischen Geschmack. Er begriff kaum die

Friedrich der Große

Kühnheiten des neuen Stils, den Philipp Emanuel so pries; er bewunderte seinen Flötisten Quantz (dem wir eine wertvolle Abhandlung verdanken mit sehr wichtigen Angaben über die musikalische Aufführungspraxis in jener Zeit). Obgleich der König bei Laien als Fachmann galt, war er ziemlich unrhythmisch und schwatzte Dinge daher, über die der Sohn Bach ein bißchen lächeln mußte. Allerdings hatte Philipp Emanuel eine recht böse Zunge und hielt sie nicht im Zaum, denn er hatte die ganze Spottlust seines Vaters geerbt.

Wie alles einmal aufhört, so endete auch der Krieg. Johann Sebastian wollte seinen Sohn besuchen und brannte darauf, seinen jüngsten Enkel Johann August zu sehen, der am 30. November 1745 geboren war. Der Graf von Kayserling (derselbe, der die berühmten Variationen bestellt hatte), befand sich damals als russischer Gesandter in Berlin. Er erzählte dem König von Preußen so begeistert von Bach, daß dieser ihn so schnell wie möglich kennenlernen wollte und ihn im Frühjahr 1747 in sein Schloß nach Potsdam einlud. Voll Ungestüm beim Gedanken an eine neue Reise, nahm Bach Überrock und Tasche und sagte: «Fahr los, Schwager!» — Man spricht nicht ohne Rührung davon; er reiste zu seinem letzten Triumph. Die Nachricht von seiner Ankunft verbreitete sich schnell. «Der alte Bach ist gekommen», sagte der König, sichtlich erregt, zu seiner Umgebung, und Johann Sebastian wurde sofort ins Schloß gebeten, bevor er noch seine Reisekleidung wechseln konnte. Das war ihm sehr unangenehm; aber er kam, staubig und zerknittert, in Kleidern, die ein wenig nach dem alten Klapperkasten rochen... Was schadete das! Der König fegte mit einer Handbewegung alle Entschuldigungen weg und drängte ihn, gleich zu beginnen. Alle Klaviere im Schloß wurden ausprobiert; Bach improvisierte, und jedes Mal war es ein blendender Eindruck. Friedrich der Große war von seiner Meisterschaft so verblüfft, daß er nicht zurückstehen wollte, ihm sofort ein Thema gab und ihn bat, es in fugiertem Stil zu bearbeiten. Das Thema erinnerte erstaunlicherweise sehr an Bachs Stil, war aber für eine Fuge denkbar ungeeignet. Bach improvisierte eine dreistimmige Fuge. Ich glaube nun, der König, der eine sehr hohe Meinung von seinen musikalischen Fähigkeiten hatte und seit zwei Stunden zu spüren bekam, wie wenig er im Vergleich zu einem so bedeutenden Mann davon verstand, wollte nun Bach mit etwas Unmöglichem in die Enge treiben. Vielleicht wollte er auch den Anwesenden beweisen, daß er selbst diese Materie beherrschte und das letzte Wort behalten würde. «Könnte Er jetzt eine sechsstimmige Fuge über mein Thema improvisieren?» Das muß Bach einen kleinen Stich gegeben haben. Er verzichtete unter dem Vorwand, daß das Thema zu schwierig sei, um aus dem Stegreif zu einer sechsstimmigen Fuge verarbeitet zu werden. Aber lächelnd versprach er, nach seiner Heimkehr darüber nachzudenken. Er behielt sich den Sieg vor. Übrigens konnte er gleich einen erringen: er improvisierte tatsächlich eine sechsstimmige Fuge, aber über ein eigenes Thema. Der König mußte sich geschlagen geben. Ge-

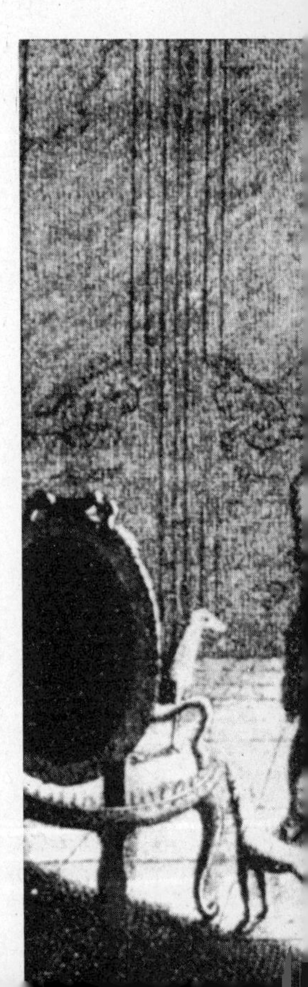

schlagen und belehrt. Bach kehrte nach Leipzig zurück; das berühmte Thema ließ ihn nicht los. (Ich glaube, daß der Gedanke an eine wirkliche Revanche dabei ebenso mitsprach wie der Wunsch, sich zur Übung mit einer Reihe transzendenter Probleme auseinanderzusetzen.) So nahm er das Werk in Angriff, das sich zum *Musikalischen Opfer* entwickeln sollte. Gott im Himmel, wurde das eine Revanche! Friedrich der Große hätte nie ahnen können, welche unerhörten Verwandlungen aus seinem noblen Thema hervorgehen sollten. Nach einem Zeitraum von zwei Monaten war das Werk beendet und zum Teil schon gestochen; es wurde in zwei Lieferungen ins Schloß nach Potsdam geschickt. Und die Widmung muß hier zitiert werden, weil darin, oft zwischen den Zeilen, alle Gefühle zutage treten, die ich angedeutet habe.

Hauskonzert bei Friedrich dem Großen

Allergnädigster König,

Ew. Majestät weyhe hiermit in tiefster Unterthänigkeit ein Musicalisches Opfer, dessen edelster Theil von Deroselben hoher Hand selbst herrührt. Mit einem ehrfurchtsvollen Vernügen erinnere ich mich noch der ganz besondern Königlichen Gnade, da vor einiger Zeit, bey meiner Anwesenheit in Potsdam, Ew. Majestät selbst, ein Thema zu einer Fuge auf dem Clavier mir vorzuspielen geruheten, und zugleich allergnädigst auferlegten, solches alsobald in Deroselben Gegenwart auszuführen. Ew. Majestät Befehl zu gehorsamen, war meine unterthänigste Schuldigkeit. Ich bemerkte aber gar bald, daß wegen Mangels nöthiger Vorbereitung, die Ausführung nicht also gerathen wollte, als es ein so treffliches Thema erforderte. Ich fassete demnach den Entschluß, und machte mich sogleich anheischig, dieses recht Königliche Thema vollkommen auszuarbeiten, und so-

Bachs sechsstimmige Fuge über das «Königliche Thema»

dann der Welt bekannt zu machen. Dieser Vorsatz ist nunmehro nach Vermögen bewerkstelliget worden, und er hat keine andere als nur diese untadelhafte Absicht, den Ruhm eines Monarchen, ob gleich nur in einem kleinen Puncte, zu verherrlichen, dessen Größe und Stärke, gleich wie in allen Kriegs- und Friedens-Wissenschaften, also auch besonders in der Musik, jedermann bewundern und verehren muß. Ich erkühne mich dieses unterthänigste Bitten hinzuzufügen: Ew. Majestät geruhen gegenwärtige wenige Arbeit mit einer gnädigen Aufnahme zu würdigen, und Deroselben allerhöchste Gnade noch fernerweit zu gönnen

Ew. Majestät

Leipzig den 7. Julii 1747. *allerunterthänigstem gehorsamsten Knechte, dem Verfasser.*

Diese sehr salbungsvoll parfümierte Widmung ist die spöttischste, die Bach geschrieben hat. «Ihnen, Sire, den Beweis, welche Vollkommenheit ich einem von Ihnen erfundenen, ungeeigneten Thema abzugewinnen geruht habe. Es wird Sie viel berühmter machen, als Sie selbst es je vermöchten»! Und, o Wunder!, der König selbst konnte sich in der Partitur gar nicht zurechtfinden, denn sie stellte ihm lauter Fallen. Durch seinen Sohn war Bach über die musikalischen Schwächen des Königs genau unterrichtet; beide werden ihr Vergnügen daran gehabt haben. Außerdem — und das machte die Rache besonders süß — war der Monarch zu klug, um nicht zu merken, daß sein Thema sich von ihm entfernt und ein Werk erzeugt hatte, das ihn und sein Jahrhundert weit überflügelte. Selbst in den lateinischen Anmerkungen zur Musik mischte er boshafterweise Pfeffer unter den Honig. «Notulis crescentibus crescat Fortuna Regis» (Wie der Notenwert möge auch das Glück des Königs wachsen!). «Ascendenteque Modulatione ascendat Gloria Regis» (Und wie sich die Modulation aufsteigend bewegt, so sei es auch mit dem Ruhm des Königs!). Ferner «Quaerendo invenietis» (Suchet, so werdet ihr finden!). Die Rätselkanons, ein Erbteil des Mittelalters, waren damals bei den Fachleuten sehr beliebt. Aber dieses Mal verwandelte Bach sie in lauter Geschosse des Geistes. Er schrieb zwei unendliche Kanons, einen im Krebsgang (der imitierende Teil beginnt von hinten und wickelt den imitierten Teil rücklaufend ab), einen in Gegenbewegung, einen vierstimmigen Zirkelkanon, den er in Modulationen von Ton zu Ton aufsteigen ließ, einen weiteren, den berühmten Rätselkanon, mit Imitationen in der Umkehrung, (A) rectus, (B) inversus, bei denen man entweder mit dem Alt oder dem Baß anfangen und die zweite Stimme im vierten oder vierzehnten Takt einführen kann... und andere. Das Ganze beginnt mit einem dreistimmigen Ricercar (es ist vielleicht eine aus dem Gedächtnis verfaßte Niederschrift der Improvisation, die Bach vor dem König gespielt hatte). Zu den zehn Kanons gesellt sich als Ergänzung eine kanonische Fuge (strenger Quintenkanon), die herrliche Triosonate und endlich das sechsstimmige Ricercar, das Bach zum Höhepunkt des Werks bestimmt hatte. Es ist eine der kompliziertesten und prächtigsten Fugen der Welt. Um die versteckte Ironie der «aufsteigenden Modulationen» zu erkennen, muß man daran denken, daß der friedliebende Bach sich an einen Mann wandte, dessen Armeen Leipzig belagert, Sachsen verwüstet und das österreichische Schlesien erobert hatten, und der versuchte, durch eine Annexion nach der andern Preußen zur größten Macht in Deutschland zu machen. Es ist darum sehr bedeutungsvoll, daß Bach nur Formen darbot, die dem 17. Jahrhundert und der «alten Ordnung» viel näher standen als der neuen... In dieser Hinsicht ist *Das Musikalische Opfer* fraglos das «reaktionärste» seiner Werke und gehört zu denen, die ihn, wie ich schon am Anfang des Buches sagte, als Vorkämpfer des Vergangenen zeigen. Mit voller Absicht.

Ich habe schon seine Vorliebe für das Überzeitliche betont. Mittelalter, Renaissance, Barock des 17. Jahrhunderts: alles dient hier dazu, ein Werk zu schaffen, das im Stil ernst, fast tragisch bleibt, obgleich es gern abstrakte Kombinationen einbezieht. Es faßt in gewisser Weise alle Erkenntnisse zusammen, die Bach in zweiundsechzig Lebensjahren erworben hatte. Übrigens unterließ er es bei den meisten Stücken, die Instrumentation zu fixieren. Daher kommen die vielen verschiedenen Besetzungen, die von den Modernen dafür vorgeschlagen werden. In Wirklichkeit hat er nie daran gedacht, daß man alle diese Stücke aufführen könnte, schon gar nicht als Ganzes. Die vollständigen Wiedergaben, die man heute darbietet, sind sehr ermüdend, denn das Werk ist seiner ganzen Struktur nach offensichtlich nicht dafür bestimmt worden. *Das Musikalische Opfer* ist ein Buch, aus dem man schöpfen kann, was man will, ganz nach der Stimmung des Augenblicks; besser noch ein Buch, das man in der Stille lesen soll, ganz für sich allein. Dieses «Opfer» ist wohl das kunstvollste von Bachs Werken und erreicht, besonders im sechsstimmigen Ricercar, eine unerhörte Würde und Tiefe der Gedanken, und doch gehört es nicht zu Bachs schönsten Schöpfungen. Man lobt es heute sehr; denn die jungen Komponisten sind ganz versessen auf die Künste des Kanons und möchten es als Vorausnahme der modernen Kompositionsformen reklamieren – in einem Geist, dem Bach nicht zugestimmt hätte. Wenn der Wert des *Musikalischen Opfers* nur im Handwerklichen der Vergrößerungen, Umkehrungen oder des Krebskanons läge, wäre es nichts als eine scholastische Antiquität. Bewunderungswürdig ist es erst durch alles andere, was zu diesen Kunstgriffen hinzukommt: seine Art, es wie eine schöne Skulptur zu behandeln und in wechselndem Licht zu zeigen, die Geradheit, die sich paradoxerweise in den vielen kunstvollen Kurven offenbart, die die Gestalt beleben, die Vermenschlichung – ich verstehe das Wort in seinem ursprünglichen Sinn – selbst der verborgensten Bewegungen. Wieder ist es eine Inkarnation, von der Sensualität, die bei Bach so «rein» wirkt, weil er sie nie verzerrt oder auszuklammern sucht. Aber trotz allem faßt er das Ganze nur als ein höheres Spiel auf und ist wohl mit Absicht innerlich weniger beteiligt als bei vielen andern, manchmal sehr überstürzt geschriebenen Werken, die mehr über ihn aussagen (wenn er überhaupt je «flüchtig» komponiert hat).

Meiner Ansicht nach reicht *Das Musikalische Opfer* nicht an die Schönheit des letzten großen Werks heran, das er drei Jahre vor seinem Tod in Angriff nahm. Es ist *Die Kunst der Fuge*. Hier ist alles wunderbar, schon die Luft, die man atmet, ist klar und rein. Auch das kleinste Detail ist von Licht umgeben und mit köstlichem Duft erfüllt. Selbst der Schatten ist zart und durchsichtig. Es gibt vielleicht kein anderes Werk, das so sehr von der Sonne des Geistes erhellt ist, außerdem eine so unerhörte Durchdringung von Subjekt und Objekt erreicht und dabei von Anfang bis zum Ende eine so überwältigende Anschaulichkeit bewahrt. «Ich kann alles völlig klar machen und bewirken, daß selbst die Gefahr sich in Glück verwandelt», so hätte er mit vollem Recht sagen können. Er hatte nur noch das eine Ziel, alles in dieser letzten Klarheit noch einmal zusammenzufassen und den größten Wagnissen höchstes Entzücken abzugewinnen.

Entzücken in welcher Hinsicht? Im wunderbaren Glücksgefühl, Mensch zu sein. Er arbeitete unablässig daran, obgleich seine Gesundheit angegriffen war, und die Schwäche seiner Augen sich weiter verschlimmerte. Als ihm selbst das Schreiben und Lesen nicht mehr möglich war, diktierte er seinem Schüler Altnikol. Mit geschlossenen Augen, alle Fäden fest in der Hand behaltend, setzte er diesen unwahrscheinlichen Schaffensprozeß fort; beinah unheimlich in der geistigen Übersicht und Willenskraft, mit der er um die Vollendung dieses musikalischen Universums rang. Der Tod verhinderte sie; das Todesschweigen allein war die würdige Unterschrift für ein solches Meisterwerk. Fünfzehn Fugen sind es (die Quersumme sechs, in Bachs Augen eine vollkommene Zahl). Sie sind die ganze Rechtfertigung und höchste Blüte seines Handwerks: Kunst, Lehre und Lohn.

Alles entwickelt sich aus einem Hauptthema, das sehr einfach, aber im Hinblick auf künftige Verwandlungen genau überlegt ist. Die beiden ersten Fugen behandeln das Thema allein, ohne Gegenthema. Die dritte und vierte gehen von der Umkehrung des Themas aus. Danach kann man von den ergänzenden Kanons einen in der Oktave einfügen, der auf der gleichen Umkehrung beruht. Und nun beginnen die großen Experimente. Die fünfte Fuge mit ihren schönen Linien benutzt das leicht veränderte Thema und seine Umkehrung. Die sechste, in französischem Stil, geht noch weiter; sie enthält vier Grundelemente: das variierte Hauptthema, seine Umkehrung, die Verkleinerung des Themas (wobei die Werte auf die Hälfte verkürzt werden) und die Verkleinerung der Umkehrung. In der siebenten Fuge nimmt Bach noch die Vergrößerung des Themas auf doppelte Werte und die Vergrößerung der Umkehrung hinzu. Wieder kann ein Kanon «alla decima in contrapunto» dazwischengestellt werden, der vom Eingangsthema ausgeht.

Jetzt die dritte Gruppe. Die achte Fuge ist eine dreistimmige Tripelfuge, sie entwickelt sich aus zwei neuen Themen und einem dritten, das aus der Umkehrung des Hauptthemas gewonnen ist. Nach der Regel wird hier zunächst das erste Thema herausgestellt und verarbeitet, dann wird zur Exposition und Verarbeitung des zweiten übergegangen, dann werden beide einander gegenübergestellt und entwickelt, zuletzt wird das dritte aufgestellt und alle drei werden vereinigt. Die neunte, vierstimmige Fuge «alla duodecima» führt wieder ein neues Thema ein und verbindet es mit dem Hauptthema. Die zehnte, wieder vierstimmig, «alla decima», stellt ein neues Thema der Umkehrung des Hauptthemas gegenüber. Die elfte ähnelt der achten durch die Verwandtschaft der Themen. Das Hauptthema tritt im Rhythmus seiner Umkehrung in der achten Fuge auf, dazu kommt eine Variation der Umkehrung des ersten Themas aus der achten und endlich ein Thema aus einer Umbildung der Tonfolge B-A-C-H, die in einer Variante ebenfalls in der achten vorkommt. Eine Unterbrechung bringen zwei Kanons, einer über die Umkehrung des rhythmisch variierten Hauptthemas, der andere über die Gegenbewegung und Vergrößerung des vorhergehenden.

Es bleibt noch die letzte Gruppe. Die dreistimmige zwölfte Fuge ist eine sogenannte Spiegelfuge, das heißt, daß ihre Kontrapunkte reflektiert werden können, wie ein Strahl durch einen Spiegel oder ein Baum durch eine Wasserfläche. Was unten ist, kommt nach oben, und umgekehrt. Die dreizehnte Fuge ist in drei Stimmen eine Variation der vorigen. Bach wollte sie von zwei Spielern an zwei Cembali ausführen lassen und setzte deshalb eine vierte, freie Stimme hinzu, um die Möglichkeiten der vierten Hand auszunutzen. Die vierzehnte ist wieder eine Spiegelfuge.

Die letzte endlich, die große Unvollendete, gehört zweifellos zum Ganzen, denn ihre Themen lassen sich, wie Gustav Nottebohm nachgewiesen hat, mit dem Hauptthema in Verbindung bringen. Sie entwickelt nacheinander zwei neue Themen und dann eine rhythmische Variante des B-A-C-H-Themas. Sie bricht ab im Augenblick, in dem

Aus «Die Kunst der Fuge»

Finale.
Canon in Hypodiatessaron. al roversio e per augmentationem, perpetuus.
XIII.

Bachs letzte Noten zur «Kunst der Fuge»

das vierte Thema, zweifellos das Hauptthema, eintreten müßte. Carl Philipp Emanuel, der Erbe des Manuskripts und der Druckplatten, schrieb auf die letzte Seite: «NB Über dieser Fuge, wo der Nahme Bach im Contrasubject angebracht worden, ist der Verfaßer gestorben.»

Das Werk ist frei von jeder Pedanterie; man glaube nur nicht, daß es sich hier um reine Augenmusik handelt. Es wirkt pathetischer als alle andern; das Hauptthema selbst in seiner gleichsam dorischen Strenge (ich sage gleichsam, weil die Tonart selbst dorisch ist) gibt dem Ganzen von Anfang an eine feierliche Inbrunst. Die Kontrastwirkungen sind genau überlegt. Bach hat sehr darauf geachtet, das kontrapunktische Gewebe immer lebendig zu gestalten. Das alles mit einer wunderbaren Klarheit. Niemals verwirrt er uns. Keinen Augenblick läßt die Spannung nach. Wahrlich erschütternd ist das plötzliche Schweigen, mit dem die letzte Fuge abbricht. Kein Verstummen ist je so grausam erschienen, und so wahr, weil es nicht beabsichtigt war. Beim Anblick dieser letzten leeren Seite wird man von Schwin-

del gepackt. Ein viertes Thema hätte auftreten können, ein fünftes, ein sechstes und immer weitere, die sich in einer unendlichen Spirale gleichsam bis an die Grenzen der Welt verflüchtigte. In dieser fünfzehnten Fuge versuchte Bach, gegensätzliche Elemente, vielmehr ganz entgegengesetzte Episoden übereinander zu türmen, selbst auf die Gefahr hin, die so heiß erstrebte vollkommene Einheit wieder preiszugeben. Es ist der letzte, wahrhaft tragische Versuch, alle seine Grenzen zu überschreiten und gleichzeitig die neueroberten Reiche mit seinen beiden Händen zu beherrschen. Hätte er das ohne Verwundung vollenden können? Ohne unter dieser Flucht in das Immaterielle zu leiden? Hier hatte er alles Gewohnte abgestreift. Das Auftreten seines Namens als Thema wirkt beklemmend wie eine geheimnisvolle Unruhe und Erschütterung in der Nacht. Das dunkle Antlitz der Fuge wendet sich uns langsam zu; es zerreißt uns das Herz, daß Bach selbst nicht mehr atmen kann, nicht mehr zu der alten Sonne zurückkehren konnte und zum gewohnten Mißgeschick seiner Triumphe, dieser Mann, der in seiner Kunst alle besiegte. Der schönste Kreis wird an dieser Stelle gesprengt, und Bach entschwindet uns.

Mit Trauer folgen wir ihm durch seine letzten Lebensjahre. Kurz nach seiner Rückkehr von Potsdam hatte der Zustand seiner Augen sich verschlimmert. Er war immer kurzsichtig gewesen, das war anscheinend in der Familie erblich. Seine Vettern Johann Gottfried Walther und Johann Ernst Bach waren zuletzt auch erblindet. In Leipzig verbreitete sich das Gerücht, daß seine Gesundheit schwankend geworden sei. Das war Anlaß genug für den Rat, sich um die Frage der Nachfolge zu kümmern. Man beging sogar die Taktlosigkeit, einen gewissen Harrer, Kapellmeister in Dresden, zu einer Probeaufführung kommen zu lassen. So eilig hatte man es, den jähzornigen Kantor loszuwerden. Das war Bachs letzter großer Kampf. Er wehrte sich über ein Jahr, bis Harrer entmutigt nach Dresden zurückkehrte. Das «Ich lebe noch» des alten Löwen und die Prankenschläge, mit denen er zum letzten Male den Sieg errang, sind klare Zeichen für das Feuer seines Geistes, der sich keine Absetzung und keine Bankrotterklärung gefallen ließ, wenn der Körper ihn auch grausam im Stich ließ. Im Gegenteil, jetzt erst flammte er am höchsten auf und beherrschte königlicher denn je sein ideelles Reich. Er versuchte alles, um gesund zu werden; als er hörte, daß ein gerühmter englischer Augenarzt namens Taylor in der Gegend war, wollte er sich operieren lassen, um das Augenlicht wiederzugewinnen. Taylor unternahm zwei sehr schmerzhafte Operationen, die leider mißglückten und nur den Allgemeinzustand des Kranken verschlimmerten. (Dieser Taylor hatte Pech; seine Operationsversuche an den beiden größten Komponisten der Zeit, Bach und Händel, waren erfolglos.) Der unermüdliche alte Kantor diktierte danach Altnikol seinen letzten Choral: *Vor deinen Thron tret ich hiermit*. Er fühlte, daß er *Die Kunst der Fuge* nicht mehr vollenden konnte. Das ganze Haus geriet darüber in große Unruhe. Am 18. Juli 1750 bekam er in einer starken Erregung plötzlich das Augenlicht wieder. Kurz darauf erlitt er einen Schlaganfall, dem ein heftiges Fieber folgte. Es war das Ende. Er lebte noch zehn Tage, am 28. Juli verschied er.

Die Nachricht erregte große Trauer bei allen Musikern in der Stadt. Aber der Rat, der ihn endlich los war, hielt sich nicht lange mit lobenden Nachrufen auf. Es fiel sogar die spitze Bemerkung, daß die Thomasschule einen Kantor und keinen Kapellmeister brauche. Und Harrer kam, um endlich seinen Platz einzunehmen.

Das Erbe wurde verteilt, und die Manuskripte ihrem Schicksal in den Händen der Söhne überlassen. Für Anna Magdalena kamen bald Zeiten der Not. Sie hatte nach dem Tod ihres Mannes das Kantorengehalt für das laufende Halbjahr beansprucht. Pedantisch wie immer, schlug der Rat in den alten Registern nach und stellte bei gründlicher Untersuchung fest, daß Johann Sebastian Bach im Alter von siebenundzwanzig Jahren bei seiner Ernennung zum Thomaskantor für das ganze erste Quartal des Jahres bezahlt worden war, obgleich er erst im Februar sein Amt angetreten hatte. Man zog also genau 21 Taler und 21 Groschen von der ihr zustehenden Summe ab und verabschiedete mit Bedauern die arme Witwe. Sie starb zehn Jahre später als «Almosenfrau».

ZEITTAFEL

1685	21. März: Johann Sebastian Bach wird als sechstes Kind des Johann Ambrosius Bach und seiner Frau Elisabeth, geb. Lämmerhirt, in Eisenach geboren. Die väterliche Familie, als deren Stammvater die Bach-Forschung den um 1520 geborenen Hans Bach bezeichnet, ist in Thüringen ansässig und hat zahlreiche, z. T. bedeutende Musiker hervorgebracht. Der Vater selbst ist seit 1667 Geiger und Ratsmusiker in Erfurt und seit 1671 Stadt- und Hofmusiker in Eisenach. Die Mutter ist Tochter eines Kürschners und Ratsherrn aus Erfurt, der ebenfalls einer alten thüringischen Familie entstammt.
1693—1695	Besuch der Lateinschule in Eisenach. Mitglied des Schulchors.
1694	3. Mai: Tod der Mutter.
1695	31. Januar: Tod des Vaters, kurz nach seiner Wiederverheiratung. Februar: Johann Sebastian kommt mit seinem Bruder Johann Jacob (geb. 1682) nach Ohrdruf bei Eisenach in die Familie seines ältesten Bruders, Johann Christoph Bach (geb. 1671), der Schüler Johann Pachelbels ist und seit 1690 als Organist in Ohrdruf wirkt.
1695—1700	Besuch des Gymnasiums in Ohrdruf. Erziehung im Sinne des strengen orthodoxen Protestantismus lutherischer Prägung. Mitglied des Schulchors. — Erster Klavierunterricht bei Johann Christoph Bach. Weiterhin Unterricht in Klavier, Orgel, Violine, Bratsche und Musiktheorie bei den Schulkantoren J. H. Arnold und Elias Herda.
1700—1703	Lüneburg. Besuch der Michaelisschule als Freischüler. Mitglied des «Mettenchors am Michaeliskloster», bald sogar als bezahlter Diskantist. Nach dem Stimmbruch Beschäftigung als Geiger, Organist und Cembalist für Gottesdienste und Schulfeste, später auch als Präfekt (Leiter des Schülerchors). — Kontakt mit Johann Jakob Loewe, Organist an der Nikolaikirche und Georg Böhm, Organist an der Johanneskirche. Reisen nach Hamburg (Bach hört die Organisten Jan Adams Reinken und Vincent Lübeck und besucht wahrscheinlich auch die Oper) und Celle (erste Berührung mit französischer und italienischer Musik am dortigen Hof). Erste *Kompositionen für Orgel und Klavier* (allerdings nicht sicher nachweisbar).
1702	Sommer: Vergebliche Bewerbung um den Organistenposten in Sangerhausen (Thüringen).
1703	April bis Juli: Erste Anstellung als Geiger und Bratscher im Kammerorchester des Prinzen Johann Ernst des Älteren von Weimar, eines Bruders des regierenden Fürsten. Im Vorder-

grund der Musikpflege steht hier die italienische Instrumentalmusik. Doch auch Berührung mit der Orgel durch Vertretungen des Hoforganisten Johann Effler. – Juli: Gutachten über die neuerbaute Bonifaziusorgel in Arnstadt. Ein öffentliches Konzert Bachs an diesem Instrument bringt ihm das willkommene Angebot des Organistenposten.

1703–1707 Tätigkeit als Organist und Leiter des Schul- und Kirchenchors in Arnstadt. Mehrere Zusammenstöße Bachs mit dem vorgesetzten Konsistorium.

1704 Ostern: Erste *Kantate «Denn du wirst meine Seele nicht in der Hölle lassen» (Nr. 15).* Zwei *Capriccios für Cembalo* für die Brüder Johann Jacob und Johann Christoph.

1705–1706 Oktober bis Januar: Reise nach Lübeck. Kontakt mit Dietrich Buxtehude, dem Organisten an der Marienkirche.

1706 *Choralvorspiele, Präludien und Fugen für Orgel und Klavier.*

1707 April: Probespiel in Mühlhausen.

1707–1708 September bis Juni: Anstellung als Organist an der St. Blasiuskirche in Mühlhausen. Bemühung um Erneuerung und Hebung der konzertanten Kirchenmusik. Hierbei ergeben sich mancherlei Spannungen innerhalb der Kirchgemeinde, deren Wurzeln im religiösen Meinungsstreit zwischen lutherischer Orthodoxie und Pietismus liegen. – *Kantaten. Orgelwerke.* Erster Schüler: Johann Martin Schubart.

1707 17. Oktober: Verheiratung mit der Cousine Maria Barbara Bach. Dieser Ehe entstammen zwei Töchter und fünf Söhne (1708–1718).

1708 Februar: Gutachten über die Verbesserung der Orgel in Mühlhausen. – Juni: Die Widerstände, die Bach bei seinen kirchenmusikalischen Bestrebungen von pietistischer Seite erfahren muß, treiben ihn zum Entlassungsgesuch.

1708–1717 Weimar. Cembalist und Violinist (seit 1714 Hofkonzertmeister) und Hoforganist (als Nachfolger von Johann Effler) bei Herzog Wilhelm Ernst, dem regierenden Fürsten von Sachsen-Weimar. Großer Schülerkreis, darunter die Brüder Johann Ernst und Ernst August von Weimar. Freundschaftlicher Kontakt mit dem Weimarer Stadtorganisten, Johann Gottfried Walther; dem Kantor des Gymnasiums, Georg Theodor Reineccius; dem Konrektor, Johannes Matthias Gesner; und Georg Philipp Telemann, der gerade als Konzertmeister in Eisenach wirkt. – *Kantaten. Orgelwerke. Klavierwerke. Orgel-* und *Klavierkonzerte* (Bearbeitungen fremder Werke).

1709 Herbst: Reise nach Mühlhausen zur Abnahme der umgebauten St.-Blasius-Orgel.

1710	22. November: Geburt des Sohnes Wilhelm Friedemann.
1713	November: Reise nach Halle. Bewerbung um den Organistenposten an der Liebfrauenkirche.
1714	8. März: Geburt des Sohnes Carl Philipp Emanuel, dessen Taufpate Telemann wird. — Bach studiert und kopiert Werke italienischer, französischer und deutscher Meister (Frescobaldi, Corelli, Albinoni, Marcello, Vivaldi, Froberger, Telemann u. a.). Beginn der Arbeit am *Orgelbüchlein*.
1715	Bachs Neffe, Johann Bernhard, Sohn von Johann Christoph Bach aus Ohrdruf, wird sein Schüler. — Geburt des Sohnes Johann Gottfried Bernhard.
1716	Reise nach Halle zur Orgelabnahme. — Erste persönliche Kontakte mit Köthen durch die Heirat zwischen Herzog Ernst August, seinem Schüler, und der Schwester des regierenden Fürsten von Anhalt-Köthen. — Februar: *Jagdkantate (Nr. 208)*.
1717	August: Bach nimmt die Berufung nach Köthen an. Die Familie übersiedelt dorthin, während er selbst seine Entlassung in Weimar noch nicht erhält. — September: Reise nach Dresden. Begegnung mit dem französischen Klaviervirtuosen Louis Marchand. Cembalokonzert Bachs in Dresden mit größtem Erfolg. — Der Arrest, den Bach nach seiner Rückkehr vom 6. November bis zum 2. Dezember in Weimar erhält (Arbeit am *Orgelbüchlein*), ist offenbar die Reaktion des Herzogs auf die ungebührliche Form des erneuten Entlassungsgesuchs. — Dezember: Amtsantritt in Köthen. Ende der Organistentätigkeit.
1717—1723	Köthen. «Hofkapellmeister und Direktor der fürstlichen Kammermusiken» bei Fürst Leopold von Anhalt-Köthen, zu dem Bach ein freundschaftliches Verhältnis gewinnt. Häufige Reisen mit dem Fürsten. — *Kantaten. Präludien, Toccaten, Fantasien, Fugen* für Orgel und Klavier. *Inventionen, französische* und *englische Suiten* für Klavier. *Sonaten und Suiten* für Violine, Gambe, Viola pomposa, Violoncello und Flöte. *Solokonzerte*, vier *Orchestersuiten*, sechs sog. *«Brandenburgische» Konzerte*.
1717	Herbst: Reise nach Leipzig zur Prüfung der Orgel an der Paulinerkirche.
1719	Bach fährt nach Halle, um dort den gerade anwesenden Händel zu sehen. Die Begegnung kommt jedoch nicht zustande.
1720	*Klavierbüchlein für Wilhelm Friedemann Bach*. — Juli: Tod der Ehefrau Maria Barbara. — Oktober: Reise nach Hamburg. Bewerbung um den Organistenposten von St. Jacobi.
1721	22. Februar: Tod des Bruders Johann Christoph in Ohrdruf.

	— Sechs *«Brandenburgische» Konzerte,* Auftragswerke des Sohnes des großen Kurfürsten, Christian Ludwig von Brandenburg. — 3. Dezember: Verheiratung mit der Sängerin Anna Magdalena Wilcken, Tochter des Hoftrompeters in Weißenfels. In dieser Ehe werden sechs Söhne und sieben Töchter geboren (1723—1742).
1722	*Orgelbüchlein. 1. Notenbüchlein für Anna Magdalena Bach. Das Wohltemperierte Klavier (1. Teil).* — 21. Dezember: Bach wird als Bewerber für das Leipziger Thomaskantorat herangezogen.
1723	*Inventionen.* — 7. Februar: Bach dirigiert seine *Kantate «Jesus nahm zu sich die Zwölfe» (Nr. 22)* in Leipzig. — 26. März: Uraufführung der *Johannes-Passion* unter Bachs Leitung in der Leipziger Thomaskirche. — April: Fürst Leopold bewilligt Bachs Entlassungsgesuch. Übersiedlung nach Leipzig. — 13. Mai: Offizielle Ernennung und Vereidigung zum Thomaskantor. — 1. Juni: Feierliche Amtseinführung.
1723—1750	Kantor an der Thomaskirche und -schule in Leipzig. Mit dieser Stellung verbunden ist gleichzeitig die Verantwortung für das gesamte öffentliche Musikleben der Stadt («Director musices»). — Großer Schülerkreis. — *Passionen, Oratorien, Messen, Magnificat. Kirchliche* und *weltliche Kantaten. Motetten. Orgelwerke. Klavierwerke. Kammermusik. Orchesterwerke (Klavierkonzerte, Violinkonzerte, Tripelkonzert,* meist Bearbeitungen eigener oder fremder Werke). *Das Musikalische Opfer. Die Kunst der Fuge. Kanons.*
1723—1727	Kampf mit Johann Gottlieb Görner, dem Organisten an der Nikolaikirche und früheren Organisten an der Paulinerkirche. Bach versucht ihn von dem Posten des Universitätsmusikdirektors wegen Unfähigkeit zu vertreiben, erreicht aber schließlich nur eine Kompromißlösung.
1723	Weihnachten: *Magnificat.*
1724	Reise nach Gera.
1725	*2. Notenbüchlein für Anna Magdalena Bach.*
1726	Reise nach Köthen. Erste *Partita* der späteren *Clavierübung.*
1727	Neufassung der *Johannes-Passion.* — September: *Trauerode (Kantate Nr. 118)* zum Tode der Kurfürstin Christiane Eberhardine von Sachsen.
1728	Herbst: Streit Bachs mit dem Konsistorium um seine Kantorenrechte.
1729	Februar: Ernennung zum fürstlich-weißenfelsischen Hofkapellmeister. Reise nach Weißenfels. — März: Reise nach Köthen. Trauerfeier für den im November 1728 verstorbenen Fürsten

	Leopold. Aufführung einer *Trauermusik* (verschollen), von der Teile in die *Matthäus-Passion* übergehen. — 15. April (Karfreitag): Uraufführung der *Matthäus-Passion.* — Kurze Krankheit Bachs.
1729—1740	Leitung des von Telemann gegründeten «Collegium musicum», eines Studentenorchesters mit Konzertaufgaben im akademischen und städtischen Bereich.
1730	August: Auseinandersetzung mit dem Rat der Stadt Leipzig, der Bach Vernachlässigung seiner Amtspflichten vorwirft. In einer Denkschrift an den Magistrat (23. August) deckt Bach die Unzulänglichkeit seiner Arbeitsverhältnisse auf. Seine Verbesserungsvorschläge werden jedoch nicht berücksichtigt. Unter dem vermittelnden Einfluß von Johann Matthias Gesner (Rektor der Thomasschule 1730—1734), zu dem Bach in einer freundschaftlichen Beziehung steht, bessert sich allerdings bald sein Verhältnis zum Magistrat. — Umarbeitung des *Magnificat.*
1731	*Marcus-Passion* (verschollen). — Reise nach Dresden zur Aufführung einer Oper von Johann Adolf Hasse. Orgelkonzert Bachs in der Sophienkirche. — *Clavierübung, 1. Teil.*
1732	Reise nach Kassel. Tod des Bruders Johann Jacob. Geburt des Sohnes Johann Christoph Friedrich.
1733—1738	Komposition mehrerer *Messesätze* (*Kyrie, Gloria, Credo, Sanctus, Agnus Dei*), die Bach um 1740 in einer Handschrift vereinigt und die später von der Bach-Edition als *Messe in h-moll* publiziert werden.
1733	Gesuch um die Verleihung eines höfischen Titels an den Kurfürsten und König August III. in Dresden unter Beilegung eines *Kyrie* und *Gloria* (Einzelsätze der sog. *h-moll-Messe*). — Wilhelm Friedemann Bach wird auf Empfehlung seines Vaters Organist an der Sophienkirche in Dresden.
1733—1734	Mehrere Reisen nach Dresden zu Aufführungen *weltlicher Kantaten,* wodurch sich Bach die Gunst des sächsischen Hofes zu sichern hofft.
1734	Carl Philipp Emanuel Bach kommt nach Frankfurt a. O.
1734—1735	*Weihnachtsoratorium.*
1735	*Himmelfahrtsoratorium (Kantate Nr. 11 «Lobet Gott»).* — Johann Gottfried Bernhard Bach wird Organist in Mühlhausen. Geburt des Sohnes Johann Christian. Reise nach Köthen zur Aufführung der *Trauerode.* — *Clavierübung, 2. Teil.*
1735—1736	Etwa 30 *Kirchenkantaten.*
1736	*Osteroratorium.*
1736—1738	Streit mit dem neuen Rektor der Thomasschule, Johann Au-

	gust Ernesti (jun.), um Kompetenzfragen (Ernennung der Chorpräfekten).
1736	19. November: Ernennung zum «Hof-Compositeur» des sächsischen Kurfürsten und polnischen Königs August III. — Dezember: Reise nach Dresden. Orgelkonzert in der Frauenkirche. — Neufassung der *Matthäus-Passion.* Bearbeitung eines Gesangbuches von Georg Christian Schemelli.
1737	Johann Gottfried Bernhard Bach wird Organist in Sangerhausen. — Vier *Kleine Messen* (nur aus *Kyrie* und *Gloria* bestehend) für den Dresdner Hof.
1737—1738	Kritiken Johann Adolf Scheibes an Bach.
1738	Letzte Fassung der *Johannes-Passion.*
1739	Erneute Umarbeitung der *Matthäus-Passion. Clavierübung, 3. Teil.*
1740	Carl Philipp Emanuel Bach wird als Kammercembalist zu Friedrich dem Großen nach Berlin berufen.
1741	Erste Reise Bachs nach Berlin zu einem Besuch seines Sohnes.
1742	*Clavierübung, 4. Teil (Goldberg-Variationen),* gewidmet dem livländischen Grafen Carl Hermann von Kayserling, dessen Privatcembalist Bachs Schüler Johann Theophil Goldberg ist. — Letzte weltliche Kantate: *Bauernkantate (Nr. 212).*
1744	Letzte *Kantate «Du Friedefürst, Herr Jesu Christ» (Nr. 116). 24 Neue Präludien und Fugen (Das Wohltemperierte Klavier, 2. Teil).* — Reise nach Dresden. Prüfung der Orgel in der Johanneskirche.
1745	Letzte Fassung der *Matthäus-Passion.*
1746	Reise nach Zschortau und Naumburg. — Sechs sog. *Schübler Choräle.*
1747	Frühling: Zweite Reise nach Berlin (zusammen mit Wilhelm Friedemann) zum Besuch der Familie Carl Philipp Emanuels. 7./8. Mai: Besuch bei Friedrich dem Großen in Potsdam. Improvisationskonzerte in Sanssouci. Orgelkonzert in der Potsdamer Garnisonkirche. — Juni: Eintritt in die «Societät der musikalischen Wissenschaften». Probestücke hierfür: *Sechsstimmiger Kanon* und *Kanonische Veränderungen über «Vom Himmel hoch, da komm ich her».* — Juli: *Das Musikalische Opfer* über ein Thema Friedrichs des Großen.
1749	*Siebenstimmiger Kanon.* Arbeit an *Die Kunst der Fuge.* — Ende Mai: Schlaganfall, Beeinträchtigung der Sehkraft.
1750	Weiterarbeit an *Die Kunst der Fuge.* — Zwei Operationen durch den englischen Augenarzt John Taylor. Erblindung, Kräfteverfall. Bachs Schwiegersohn Johann Christoph Altnikol und dessen Frau kommen aus Naumburg nach Leipzig. — Juli:

Bach diktiert Altnikol sein letztes Werk, den *Choral «Vor deinen Thron tret ich hiermit»* aus den *Achtzehn Chorälen von verschiedener Art*, einer Sammlung Bachs von Neubearbeitungen früher komponierter Orgelchoräle. — 18. Juli: Wiedererlangung der Sehkraft.
Kurz darauf erneuter Schlaganfall. — 28. Juli: Tod Bachs.

JOHANN MATTHESON

Ich habe von dem berühmten Organisten zu Weimar, Herrn Johann Sebastian Bach, Sachen gesehen, sowohl für die Kirche [Kantaten] als für die Faust [Orgelwerke], die gewiß so beschaffen sind, daß man den Mann hoch estimieren muß.

Mattheson, Das beschützte Orchestre. 1717

PADRE GIAMBATTISTA MARTINI

Ich halte es für überflüssig, noch auf die einzigartigen Verdienste des Herrn Bach eingehen zu wollen, denn er ist nicht nur in Deutschland, sondern auch in ganz Italien sehr bekannt und bewundert. Ich sage nur, daß ich es für schwierig erachte, einen Musiker zu finden, der ihn übertrifft; denn er darf sich heutzutage mit Recht rühmen, einer der ersten zu sein, die es in Europa gibt.

An Johann Baptist Pauli. 14. 4. 1750

JOHANN FRIEDRICH REICHARDT

Es hat nie ein Komponist, selbst der besten, tiefsten Italiener keiner, alle Möglichkeiten unserer Harmonie so erschöpft wie Johann Sebastian Bach. Es ist fast kein Vorhalt möglich, den er nicht angewandt, alle echt harmonische Kunst und alle unechten harmonischen Künsteleien hat er in Ernst und Scherz tausendmal angewandt mit solcher Kühnheit und Eigenheit, daß der größte Harmoniker, der einen fehlenden Thematakt in einem seiner größten Werke ergänzen sollte, nicht ganz dafür stehen könnte, ihn wirklich so ganz, wie ihn Bach hatte, ergänzt zu haben.

Reichardt, Musikalisches Kunstmagazin. 1782

CARL MARIA VON WEBER

Von Zeit zu Zeit sendet die Vorsehung Heroen, die den gemächlich von einem Jünger auf den andern vererbten Kunstschlendrian und seine Modeformen mit gewaltiger Hand erfassen, läutern, verklären und so zum Herrlichen neu gestalten, daß er als neue Kunst nun lange in Jugendfrische vorbildlich wieder weiterwirkt, mit Riesenkraft den Anstoß seiner Zeit gibt und den Heros, der ihn von sich ausgehen ließ, zum Licht- und Mittelpunkte dieser Zeit und dieses Geschmackes erhebt ...

Sebastian Bach gehört zu diesen Kunstheroen. Von ihm ging soviel Neues und in seiner Art Vollendetes aus, daß seine Vorzeit fast in Dunkelheit verschwand, ja, sonderbar genug, sein Zeitgenosse Händel wie einer andern Zeit angehörig betrachtet wird.

Allgemeine Encyklopädie der Wissenschaften und Künste. 1821

Carl Friedrich Zelter

Bach gilt für den größten Harmonisten, und das mit Recht. Daß er ein Dichter ist der höchsten Art, dürfte man noch kaum aussprechen, und doch gehört er zu denen, die wie Dein Shakepeare hocherhaben sind über kindischem Brettgestelle. Als Kirchendiener hat er nur für die Kirche geschrieben, und doch nicht, was man kirchlich nennt. Sein Stil ist Bachisch, wie alles, was sein ist ... Bachs Urelement ist die Einsamkeit, wie Du ihn sogar anerkanntest, indem Du einst sagtest: «Ich lege mich ins Bett und lasse mir von unserm Bürgermeisterorganisten in Berka Sebastiana spielen.» So ist er, er will belauscht sein.

An Goethe. 9. 6. 1827

Johann Wolfgang von Goethe

Wohl erinnere ich mich bei dieser Gelegenheit an den guten Organisten in Berka; denn dort war mir zuerst, bei vollkommener Gemütsruhe und ohne äußere Zerstreuung, ein Begriff von Eurem Großmeister geworden. Ich sprach mir's aus: als wenn die ewige Harmonie sich mit sich selbst unterhielte, wie sich's etwa in Gottes Busen, kurz vor der Weltschöpfung, möchte zugetragen haben. So bewegte sich's auch in meinem Innern, und es war mir, als wenn ich weder Ohren, am wenigsten Augen, und weiter keine übrigen Sinne besäße noch brauchte.

An Zelter. 21. 6. 1827

Robert Schumann

Die Quellen werden im großen Umlauf der Zeit immer näher aneinander gerückt. Beethoven brauchte beispielsweise nicht alles zu studieren, was Mozart – Mozart nicht, was Händel – Händel nicht, was

Palestrina — weil sie schon die Vorgänger in sich aufgenommen hatten. Nur aus einem wäre von allen immer von neuem zu schöpfen — aus Johann Sebastian Bach.

Neue Zeitschrift für Musik. 1834

FRIEDRICH NIETZSCHE

In dieser Woche habe ich dreimal die Matthäuspassion gehört, jedesmal mit demselben Gefühl der unermeßlichen Bewunderung. Wer das Christentum völlig verlernt hat, der hört es hier wirklich wie ein Evangelium.

An Erwin Rhode. 30. 4. 1870

MAX REGER

Glauben Sie mir, all die harmonischen Sachen, die man heutzutage zu erfinden sucht und die man als so großen Fortschritt anpreist, die hat unser großer unsterblicher Bach schon längst viel schöner gemacht! Gewiß! Sehen Sie sich mal seine Choralspiele an, ob das nicht die feinste, objektivste und doch deshalb subjektivste Musik ist. Denn was ich nicht selbst fühle, kann ich nicht objektivieren.

An Adalbert Lindner. 20. 7. 1891

ALBERT SCHWEITZER

Musik ist für ihn Gottesdienst. Bachs Künstlertum und Persönlichkeit ruhen auf seiner Frömmigkeit. Soweit er überhaupt begriffen werden kann, wird er es von hier aus ... Für ihn verhallen die Klänge nicht, sondern steigen als ein unaussprechliches Loben zu Gott empor.

Schweitzer, J. S. Bach. 1908

WALTER GIESEKING

Über Bach kann nur immer wieder dasselbe gesagt werden, wobei sich wohl alle wirklichen Musiker einig sind: er ist der größte, universellste Komponist aller Zeiten gewesen, ein Weltwunder, auf welches die Menschheit stolz zu sein hat.

Die Musik. 1929/30

Edwin Fischer

Die Epoche, in die Johann Sebastian Bachs Leben fiel, war für die europäische Musik eine Wende. Zwei Welten stießen zusammen: die alte Welt der polyphonen Kirchenmusik des Mittelalters und die neue Welt des Liedes und des Tanzes, aus der, gefördert durch das Schaffen von Bachs Söhnen, sich später die klassische Welt der Sonate und der Symphonie entwickeln sollte. Johann Sebastian Bachs große Leistung liegt nun darin, diese beiden Welten erfaßt und miteinander verschmolzen zu haben.

Fischer, Johann Sebastian Bach. 1945

Werner Egk

Johann Sebastian Bach bedeutet die wahre Mitte der Musik. Sein Werk vereinigt in sich den Geist des Nordens, die Sinnenhaftigkeit des Südens, die Kraft des Ostens und die Formensicherheit des Westens.

1950

Paul Hindemith

Es ist also dies das Wertvollste, was wir mit Bachs Musik geerbt haben: die Schau bis ans Ende der dem Menschen möglichen Vollkommenheit; und die Erkenntnis des Wegs, der dahin führt: das unentrinnbare, pflichtbewußte Erledigen des als notwendig Erkannten, das aber, um zur Vollkommenheit zu gelangen, schließlich über jede Notwendigkeit hinauswachsen muß.

Rede auf der Bachfeier in Hamburg. 1950

Wilhelm Furtwängler

Die Ausgewogenheit eines jeden, selbst des kleinsten Bachschen Stückes, die Stetigkeit des Sich-Ausgliederns aller einzelnen Teile, verbunden mit dem Gefühl eines wie von Anbeginn «In-sich-selber-Ruhens» – so charakteristisch für Bachs Lebensgefühl – gibt dieser Musik etwas im eigentlichsten Sinne Überpersönliches . . .

Die Musik ist einerseits gewiß spontan, unmittelbar, plastisch, eindringlich; und doch bleibt sie andererseits immer, was sie ist, tritt nicht aus sich heraus, gibt nicht ihr Geheimnis preis. Sie verschmäht es zu reizen und den Menschen allzu unmittelbar anzusprechen; Kraft und Lässigkeit, Spannung und Entsagung, wogendes Leben und tiefste Ruhe sind in ihr auf unnachahmlich-einzigartige Weise vereinigt.

1951

GÜNTHER RAMIN

Johann Sebastian Bach, von dem Reger einmal gesagt hat, daß er «Anfang und Ende aller Musik» sei, wird im Thema meiner Ausführungen als «Ende und Anfang» bezeichnet. Ich möchte dies so verstanden wissen, daß Bach als schöpferische Erscheinung das Ende einer musikgeschichtlichen Epoche, nämlich der Barockzeit, ja mehr noch, daß er die Synthese der ganzen Musik, die ihm voranging, bedeutet; ferner aber, daß Bach auch Anfang späterer Musikepochen, ja daß er recht eigentlich als Schlüssel zu aller Musik, die ihm gefolgt ist, bezeichnet werden kann.

Schweizerische Musikzeitung. 1954

BIBLIOGRAPHIE

Diese Bibliographie kann nur eine kleine Auswahl aus der außerordentlich umfangreichen Bach-Literatur bieten. Reden, essayistische Betrachtungen und Würdigungen müssen dabei ebenso entfallen wie Darstellungen in Musikgeschichten oder Werken, die Bach für einen übergeordneten Sachzusammenhang heranziehen und auswerten. Aus Raummangel muß auch auf die Nennung von Aufsätzen in Sammelwerken und Zeitschriften sowie die Einzelaufführung der teilweise recht umfangreichen und für die Forschung bedeutenden Beiträge in den Bach-Jahrbüchern verzichtet werden. Von den Monographien und Spezialuntersuchungen werden neben den historisch relevanten nur die wichtigen und größeren Buchpublikationen, bzw. Dissertationen verzeichnet. So ist diese Bibliographie lediglich als erste Einführung in die weitverzweigte Fülle des Bach-Schrifttums aufzufassen.

1. *Bibliographien*

SCHNEIDER, MAX: Verzeichnis der bisher erschienenen Literatur über Johann Sebastian Bach. In: Bach-Jahrbuch 2 (1905), S. 76—110; 7 (1910), S. 133—159

SCHNEIDER, MAX: Verzeichnis der bis zum Jahre 1851 gedruckten (und der geschrieben im Handel gewesenen) Werke von Johann Sebastian Bach. In: Bach-Jahrbuch 3 (1906), S. 84—113

KINSKY, GEORG: Die Originalausgaben der Werke Johann Sebastian Bachs. Ein Beitrag zur Musikbibliographie. Wien 1937. 134 S.

BLUME, FRIEDRICH: [Bach. Bibliographie der] Ausgaben. In: Die Musik in Geschichte und Gegenwart. Bd. 1. Kassel, Basel 1949—1951. Sp. 1036—1043

BLUME, FRIEDRICH: [Bach. Bibliographie der] Literatur. In: Die Musik in Geschichte und Gegenwart. Bd. 1. Kassel, Basel 1949—1951. Sp. 1043—1047

SCHMIEDER, WOLFGANG: Das Bachschrifttum 1945—1952. In: Bach-Jahrbuch 40 (1953), S. 119—169

SCHMIEDER, WOLFGANG: Das Bachschrifttum 1953—1957. In: Bach-Jahrbuch 45 (1958), S. 127—150

Catalog of the Emilie and Karl Riemenschneider Memorial Bach Library. Ed. by SYLVIA W. KENNEY. New York 1960. XV, 295 S. [Enthält Werkausgaben und Sekundärliteratur.]

2. *Werke*

a) Gesamtausgaben

Johann Sebastian Bach's Werke. Hg. von der Bach-Gesellschaft zu Leipzig. 46 Bde. Leipzig (Breitkopf und Härtel) 1851—1899 — Supplementband

Vom Geld ist die Rede, von wem noch?

Es ist nicht alles eins . . .

... ob wir Geld haben oder keins. Er, von dem die Rede ist, reimte das in einem Honorarbittbrief an Tobias Haslinger, das *Adjutanterl* im Verlag S. A. Steiner. Er wurde geboren im selben Jahr, als Kant in Königsberg Professor wurde, aber noch als Vierzigjähriger hielt er sich für zwei Jahre jünger: Sein Vater hatte einst das Geburtsjahr verändert, um den dreizehnjährigen Sonatenkomponisten noch als elfjähriges Wunderkind à la Mozart präsentieren zu können. Zu seiner Zeit glaubte man allgemein – und es stand in den Lexika –, er sei ein leiblicher Sohn Friedrichs des Großen.

Er begann seine künstlerische Laufbahn als Pianist und wurde dann, immer noch ein Knabe, Cembalist am Theater. Zeit seines Lebens kam er mit den materiellen Dingen nicht gut zurecht, weswegen er seine finanzielle Haushaltung mit einem «Allegro di Confusione» verglich. Du mußt ein Kapital haben, dann entfliehst du deinem Elend, notierte er einmal resigniert.

Er starb ein Jahr nach Carl Maria von Weber, ein Jahr vor Schubert.

Wer war's? (Numerische Lösung: 2–5–5–20–8–15–22–5–14).

1932 [Die Ausgabe ist nicht zuverlässig. Sie ist unvollständig und enthält unechte und zweifelhafte Werke.] — Photolithograph. Neudruck: Ann Arbor/Michigan (Edwards) 1947 (Edwards music reprints. A, 1)
Johann Sebastian Bach. Neue Ausgabe sämtlicher Werke. Hg. vom Johann-Sebastian-Bach-Institut Göttingen und vom Bach-Archiv Leipzig. Kassel, Basel, London, New York (Bärenreiter) 1954 ff [Die Ausgabe ist erst im Erscheinen. Vorgesehen sind 8 Serien: I. Kantaten. II. Messen, Passionen und oratorische Werke. III. Motetten, Choräle und Lieder. IV. Orgelwerke. V. Klavier- und Lautenwerke. VI. Kammermusikwerke. VII. Orchesterwerke. VIII. Kanons, Musikalisches Opfer, Kunst der Fuge. — Zu jedem Notenband erscheint ein gesonderter, vom betr. Herausgeber verfaßter «Kritischer Bericht».]

b) Werkverzeichnisse

RUMBERGER, MARIAN S.: A conspectus of the works of Johann Sebastian Bach. Compiled for the Bach-Gesellschaft edition. Ann Arbor/Michigan 1948. IX, 48 S.
BLUME, FRIEDRICH: [Bach. Verzeichnis der] Werke. In: Die Musik in Geschichte und Gegenwart. Bd. 1. Kassel, Basel 1949—1951. Sp. 999—1017
Thematisch-systematisches Verzeichnis der musikalischen Werke von Johann Sebastian Bach. Bach-Werke-Verzeichnis (BWV). Hg. von WOLFGANG SCHMIEDER. Leipzig 1950. XXII, 747 S.

c) Kantatentextausgaben und -handbücher

Joh. Seb. Bachs Kantatentexte. Im Auftrage der Neuen Bachgesellschaft hg. von RUDOLF WUSTMANN. Leipzig 1913. XXXI, 298 S. (Veröffentlichungen der Neuen Bachgesellschaft)
Johann Sebastian Bach. Sämtliche Kantatentexte. Unter Mitbenutzung von Rudolf Wustmanns Ausgabe der Kirchenkantatentexte hg. von WERNER NEUMANN. Leipzig 1956. XXIV, 634 S.
WOLFF, LEONHARD: J. Sebastian Bachs Kirchenkantaten. Ein Nachschlagebuch für Dirigenten und Musikfreunde. Leipzig 1913. 240 S.
VOIGT, WOLDEMAR: Die Kirchenkantaten Johann Sebastian Bachs. Ein Führer bei ihrem Studium und ein Berater für ihre Aufführung. Stuttgart 1918. 176 S.
NEUMANN, WERNER: Handbuch der Kantaten Joh. Seb. Bachs. Leipzig 1947. 201 S. (Veröffentlichungen der Neuen Bachgesellschaft) — 2. erw. Aufl. 1953. 236 S.

3. Periodica und Festschriften

Bach-Jahrbuch. Hg. von der Neuen Bachgesellschaft (ab Jg. 4: Im Auftrage der Neuen Bachgesellschaft hg. von ARNOLD SCHERING; ab Jg. 37: . . . hg.

von Max Schneider; ab Jg. 41: ... hg. von Alfred Dürr und Werner Neumann). Jg. 1—lfd. (zuletzt: 49). Leipzig (ab Jg. 41: Berlin) 1904—lfd. (zuletzt: 1962)

Deutsches Bachfest der Neuen Bachgesellschaft. Bach-Fest-Buch und Programmbuch. Leipzig (später wechselnd) 1901—lfd.

Internationales Bachfest. Programmbuch. Schaffhausen 1946—lfd.

Bach-Gedenkschrift 1950. Im Auftrag der Internationalen Bach-Gesellschaft hg. von Karl Matthaei. Zürich 1950. 216 S.

Bach-Probleme. Festschrift zur Deutschen Bach-Feier Leipzig 1950. Hg. von Hans-Heinz Draeger und Karl Laux im Auftrage des Deutschen Bach-Ausschusses 1950. Leipzig 1950. 87 S., Taf.

Bericht über die wissenschaftliche Bachtagung der Gesellschaft für Musikforschung, Leipzig 1950. Im Auftrage des Deutschen Bach-Ausschusses 1950 hg. von Walther Vetter und Ernst Hermann Meyer. Bearb. von Hans Heinrich Eggebrecht. Leipzig 1951. 503 S.

4. Lebenszeugnisse

Johann Sebastian Bach. Gesammelte Briefe. Hg. von Erich H. Müller von Asow. Regensburg 1938. 206 S. (Deutsche Musikbücherei. 1) — 2. verm. Aufl.: Johann Sebastian Bach. Briefe. Gesamtausgabe. Hg. im Auftrage des Internationalen Musiker-Brief-Archives von Hedwig und Erich H. Müller von Asow. Regensburg 1950. 228 S.

Bach-Urkunden. Hg. von Max Schneider. Leipzig 1917 (Veröffentlichungen der Neuen Bachgesellschaft)

Eisenacher Dokumente um Sebastian Bach. Im Auftrage der Neuen Bachgesellschaft hg. von Conrad Freyse. Leipzig 1933 (Veröffentlichungen der Neuen Bachgesellschaft)

Johann Sebastian Bach. Documenta. Hg. durch die Niedersächsische Staats- und Universitätsbibliothek von Wilhelm Martin Luther zum Bachfest 1950 in Göttingen. Kassel, Basel 1950. 148 S., Taf.

Johann Sebastian Bach. Ein Bild seines Lebens zusammengestellt von Walter Dahms. München 1924. 123 S.

The Bach reader. A life of Johann Sebastian Bach in letters and documents. Ed. by Hans Theodore David and Arthur Mendel. New York 1945. 431 S., Abb.

Wenn Bach ein Tagebuch geführt hätte ... Auswahl der Dokumente und Zusammenstellung von János Hammerschlag. Aus dem Nachlaß hg. von Ferenc Brodszky. Budapest 1955. 170 S., Abb.

Johann Sebastian Bach. Leben und Schaffen. Eigene Aussagen, Berichte der Zeitgenossen, Bekenntnisse der Späteren. Zusammengestellt und hg. von Willi Reich. Zürich 1957. 280 S., Taf. (Manesse Bibliothek der Weltliteratur)

Hitzig, Wilhelm: Johann Sebastian Bach. Sein Leben in Bildern. Leipzig 1935. 32 S., 45 S. Taf.

Neumann, Werner: Auf den Lebenswegen Johann Sebastian Bachs. Berlin 1953. 319 S. [Bildband.]

Neumann, Werner: Bach. Eine Bildbiographie. München 1960. 143 S. (Kindlers klassische Bildbiographien)

Besseler, Heinrich: Fünf echte Bildnisse Johann Sebastian Bachs. Kassel, Basel 1956. 99 S., Abb.

Joh. Seb. Bach's Handschrift in zeitlich geordneten Nachbildungen. Hg. von der Bach-Gesellschaft zu Leipzig. Leipzig 1910. XIII, 142 S.

Dadelsen, Georg von: Bemerkungen zur Handschrift Johann Sebastian Bachs, seiner Familie und seines Kreises. Trossingen 1957. 44 S., Taf. (Tübinger Bach-Studien. 1)

Kast, Paul: Die Bach-Handschriften der Berliner Staatsbibliothek. Trossingen 1958. X, 150 S. (Tübinger Bach-Studien. 2/3) [Bibliothekskatalog.]

5. *Gesamtdarstellungen*

Bach, Carl Philipp Emanuel, und Johann Friedrich Agricola: Nekrolog auf Johann Sebastian Bach. In: Musicalische Bibliothek. Hg. von Lorenz Christoph Mizler. Bd. 4, Theil 1. Leipzig 1754 — Neudruck in: Bach-Jahrbuch 17 (1920), S. 11—29

Forkel, Johann Nikolaus: Ueber Johann Sebastian Bachs Leben, Kunst und Kunstwerke. Leipzig 1802. X, 69 S. — 2. Aufl. 1855 — Neu hg. von Joseph M. Müller-Blattau. Augsburg 1925. 111 S. — 4. Aufl. Kassel, Basel 1950. 103 S. — Neu hg. von Hans R. Franzke. Hamburg 1950. 70 S.

Hilgenfeldt, C. L.: Johann Sebastian Bach's Leben, Wirken und Werke. Ein Beitrag zur Kunstgeschichte des achtzehnten Jahrhunderts. Leipzig 1850. X, 182 S.

Bitter, Carl Hermann: Johann Sebastian Bach. 2 Bde. Berlin 1865. XII, 450; 381, CXXI S. [Mit zwei Anhängen: Dokumente.] — 2. umgearb. und verm. Aufl. 1881

Spitta, Philipp: Johann Sebastian Bach. 2 Bde. Leipzig 1873—1880. 855; 1034 S. — Gekürzte Ausg. mit Anm. und Zusätzen von Wolfgang Schmieder. Leipzig 1935. XI, 388 S. — 4. Aufl. Wiesbaden 1961

Reissmann, August: Johann Sebastian Bach. Sein Leben und seine Werke. Berlin, Leipzig 1881. VIII, 283, 15 S.

David, Ernest: La vie et les œuvres de Jean-Sébastien Bach, sa famille, ses élèves, ses contemporains. Paris 1882. XV, 380 S.

Cart, William Adolphe: Étude sur J. S. Bach. Paris 1885. IV, 267 S. — Neuaufl. Lausanne 1946

Williams, Charles Francis Abdy: Bach. London 1900. X, 223 S., Abb. (The master musicians)

BARTH, HERMANN: Johann Sebastian Bach. Ein Lebensbild. Berlin 1901. 383 S., Abb.

SCHWEITZER, ALBERT: J. S. Bach, le musicien-poète. Avec la collaboration de HUBERT GILLOT. Préface de CHARLES MARIE WIDOR. Leipzig 1905. XX, 455 S. — Umgearb. und erw. dt. Ausg.: J. S. Bach. Leipzig 1908. XVI, 844 S. — Neuaufl. Wiesbaden 1957. XVI, 791 S.

WOLFRUM, PHILIPP: Joh. Seb. Bach. Berlin 1906. 180 S. — Neuausg.: 2 Bde. Leipzig 1910 (Die Musik. 13/14)

PIRRO, ANDRÉ: J.-S. Bach. Paris 1906. 244 S. (Les maîtres de la musique) — Dt.: Johann Sebastian Bach. Sein Leben und seine Werke. Berlin 1910. 192 S.

PARRY, CHARLES HUBERT HASTINGS: Johann Sebastian Bach. The story of the development of a great personality. New York 1909. XI, 584 S., Abb.

HASSE, KARL: Johann Sebastian Bach. Bielefeld, Leipzig 1925. 178 S., Abb. — 2. Aufl. Köln 1941

TERRY, CHARLES SANFORD: Bach. A biography. London 1928. XIX, 292 S., Taf. — Dt.: Johann Sebastian Bach. Eine Biographie. Mit einem Geleitwort von KARL STRAUBE. Leipzig 1929. XVI, 396 S., Taf. — Neuaufl. Wiesbaden 1950. 249 S., Taf.

BOUGHTON, RUTLAND: Bach, the master. A new interpretation of his genius. New York, London 1930. X, 291 S., Abb.

LEVIN, JULIUS: Johann Sebastian Bach. Berlin 1930. 243 S., Abb.

MEYNELL, ESTHER: Bach. London 1934. 136 S. — 2. Aufl. 1946

MOSER, HANS JOACHIM: Joh. Seb. Bach. Berlin 1935. VII, 271 S., Abb.

STEGLICH, RUDOLF: Johann Sebastian Bach. Potsdam 1935. 160 S., Taf. (Die großen Meister der Musik)

GURLITT, WILIBALD: Johann Sebastian Bach. Der Meister und sein Werk. Berlin 1936 — 4. Aufl. Kassel 1959. 95 S.

VETTER, WALTHER: Johann Sebastian Bach. Leben und Werk. Leipzig 1938. 104 S., Abb.

PITROU, ROBERT: Jean-Sébastien Bach. Paris 1941. 309 S., Abb. — 2. Aufl. 1955

CHERBULIEZ, ANTOINE-ELISÉE: Johann Sebastian Bach. Sein Leben und sein Werk. Olten 1946. 233 S., Abb. (Musikerreihe. 1) — Neufassung: Frankfurt a. M., Hamburg 1957. 182 S. (Fischer-Bücherei. 179)

KELLER, HERMANN: Johann Sebastian Bach. Der Künstler und sein Werk. Stuttgart 1947. 96 S., Abb.

STEGLICH, RUDOLF: Wege zu Bach. Regensburg 1949. 208 S. (Deutsche Musikbücherei. 65)

BLUME, FRIEDRICH: Johann Sebastian Bach. In: Die Musik in Geschichte und Gegenwart. Allgemeine Enzyklopädie der Musik. Bd. 1. Kassel, Basel 1949—1951. Sp. 962—1047 mit Abb. — Sonderabdruck: 1950

ENGEL, HANS: Johann Sebastian Bach. Berlin 1950. XI, 248 S.

PAUMGARTNER, BERNHARD: Johann Sebastian Bach. Leben und Werk. Bd. 1. Bis zur Berufung nach Leipzig. Zürich 1950. 543 S.
STEFFIN, J. FRITZ: Johann Sebastian Bach. Leben und Werk. Hamburg 1953. 78 S. (Kleine Musikbücherei. 1)
CRANACH-SICHART, EBERHARD VON: Johann Sebastian Bach. Eine Einführung in sein Leben und seine Musik. Königstein 1955. 61 S., Abb. (Langewiesche-Bücherei)

6. Einzelnes zur Biographie

Genealogie der musicalisch-Bachischen Familie nach Ph. E. Bachs Aufzeichnungen wiederhergestellt und erl. von JOSEPH M. MÜLLER-BLATTAU. Kassel, Basel 1940. 24 S.
BORKOWSKY, ERNEST: Die Musikerfamilie Bach. Jena 1930. 88 S., Abb.
GEIRINGER, KARL, und IRENE GEIRINGER: The Bach family. Seven generations of creative genius. London, New York 1954. XV, 514 S., Taf. — Dt.: Die Musikerfamilie Bach. Leben und Wirken in drei Jahrhunderten. München 1958. XV, 571 S., Taf.
BITTER, CARL HERMANN: Carl Philipp Emanuel Bach und Wilhelm Friedemann Bach und deren Brüder. 2 Bde. Berlin 1868. XI. 350; 383 S.
HAACKE, WALTER: Die Söhne Bachs. Vier Musikerschicksale in der Zeit des Übergangs vom Barock zur Klassik. Königstein 1962. 63 S., Abb. (Langewiesche-Bücherei)
FOCK, GUSTAV: Der junge Bach in Lüneburg, 1700—1702. Hamburg 1950. 119 S., Taf.
Johann Sebastian Bach in Thüringen. Festgabe zum Gedenkjahr 1950. Weimar 1950. 255 S.
MÜLLER, KARL, und FRITZ WIEGAND: Arnstädter Bachbuch. Johann Sebastian Bach und seine Verwandten in Arnstadt. Arnstadt 1957. 170 S.
VETTER, WALTHER: Der Kapellmeister Bach. Versuch einer Deutung Bachs auf Grund seines Wirkens als Kapellmeister in Köthen. Potsdam 1950. 405 S.
SMEND, FRIEDRICH: Bach in Köthen. Berlin 1952. 229 S.
BOJANOWSKI, P. VON: Das Weimar Johann Sebastian Bachs. Weimar 1903. 50 S.
SCHERING, ARNOLD: Johann Sebastian Bach und das Musikleben Leipzigs im 18. Jahrhundert. Leipzig 1941. XII, 695 S., Taf. (Musikgeschichte Leipzigs. 3 — Aus den Schriften der Sächsischen Kommission für Geschichte. 40)

7. *Untersuchungen*

a) Allgemeines

PIRRO, ANDRÉ: L'esthétique de Jean-Sébastien Bach. Paris 1907. 538 S.

KURTH, ERNST: Grundlagen des linearen Kontrapunkts. Bachs melodische Polyphonie. Bern 1917. XII, 525 S.

KRETZSCHMAR, HERMANN: Bach-Kolleg. Vorlesungen über Johann Sebastian Bach. Leipzig 1922. 90 S.

KELLER, HERMANN: Die musikalische Artikulation, insbesondere bei Joh. Seb. Bach. Stuttgart 1925. 144 S. (Veröffentlichungen des Musik-Instituts der Universität Tübingen. 2)

ZULAUF, MAX: Die Harmonik J. S. Bachs. Diss. Bern 1927. VIII, 186 S.

TERRY, CHARLES SANFORD: The music of Bach. An introduction. London 1933. 104 S.

DICKINSON, ALAN EDGAR FREDERIC: The art of J. S. Bach. London 1936. VII, 296 S.

BLANKENBURG, WALTER: Die innere Einheit von Bachs Werk. Diss. Göttingen 1943. 208 Bll. [Masch.]

DUFOURCQ, NORBERT: Jean-Sébastien Bach, un architecte de la musique. Génie allemand? Génie latin?. Paris 1947. 236 S. — 3. Aufl. 1954. 291 S.

SCHLOEZER, BORIS DE: Introduction à J.-S. Bach. Essai d'esthétique musicale. Paris 1947. 309 S. (Bibliothèque des idées) — Dt.: Entwurf einer Musikästhetik. Zum Verständnis von Johann Sebastian Bach. Hamburg 1964. 350 S.

SMEND, FRIEDRICH: Luther und Bach. Berlin 1947. 49 S. (Der Anfang. 2)

GROLMAN, ADOLF VON: Johann Sebastian Bach. Heidelberg 1948. 224 S.

DEHNERT, MAX: Das Weltbild Johann Sebastian Bachs. Leipzig 1948. 150 S. Welt und Genius)

HAMEL, FRED: Johann Sebastian Bach. Geistige Welt. Göttingen 1951. XI, 244 S., Taf. — 3. Aufl. 1961 (Der Siebenstern)

HUBER, ANNA GERTRUD: Johann Sebastian Bach als Meister der «Gemüths-Ergoetzung». Zürich 1948. 72 S.

HUBER, ANNA GERTRUD: Johann Sebastian Bach als Meister der Farben. Beiträge zu der Entwicklungsgeschichte der musikalischen Dynamik. Zürich 1949. 45 S.

LANNING, RUSSELL: Bach's ornamentation. Ann Arbor / Michigan 1953. 61 S.

EMERY, WALTER: Bach's ornaments. London 1953. 164 S.

STEGLICH, RUDOLF: Über die «kantable» Art der Musik Johann Sebastian Bachs. Zürich 1957. 31 S. (Jahresgabe der Internationalen Bach-Gesellschaft. 1957)

HUBER, ANNA GERTRUD: Takt, Rhythmus, Tempo in den Werken von Johann Sebastian Bach. Zürich 1958. 68 S.

KELLETAT, HERBERT: Zur musikalischen Temperatur, insbesondere bei Johann Sebastian Bach. Kassel 1960. 78, 18 S.

DANCKERT, WERNER: Beiträge zur Bachkritik. Kassel 1934. 72 S. (Jenaer Studien zur Musikwissenschaft. 1)

DADELSEN, GEORG VON: Beiträge zur Chronologie der Werke Johann Sebastian Bachs. Trossingen 1958. 176 S., Taf. (Tübinger Bach-Studien. 4/5)

b) Zu einzelnen Werken und Werkgruppen

ZIEBLER, KARL: Das Symbol in der Kirchenmusik Joh. Seb. Bachs. Diss. Münster 1930. 94 S.

SCHERING, ARNOLD: Johann Sebastian Bachs Leipziger Kirchenmusik. Studien und Wege zu ihrer Erkenntnis. Leipzig 1936. VIII, 206 S., Taf. (Veröffentlichungen der Neuen Bachgesellschaft) — 2. Aufl. 1954

CONNOR, JOHN BOSCO: Gregorian chant and medieval hymn tunes in the works of J. S. Bach. Washington 1957. XII, 187 S.

HASHAGEN, FRIEDRICH: Johann Sebastian Bach als Sänger und Musiker des Evangeliums und der lutherischen Reformation. Skizzen. Wismar 1909. 163 S. — 4. Aufl. Emmishofen 1925

HERBST, WOLFGANG: Johann Sebastian Bach und die lutherische Mystik. Diss. Erlangen 1958. 176 S.

MAYER, LEOPOLD: Die Tonartcharakteristik im geistlichen Vokalwerk Johann Sebastian Bachs. Diss. Wien 1947. 293 Bll. [Masch.]

SCHMITZ, ARNOLD: Die Bildlichkeit der wortgebundenen Musik Johann Sebastian Bachs. Mainz 1950. 86 S. (Neue Studien zur Musikwissenschaft. 1)

TERRY, CHARLES SANFORD: Bach. The cantatas and oratorios. 2 Bde. London 1925 (The musical pilgrim)

SIRP, HERMANN: Die Thematik der Kirchenkantaten J. S. Bachs in ihren Beziehungen zum protestantischen Kirchenlied. Diss. Münster 1933. 118 S.

SCHERING, ARNOLD: Über Kantaten Johann Sebastian Bachs. Mit einem Vorwort von FRIEDRICH BLUME. Leipzig 1942. 202 S. — 3. Aufl. 1950

SMEND, FRIEDRICH: Joh. Seb. Bach, Kirchen-Kantaten. Erläutert. 6 Hefte. Berlin-Dahlem 1947—1950

FINLAY, IAN: Johann Sebastian Bachs weltliche Kantaten. Eine musikwissenschaftlich-literarische Betrachtung. Göttingen 1950. 98 S.

DÜRR, ALFRED: Studien über die frühen Kantaten J. S. Bachs. Leipzig 1951. 243 S. (Bach-Studien. 4)

TAGLIAVINI, LUIGI FERDINANDO: Studi sui testi delle cantate sacre di J. S. Bach. Padova 1956. XV, 291 S.

MELCHERT, HERMANN: Das Rezitativ der Kirchenkantaten Joh. Seb. Bachs. Diss. Frankfurt a. M. 1958. 156 S.

WHITTAKER, WILLIAM GILLIES: The cantatas of Johann Sebastian Bach. Sacred and secular. 2 Bde. London, New York 1959. XIV, 717; 754 S.

MIES, PAUL: Die geistlichen Kantaten Johann Sebastian Bachs und der Hörer von heute. 3 Teile. Wiesbaden 1959—1964. VI, 57; VI, 65; IV, 68 S. (Jahresgaben der Internationalen Bach-Gesellschaft)

WERTHEMANN, HELENE: Die Bedeutung der alttestamentlichen Historien in Johann Sebastian Bachs Kantaten. Tübingen 1960. VIII, 184 S. (Beiträge zur Geschichte der biblischen Hermeneutik. 3)

SWEENEY, JOHN ALBERT: Die Naturtrompeten in den Kantaten J. S. Bachs. Diss. Berlin (Freie Univ.) 1961. 204 S.

DAY, JAMES: The literary background to Bach's cantatas. London 1961. 115 S. (The student's music library)

TERRY, CHARLES SANFORD: Bach. The Magnificat, Lutheran masses and motets. London 1929. 60 S. (The musical pilgrim)

TERRY, CHARLES SANFORD: Bach. The mass in b-minor. London 1924. 47 S. (The musical pilgrim)

BLANKENBURG, WALTER: Einführung in Bachs h-moll-Messe. Kassel, Basel 1950. 48 S.

EHMANN, WILHELM: «Concertisten» und «Ripienisten» in der h-moll-Messe Joh. Seb. Bachs. Kassel, Basel 1961. 63 S.

TERRY, CHARLES SANFORD: Bach. The passions. 2 Bde. London 1926 (The musical pilgrim)

CELLIER, ALEXANDRE: Les passions et l'oratorio de Noël de J.-S. Bach. Paris 1929. 212 S., Abb. (Collection des grandes œuvres musicales)

REINHART, WALTHER: Die Aufführung der Johannes-Passion von J. S. Bach und deren Probleme. Leipzig 1933. 90 S. — 2. Aufl. Zürich 1957 (Jahresgabe der Internationalen Bach-Gesellschaft. 1956)

HEUSS, ALFRED: Johann Sebastian Bachs Matthäuspassion. Leipzig 1909. VIII, 166 S.

WERKER, WILHELM: Die Matthäus-Passion. Leipzig 1923. 96 S. (Bach-Studien. 2)

GRAUPNER, FRIEDRICH: Die Rezitative des Evangelisten in der Matthäuspassion von Joh. Seb. Bach. Diss. Greifswald 1947. 222 Bll. [Masch.]

JAKOBI, THEODOR: Zur Deutung von Bachs Matthäus-Passion. Musik, Ausdruckskunst, Tonsymbolik. Stuttgart 1958. 109 S. (Reclams Universal-Bibliothek. 8213)

KORT, JAC: Bachs Weihnachts-Oratorium. Amsterdam 1951. 93 S.

PIRRO, ANDRÉ: L'orgue de Jean-Sébastien Bach. Paris 1895. XI, 204 S. — Engl.: Johann Sebastian Bach. The organist and his works for the organ. New York 1902. XXI, 116 S.

GRACE, HARVEY: The organ works of Bach. London 1922. XVII, 319 S. (Handbook for musicians) — Neudruck: 1957

HULL, ARTHUR EAGLEFIELD: Bach's organ works. London 1929. 189 S.

FLORAND, FRANÇOIS: Jean-Sébastien Bach. L'œuvre d'orgue. Suivi d'un essai sur l'expression musicale du sentiment religieux. Paris 1947. 248 S. —

Dt.: Johann Sebastian Bach. Das Orgelwerk. Mit einem Versuch über den musikalischen Ausdruck und das religiöse Empfinden. Lindau 1950. 300 S.

DUFOURCQ, NORBERT: Jean-Sébastien Bach, le maître de l'orgue. Paris 1948. 431 S., Abb.

KELLER, HERMANN: Die Orgelwerke Bachs. Ein Beitrag zu ihrer Geschichte, Form, Deutung und Wiedergabe. Leipzig 1948. 228 S.

DAVID, WERNER: Johann Sebastian Bachs Orgeln. Berlin 1951. 107 S.

RITTER, MAX: Der Stil Joh. Seb. Bachs in seinem Choralsatze. Bremen 1913. VIII, 237 S. (Kirchenmusikalisches Archiv. 20)

TERRY, CHARLES SANFORD: Bach's chorals. 3 Bde. Cambridge 1915—1921

HUGGLER, HANS ERWIN: Johann Sebastian Bachs Orgelbüchlein. Diss. Bern 1935. VIII, 128 S.

HORN, PAUL: Studien zum Zeitmaß in der Musik J. S. Bachs. Versuche über seine Kirchenliedbearbeitungen. Diss. Tübingen 1954. 177 Bll. [Masch.]

PLATEN, EMIL: Untersuchungen zur Struktur der chorischen Choralbearbeitung Johann Sebastian Bachs. Diss. Bonn 1959. 261 S.

TUSLER, ROBERT L.: The style of J. S. Bach's chorale preludes. In: University of California publications in music 1 (1956), Nr. 2, S. 83—149 — Sonderabdruck: 1956

LANGER, GUNTHER: Die Rhythmik der J. S. Bachschen Präludien und Fugen für die Orgel. Ein Beitrag zur Entwicklungsgeschichte des Bachschen Personalstils. Dresden 1937. 91 S.

SCHÖNEICH, FRIEDRICH: Untersuchungen zur Form der Orgelpräludien und Fugen des jungen Bach. Diss. Göttingen 1948. 217 Bll. [Masch.]

REUTER, RUDOLF: Die Orgel- und Klavierfuge Johann Sebastian Bachs. Diss. Münster 1948. 112 Bll. [Masch.]

THIELE, EUGEN: Die Chorfugen Johann Sebastian Bachs. Bern 1936. IV, 223 S. (Berner Veröffentlichungen zur Musikforschung. 8)

NEUMANN, WERNER: J. S. Bachs Chorfuge. Ein Beitrag zur Kompositionstechnik Bachs. Leipzig 1950. 110 S., 30 S. Noten (Bach-Studien. 3)

DICKINSON, ALAN EDGAR FREDERIC: Bach's fugal works. With an account of fugue before and after Bach. London 1956. IX, 280 S.

ROETHLISBERGER, EDMOND: Le clavecin dans l'œuvre de J. S. Bach. Étude. Geneva 1920. 142 S.

KELLER, HERMANN: Die Klavierwerke Bachs. Ein Beitrag zu ihrer Geschichte, Form, Deutung und Wiedergabe. Leipzig 1950. 280 S.

ERNST, FRIEDRICH: Der Flügel Joh. Seb. Bachs. Ein Beitrag zur Geschichte des Instrumentenbaues im 18. Jahrhundert. Frankfurt, London, New York 1955. 86 S.

HERMELINK, SIEGFRIED: Das Präludium in Bachs Klaviermusik. Heidelberg 1945. 80 S.

RIEMANN, HUGO: Katechismus der Fugen-Komposition. Analyse von J. S.

Bachs «Wohltemperiertem Klavier» und «Kunst der Fuge». 2 Bde. Leipzig 1890—1894. 178; 216 S. (Max Hesses illustrierte Katechismen) — 4. Aufl. u. d. T.: Handbuch der Fugenkomposition. Berlin 1920 (Max Hesses illustrierte Handbücher. 18/19)

SAMPSON, BROOK: A digest of the analyses of J. S. Bach's forty-eight fugues from the Well-Tempered Clavier. London 1907. 404 S.

WERKER, WILHELM: Studien über die Symmetrie im Bau der Fugen und die motivische Zusammengehörigkeit der Präludien und Fugen des «Wohltemperierten Klaviers» von Johann Sebastian Bach. Leipzig 1922. 356 S. (Abhandlungen des Sächsischen Staatlichen Forschungsinstituts für Musikwissenschaft. 3)

FULLER-MAITLAND, JOHN ALEXANDER: The «48». Bach's Wohltemperirtes Clavier. 2 Bde. London 1925 (The musical pilgrim)

GRAY, CECIL: The forty-eight preludes and fugues of J. S. Bach. London 1938. VIII, 148 S.

BROCKHOFF, VICTORIA: Das Fugenthema im Wohltemperierten Klavier. Diss. Münster 1947. 78 Bll. [Masch.]

CZACZKES, LUDWIG: Analyse des Wohltemperierten Klaviers. Form und Aufbau der Fuge bei Bach. Bd. 1. Wien 1956. 236 S.

FULLER-MAITLAND, JOHN ALEXANDER: The keyboard suites of J. S. Bach. London 1924. 74 S. (The musical pilgrim)

BODKY, ERWIN: The interpretation of Bach's keyboard works. Cambridge 1960. IX, 421 S.

JÖDE, FRITZ: Die Kunst Bachs, dargestellt an seinen Inventionen. Wolfenbüttel 1926. 223 S. (Organik. 1) — Neuaufl. 1957

KAEGI, WERNER: Die simultane Denkweise in J. S. Bachs Inventionen, Sinfonien und Fugen. Ein Beitrag zur musikalischen Strukturforschung. Basel 1951. VIII, 80 S.

DAVID, JOHANN NEPOMUK: Die zweistimmigen Inventionen von Johann Sebastian Bach. Göttingen 1957. 37 S. (Kleine Vandenhoeck-Reihe. 34)

DAVID, JOHANN NEPOMUK: Die dreistimmigen Inventionen von Johann Sebastian Bach. Göttingen 1959. 36 S. (Kleine Vandenhoeck-Reihe. 75/77)

SCHMOLZI, HERBERT: Die Behandlung der Violine in den Werken Johann Sebastian Bachs. Diss. Köln 1948. 115 Bll. [Masch.]

WAEGNER, GÜNTER: Die sechs Suiten für das Violoncello allein von Johann Sebastian Bach. Ein Beitrag zur Geschichte des Violoncello und zur Erkenntnis des Johann Sebastian Bachschen Personalstiles. Diss. Berlin (Freie Univ.) 1957. V, 151 Bll. [Masch.]

MENKE, WERNER: Die Geschichte der Bach- und Händeltrompete. Neue Anschauung und neue Instrumente. London 1934. XIII, 223 S., Abb.

TERRY, CHARLES SANFORD: Bach's orchestra. London 1932. XV, 250 S., Abb.

ELLER, RUDOLF: Die Konzertform Johann Sebastian Bachs. Diss. Leipzig 1947. 82 Bll. [Masch.]

SIEGELE, ULRICH: Kompositionsweise und Bearbeitungstechnik in der Instrumentalmusik Johann Sebastian Bachs. Diss. Tübingen 1959. VII, 224 Bll. [Masch.]

FULLER-MAITLAND, JOHN ALEXANDER: Bach's «Brandenburg» concertos. London 1929. 47 S. (The musical pilgrim)

WACKERNAGEL, PETER: Johann Sebastian Bach. Brandenburgische Konzerte. Einführungen. Berlin 1938. 31 S.

GERBER, RUDOLF: Bachs Brandenburgische Konzerte. Eine Einführung in ihre formale und geistige Wesensart. Kassel 1951. 58 S.

DAVID, HANS THEODORE: J. S. Bach's musical offering. History, interpretation, and analysis. New York 1945. IX, 190 S., Abb.

SCHWEBSCH, ERICH: Johann Sebastian Bach und Die Kunst der Fuge. Stuttgart 1931. 355 S. — 2. erw. Aufl. Kassel, Basel 1955. 380 S.

MARTIN, BERNHARD: Untersuchungen zur Struktur der «Kunst der Fuge» J. S. Bachs. Regensburg 1941. 154 S. (Kölner Beiträge zur Musikforschung. 4)

LUNOW, ALBERT: Einführung in die «Kunst der Fuge» von Johann Sebastian Bach. Hamburg 1950. 31 S.

SMEND, FRIEDRICH: Johann Sebastian Bach bei seinem Namen gerufen. Eine Noteninschrift und ihre Deutung. Kassel, Basel 1950. 36 S., Taf.

8. Zur Wirkungsgeschichte

HERZ, GERHART: Johann Sebastian Bach im Zeitalter des Rationalismus und der Frühromantik. Zur Geschichte der Bachbewegung von ihren Anfängen bis zur Wiederaufführung der Matthäuspassion im Jahre 1829. Kassel 1935. VI, 104 S.

HUBER, ANNA GERTRUD: Johann Sebastian Bach. Seine Schüler und Interpreten. Querschnitt durch die Geschichte der Bach-Interpretation. Bd. 1. Von 1720 bis zur Erstaufführung der Matthäuspassion durch F. Mendelssohn-Bartholdy. Zürich 1958. VIII, 47 S.

OSTHOFF, GERALD: Untersuchungen zur Bach-Auffassung im 19. Jahrhundert unter Berücksichtigung ihres Fortwirkens. Diss. Köln 1950. 326 Bll. [Masch.]

FUNK, WOLFGANG: Studie zur deutschen Bach-Auffassung in der Musikgeschichtsschreibung zwischen 1850/70. Eine musikhistorische und ästhetische Untersuchung des Bach-Verstehens im 19. Jahrhundert. Diss. Münster 1956. 154 Bll. [Masch.]

TERRY, CHARLES SANFORD: Bach. The historical approach. London 1930. 157 S.

BESCH, HANS: Johann Sebastian Bach, Frömmigkeit und Glaube. Bd. 1. Deutung und Wirklichkeit. Das Bild Bachs im Wandel der deutschen Kirchen-

und Geistesgeschichte. Gütersloh 1938. XII, 314 S. (Beiträge zur Förderung christlicher Theologie. Reihe 2. 37, 1) — 2. Aufl. Kassel, Basel 1950

BLUME, FRIEDRICH: Johann Sebastian Bach im Wandel der Geschichte. Kassel 1947. 39 S. (Musikwissenschaftliche Arbeiten. 1)

FEDER, GEORG: Bachs Werke in ihren Bearbeitungen 1750—1950. 1. Die Vokalwerke. Diss. Kiel 1955. 387 Bll. [Masch.]

HAHNE, GERHARD: Die Bachtradition in Schleswig-Holstein und Dänemark. Eine musikhistorische Skizze. Kassel, Basel 1954. 42 S. (Schriften des Landesinstituts für Musikforschung Kiel. 3)

PLESSKE, HANS-MARTIN: Bach in der deutschen Dichtung. In: Bach-Jahrbuch 46 (1959), S. 5—51

NAMENREGISTER

Die kursiv gesetzten Zahlen bezeichnen die Abbildungen

QUELLENNACHWEIS DER ABBILDUNGEN

Archiv für Kunst und Geschichte, Berlin: Umschlagvorderseite, 6, 13, 18, 20/21, 24/25, 27, 29, 47, 57, 59, 89, 90, 96, 111, 116, 133 links und rechts, 144/145, 149 / Bibliothèque Nationale (Éditions du Seuil): 14, 16, 22, 23, 26, 34, 42/43, 49, 53, 55, 62/63, 68, 74, 76, 92, 93, 94, 97, 106, 108, 110, 119, 122, 123, 125, 128, 132 links, 136, 140, 150/151, Umschlagrückseite / Historisches Bildarchiv, Bad Berneck: 17, 58, 141, 153 / W. Speiser, Basel: 48, 77, 82, 83, 127, 142/143 / Historia Photo, Bad Sachsa: 132 rechts.

NOVALIS / Gerhard Schulz [154]
POE / Walter Lennig [32]
PROUST / Claude Mauriac [15]
RAABE / Hans Oppermann [165]
RILKE / Hans Egon Holthusen [22]
ERNST ROWOHLT / Paul Mayer [139]
SAINT-EXUPÉRY / Luc Estang [4]
SARTRE / Walter Biemel [87]
SCHILLER / Friedrich Burschell [14]
F. SCHLEGEL / Ernst Behler [123]
SCHNITZLER / Hartmut Scheible [235]
SHAKESPEARE / Jean Paris [2]
G. B. SHAW / Hermann Stresau [59]
SOLSCHENIZYN / R. Neumann-Hoditz [210]
STIFTER / Urban Roedl [86]
STORM / Hartmut Vinçon [186]
DYLAN THOMAS / Bill Read [143]
LEV TOLSTOJ / Janko Lavrin [57]
TRAKL / Otto Basil [106]
TUCHOLSKY / Klaus-Peter Schulz [31]
MARK TWAIN / Thomas Ayck [211]
WALTHER VON DER VOGELWEIDE / Hans-Uwe Rump [209]
WEDEKIND / Günter Seehaus [213]
OSCAR WILDE / Peter Funke [148]

PHILOSOPHIE

ENGELS / Helmut Hirsch [142]
ERASMUS VON ROTTERDAM / Anton J. Gail [214]
GANDHI / Heimo Rau [172]
HEGEL / Franz Wiedmann [110]
HEIDEGGER / Walter Biemel [200]
HERDER / Friedr. W. Kantzenbach [164]
HORKHEIMER / Helmut Gumnior u. Rudolf Ringguth [208]
JASPERS / Hans Saner [169]
KANT / Uwe Schultz [101]
KIERKEGAARD / Peter P. Rohde [28]
GEORG LUKÁCS / Fritz J. Raddatz [193]
MARX / Werner Blumenberg [76]
NIETZSCHE / Ivo Frenzel [115]
PASCAL / Albert Béguin [26]
PLATON / Gottfried Martin [150]
ROUSSEAU / Georg Holmsten [191]
SCHLEIERMACHER / Friedrich Wilhelm Kantzenbach [126]
SCHOPENHAUER / Walter Abendroth [133]
SOKRATES / Gottfried Martin [128]
SPINOZA / Theun de Vries [171]
RUDOLF STEINER / J. Hemleben [79]
VOLTAIRE / Georg Holmsten [173]
SIMONE WEIL / A. Krogmann [166]

RELIGION

SRI AUROBINDO / Otto Wolff [121]
KARL BARTH / Karl Kupisch [174]
JAKOB BÖHME / Gerhard Wehr [179]
BONHOEFFER / Eberhard Bethge [236]
MARTIN BUBER / Gerhard Wehr [147]
BUDDHA / Maurice Percheron [12]
EVANGELIST JOHANNES / Johannes Hemleben [194]
FRANZ VON ASSISI / Ivan Gobry [16]
JESUS / David Flusser [140]
LUTHER / Hanns Lilje [98]
MÜNTZER / Gerhard Wehr [188]
PAULUS / Claude Tresmontant [23]
TEILHARD DE CHARDIN / Johannes Hemleben [116]

GESCHICHTE

ADENAUER / Gösta von Uexküll [234]
ALEXANDER DER GROSSE / Gerhard Wirth [203]
BAKUNIN / Justus Franz Wittkop [218]
BEBEL / Helmut Hirsch [196]
BISMARCK / Wilhelm Mommsen [122]
WILLY BRANDT / Carola Stern [232]
CAESAR / Hans Oppermann [135]
CHURCHILL / Sebastian Haffner [129]
FRIEDRICH II. / Georg Holmsten [159]
FRIEDRICH II. VON HOHENSTAUFEN / Herbert Nette [222]
CHE GUEVARA / Elmar May [207]
GUTENBERG / Helmut Presser [134]
HO TSCHI MINH / Reinhold Neumann-Hoditz [182]
W. VON HUMBOLDT / Peter Berglar [161]
KARL DER GROSSE / Wolfgang Braunfels [187]
LASSALLE / Gösta v. Uexküll [212]

674/8

Französische Literatur

FRANCE, ANATOLE Die rote Lilie [153]

TOCQUEVILLE, ALEXIS DE Der alte Staat und die Revolution [234]

Griechische Literatur und Philosophie

AISCHYLOS Tragödien und Fragmente [213]

HOMER Die Odyssee / Übersetzt in deutsche Prosa von Wolfgang Schadewaldt [29]

PLATON Sämtliche Werke / Herausgegeben von Walter F. Otto, Ernesto Grassi, Gert Plamböck – Band I: Apologie, Kriton, Protagoras, Ion, Hippias II, Charmides, Laches, Euthyphron, Gorgias, Briefe [1] – Band II: Menon, Hippias I, Euthydemos, Menexenos, Kratylos, Lysis, Symposion [14] – Band III: Phaidon, Politeia [27] – Band IV: Phaidros, Parmenides, Theaitetos, Sophistes [39] – Band V: Politikos, Philebos, Timaios, Kritias [47] – Band VI: Nomoi [54]

Italienische Literatur und Philosophie

CELLINI, BENVENUTO – sein Leben von ihm selbst geschrieben / Übersetzt und herausgegeben von Goethe [22]

GOLDONI, CARLO Herren im Haus / Viel Lärm in Chiozza. Zwei Komödien [132]

Östliche Literatur und Philosophie

AUROBINDO, SRI Der integrale Yoga [24]

Römische Literatur

CAESAR, C. JULIUS Der Gallische Krieg [175]

CICERO Über die Gesetze [239]

HORAZ Episteln / Lateinisch und Deutsch [144]

SALLUST Die Verschwörung des Catilina / Lateinisch und Deutsch [165]

Spanische Literatur

GRACIAN, BALTASAR Criticón oder Über die allgemeinen Laster des Menschen [2]

Philosophie des Humanismus und der Renaissance

DER UTOPISCHE STAAT – THOMAS MORUS, Utopia / **TOMMASO CAMPANELLA,** Sonnenstaat / **FRANCIS BACON,** Neu-Atlantis / Herausgegeben von Klaus J. Heinisch [68]

Philosophie der Neuzeit

MARX, KARL Texte zu Methode und Praxis I: Jugendschriften 1835–1841 [194] – II: Pariser Manuskripte 1844 [209]

Texte des Sozialismus und Anarchismus

BLANQUI, LOUIS-AUGUSTE – Schriften zur Revolution. Nationalökonomie und Sozialkritik. Hg.: Arno Münster [267]

BUCHARIN, NIKOLAJ IWANOWITSCH – Ökonomik der Transformationsperiode. Hg.: Günter Hillmann [261]

Die Frühsozialisten 1789–1848 II. Hg.: Michael Vester [280]

Die Rätebewegung I u. II. Hg.: Günter Hillmann [277 u. 269]

Die russische Arbeiteropposition. Die Gewerkschaften in der Revolution. Hg.: Gottfried Mergner [291]

ENGELS, FRIEDRICH – Studienausgabe 1.–4. Hg.: Hartmut Mehringer und Gottfried Mergner [292, 293, 295 u. 296]

DEBATTE UM ENGELS 1, Weltanschauung, Naturerkenntnis, Erkenntnistheorie. Hg.: Hartmut Mehringer und Gottfried Mergner [294]

DEBATTE UM ENGELS 2, Philosophie der Tat, Emanzipation, Utopia [297]

Gruppe Internationale Kommunisten Hollands. Grundprinzipien kommunistischer Produktion und Verteilung. Intelligenz im Klassenkampf und andere Schriften. Hg.: Gottfried Mergner [285]

KROPOTKIN, PETER Worte eines Rebellen. Hg.: Dieter Marc Schneider [290]

LASSALLE, FERDINAND – Arbeiterlesebuch und andere Studientexte. Hg.: Wolf Schäfer [289]

LENIN, WLADIMIR ILJITSCH – Für und wider die Bürokratie. Schriften und Briefe 1917–1923. Hg.: Günter Hillmann [246]

LUXEMBURG, ROSA – Schriften zur Theorie der Spontaneität. Hg.: Susanne Hillmann [249]
– Einführung in die Nationalökonomie. Hg. Karl Held [268]

Pariser Kommune 1871 I. Texte von Bakunin, Kropotkin und Lavrov. **II.** Texte von Marx, Engels, Lenin und Trotzki. Hg.: Dieter Marc Schneider [286 u. 287]

PROUDHON, PIERRE-JOSEPH – Bekenntnisse eines Revolutionärs, um zur Geschichtsschreibung der Februarrevolution beizutragen. Hg.: Günter Hillmann [243]

RÜHLE, OTTO – Schriften. Perspektiven einer Revolution in hochindustrialisierten Ländern. Hg.: Gottfried Mergner [255]
– Baupläne für eine neue Gesellschaft. Hg.: Henry Jacoby [288]

STALIN, JOSEF W. – Schriften zur Ideologie der Bürokratisierung. Hg.: Günter Hillmann [258]

TROTZKI, LEO – Schriften zur revolutionären Organisation. Hg.: Hartmut Mehringer [270]
– **Stalin.** Hg.: Hartmut Mehringer. Band I [283]; Band II [284]

WEITLING, WILHELM – Das Evangelium des armen Sünders / Die Menschheit, wie sie ist und wie sie sein sollte. Hg.: Wolf Schäfer [274]

792/7